30日でマスター!

中小企業診断士
2次試験

解き方の黄金手順

黄金手順執筆チーム［編著］

2024-2025年受験用

中央経済社

（本文デザイン：志岐デザイン事務所）

はじめに　Introduction

私が中小企業診断士第２次試験に合格したのは平成18年度の試験で，受験勉強を始めて２年目でした。しかし，第２次試験の勉強を始めた当初は演習問題にまったく歯が立たず，完全に落ちこぼれていました。「第２次試験に一生合格できないのではないか」と，とても焦ったのと同時に，勉強をしていてもレベルアップしている実感がなく（実際にレベルアップしていなかったので当然ですが），とても合格レベルまで成長できるとは思えませんでした。

そこで，それまで行っていたやみくもに演習問題を解く勉強方法をやめ，その解き方を整理して体系化することにしました。具体的には，与件読解から解答作成までの全体の流れを細かく分解し，手順として体系化を図りました。そして，この作業手順を完璧な状態にまでレベルを上げるため100題以上の演習問題に取り組み，「間違った箇所すべての誤りの原因を究明し，その改善策を手順に入れ込む」ということを繰り返し行いました。その結果，受験生が犯すミスや誤りをほぼすべてあぶり出すことができ，その改善策をすべて手順に組み込むことができました。

しかし，第２次試験を攻略するためには手順だけでは不十分です。合格レベルの解答を書くためには，手順以外にも「第１次試験やコンサルティング実務の知識」，「解答の切り口」などが必要です。私はそれらを１つひとつ洗い出して整理していきました。

その結果，どの予備校のどの演習問題を解いても安定して高得点を取ることができるようになりました。

つまり，第２次試験の解き方の手順の体系化に成功し，その完成度を究極にまで高めることができたのです。そして，この体系化した第２次試験の「解き方の黄金手順」こそ，本書の「第２次試験のどんな問題が出ても確実に高得点が取れるノウハウ」なのです。そのため，この「解き方の黄金手順」にそのまま従って問題を解けば，どんな問題でも高得点が取れるようになると自負しています。

この「解き方の黄金手順」構築の取り組みは，受験２年目の５月頭から開始したのですが，８月終わりくらいにほぼ完成しました。そして，私自身，５月以前はまったく高得点が取れず常に20～30点台で低迷していたものが，完成後の８月後半以降は，どの予備校のどの演習を行っても，すべて安定して60～70点台の高得点を取れるようになっていました。そして，自信満々で第２次試験を受験し，その年に無事合格しました。

ちなみに，私が当時この手法の体系化に費やしたのは約４か月間ですが，これはあくまで「手順の構築」に費やした期間です。受験生の皆さんが本書の内容を習得するための期間は，１か月程度で十分です。なぜなら，決まった手順に従い，繰り返し問題を解けばいいだけだからです。つまり，本書をたった１か月で習得でき，たった１か月で安定して高得点を取れるように急成長できるのです。

なお，私の現在の仕事は「事業再生コンサルティング」であり，主な業務は「事業デューデリジェンス」と呼ばれる，具体的には「事業調査報告書」の作成です。この事業調査報告書というのは，対象となる再生企業について，「経営や組織，営業，製造などの内部環境や，その業界の外部環境，経営分析などを調査して現状把握を行い，さまざまな問題を発見して原因を究明し，強みを抽出して，今後の再生のための戦略と具体的な戦術を構築する」というものです。これを，１人で，短期間で，詳細にまとめあげるというのが，私のメインの仕事です。この事業デューデリジェンスは，コンサルティングの中でも極めて難易度が高い分野ですが，求められるスキルはコンサルティング実務でも基本的かつ重要なものであり，経営コンサルタントとして自立するためには必須のものです。

実は，第２次試験の解答に求められるスキルは，この事業デューデリジェンスなどコンサルティング実務に必要なものと共通する部分が多くあります。それは，双方とも，対象企業に対して正確な現状把握を行い，対象企業に最適な問題解決や戦略・戦術を，「思考」を使って構築することです。また，本書で学ぶ，思考を効率的に行うための「作業と思考の分離の法則」や「情報の整理，見える化の法則」，「集中整理，一覧性の法則」は，コンサルティングの実務のスピードと質を大いに高めるノウハウなのです。

しかし第２次試験は，事業デューデリジェンスやコンサルティングの実務と比べて難易度は高いとはいえません。なぜかというと，第２次試験は現状把握が容易であるからです。第２次試験は把握すべき現状が紙面に書かれていますが，実務ではほぼヒアリングで現状を収集しなければなりません。また，第２次試験の解答は一般論で十分なのですが，実務では，その企業が実際に成果を上げるための，より具体的な提案が必要になるからです。そのため，合格後にコンサルタントとして自立を目指す人は，ぜひこの第２次試験受験の段階で，コンサルティング実務と共通のスキルを，本書で習得してください。

かつての私のように，第２次試験対策のために試行錯誤を繰り返していて得点が伸びず，どうすればレベルアップするか悩んでいる受験生は大勢いると思います。本書は，この１冊だけで，どんな問題でも安定して高得点の解答が書ける「スキル」を習得できるようになっています。

本書によって，１人でも多くの受験生が合格することを願っています。そして合格後，中小企業診断士，コンサルタントとして，中小零細企業のために活躍することを，心から望んでいます。

2024年６月

黄金手順執筆チームを代表して　**寺嶋直史**

目次 CONTENTS

CONTENTS

COLUMN

Chapter 1

中小企業診断士
第２次試験の特徴

Section

01 第２次試験の勉強に取りかかる前に押さえるべきこと

試験に臨む場合，どのような試験でも「試験対策」が必要になります。例えば，大学受験で志望校の試験対策をされた方も多いと思います。

孫子の兵法に「彼を知り，己を知れば，百戦殆(あや)うからず」という有名な言葉がありますが，これは試験にも当てはまります。試験の傾向を知り，自身でどこが得意でどこが苦手なのかを客観的に知ることで，得意なところを伸ばし，苦手なところを克服すれば，合格を勝ち取る可能性が高まるでしょう。

そして，特に「試験の傾向」が顕著に現れるのが，中小企業診断士試験を含めた資格試験です。例えば，大きくは記述式なのかマークシート式なのかですが，それ以外に，知識を問う問題が多い，計算問題が多い，その科目のあるジャンルは必ず出題されるなど，試験ごとにさまざまな特徴があります。

その他，それほど難易度の高くない資格試験の中には，ほぼ過去問から出題されるものもあり，過去問を解いておけば合格できるものもあります。一方で，ほとんど過去問から出題されない試験もあり，その場合，その科目の知識を全般的に押さえておく必要があるため，覚える量も膨大になるでしょう（これに当てはまるのが中小企業診断士第１次試験ですね）。

このように，試験の傾向を押さえることでその対策を講じることができ，少ない時間と勉強量で，より高い成果を上げることが期待できます。つまり，**試験の傾向を知り，それに対応できるスキルを習得することが，合格するための王道**なのです。

これから中小企業診断士第２次試験を受験しようとしている読者の皆さんは，過去問や各予備校の演習で，おおよそ「どのような試験なのか」は把握していると思います。受験生のほぼ全員が共通認識している第２次試験の概要を以下に挙げます。

▶ 中小企業診断士第２次試験の概要

① 試験科目は，事例Ⅰが組織・人事，事例Ⅱがマーケティング・流通，事例Ⅲが生産・技術，事例Ⅳが財務・会計である。
② 出題形式は文章問題で，対象となる企業の状況が３～４ページで明記されており，その企業に関するさまざまな設問に解答する。
③ 設問数は概ね４～５問。
④ 解答は記述式で，文字数に制限あり。
⑤ 制限時間は80分間。

このような概要レベルの特徴であれば，第２次試験の過去問や演習問題を１～２度解けば把握できると思います。

そして多くの受験生が，第２次試験について上記の概要レベルを把握しただけで，さまざまな演習問題を解き，そして本番の試験に臨んでいるのが現状です。しかし，**このレベルでは，相手（第２次試験）のことを知ったうちには入りません。**

第２次試験には，過去問や演習問題を解くだけではわからないポイントがさまざまあります。それらを見出すためには，過去問の各科目を個別に分析するのではなく，「第２次試験」全体を俯瞰してその特徴を分析し，実際に受験生がどこで間違いを犯すのかなどをしっかりと押さえる必要があります。

つまり，**「相手（第２次試験）を知ること」とは，個別の問題を深掘りするのではなく，「第２次試験」全体の特徴を捉えること**といえます。従来の参考書では，毎年の過去問のそれぞれの問題を分析してしまうので，第２次試験対策にならないのです。だから，いくら第２次試験の参考書を熟読しても，レベルが向上しないのです。

第２次試験対策では，個別の問題ではなく，第２次試験全体の特徴を詳細にまで踏み込んで整理し，まずは「第２次試験の勉強に取りかかる前に，どういう取り組みが必要か，何を押さえておくべきか」をしっかりと把握しておくことが重要です。

以下にそれらについてまとめます。

▶ 第２次試験対策として押さえておくべきこと

① 第２次試験で安定的に高得点が取れるようになるには，まずは「第２次試験の特徴」を知る必要がある。その「第２次試験の特徴」とは何か？

② 第２次試験で安定的に高得点が取れるようになるには，「高得点になる解答」，つまり「受験生が目指すべき解答イメージ」を理解する必要がある。その「高得点になる解答」とはどのような解答か？

③ 受験生が犯す失敗やミスはさまざまだが，実は皆，同じ間違いをしている。その間違いとは何か？

④ なぜ皆，同じ間違いを繰り返すのか？　同じ間違いを繰り返す受験生は，どんな勉強方法をしているのか？

⑤ どうすれば受験生は，安定して合格レベルの解答が書けるようになるのか？　どのようなスキルが必要になるのか？　そのスキルをどうやって習得すればいいのか？

それでは，これから上記について，１つひとつ見ていきましょう。

Section

02 第２次試験の特徴

まずは「第２次試験の特徴」について見ていきます。

以下に，第２次試験を攻略することを前提として，押さえるべきポイント，特徴について整理します。

▶ 第２次試験の特徴

① 情報量が多く，内容は文章で記述されているだけで整理されていない。
② 与件の内容は，いずれかの設問に関連しているが，その重要度は異なる。
③ 与件の内容に，解答に必要なすべての情報が書かれているわけではない。
④ 解答作成までの時間が「80分間」と短い。
⑤ 解答の文字数が制限されている。
⑥ 与件と設問は，内容も傾向も毎年異なる。
⑦ 「実務で有効な解答」ではなく「設問に忠実な，合格レベルの解答」が得点になる。
⑧ 解答は公表されず，各予備校の模範解答は皆異なる。

❶ 情報量が多く，内容は文章で記述されているだけで整理されていない

第２次試験の与件（説明文）は，一部図表で示されることはありますが，ほぼすべて文章で書かれています。つまり，さまざまな情報が整理されずにランダムに書かれているだけで，カテゴリー分けやフレームワークで整理されているわけではありません。

人間の情報処理能力やメモリの容量には限度があります。そのため，ただ文章が長々と書かれているだけの膨大で雑多な情報に，やみくもに１～２度目を通す程度では，概要はつかめるかもしれませんが，内容を詳細にまで理解し記憶することはできません。内容が理解できないと当然，的確な分析をすることはできません。ポイントが頭に入っていないと，適切な解答は書けません。つまり，**膨大な文章から直接，的確な分析をし，並行して解答を作成するということは，もともと困難**なのです。

例えば，仕事で使用する企画書などは，必ずフォーマットが決められていて，「必要な情報」と「書く欄」が決まっています。不要な情報は含まれていません。だから，読む側は短時間で理解でき，内容について細かく精査することができるのです。企画の内容が文章でダラダラ書かれていたら，誰も理解できないでしょう。

このように第２次試験は，きれいにフォーマットで整理されているわけではないので，文章の中身をすばやく理解することが難しいのです。

❷ 与件の内容は，いずれかの設問に関連しているが，その重要度は異なる

基本的に与件には，いずれかの設問に必要な情報だけが記述されています。無駄な情報はほとんどありません。しかし，その重要度は異なります。具体的には，直接解答になる要素は極めて重要な情報といえます。一方で，対象企業の現状を理解するための情報で，直接解答に使用しないものは一度理解してしまえば不要となり，重要度は高くありません。そのため，**解答作成の段階では，その設問の解答作成に必要な情報だけを抽出した形で思考**することが望ましいといえます。

❸ 与件の内容に，解答に必要なすべての情報が書かれているわけではない

与件には，解答に必要な情報のすべてが示されているわけではありません。もし解答の内容がすべて記載されているのであれば，極端な話，与件を切り貼りした解答で満点が取れるわけですが，決してそんな甘い試験ではありません。

例えば，与件に「機能的組織」の内容が書かれていても，機能的組織のメリットとデメリットは明記されていません。もしこれらが設問で問われた場合，機能的組織のメリットとデメリットが頭に浮かぶ必要があり，さらに，その中で与件に示された企業に適合する内容を抽出して，必要な内容をすべて解答する必要が出てきます。

このように第２次試験では，**解答に必要な情報が与件にない場合があり，それは知識で補充して解答しなければならない**ため，一定の知識が必要になります。

❹ 解答作成までの時間が「80分間」と短い

第２次試験は，膨大かつ雑多な情報をベースにしながら，書かれていない情報も踏まえ，設問に適合した質の高い解答をわずか「80分間」で記述しなければなりません。つまり，**フレームワーク等を使って必要な情報を書き出したり，解答を何度も書き直したりする時間がない**のです。

そのため，与件を読んで解答を書く過程を，何の戦略も手順もなく実施すると，多くの時間と労力のロスが発生してしまいます。

❺ 解答の文字数が制限されている

解答の文字数は設問単位で制限されており，概ね20文字程度から多い時で160文字と，かなり少な目です。その**少ない文字数の中に，設問に適合した的確な要素をすべて埋め込むことが高得点になるポイント**です。

文字数に制限がなければ，とりあえず思いついた内容を長々と書くことができますし，いくつもの内容を思いついた順番にダラダラ書いたりすることができます。しかし，文字数が制限され，しかも少ない場合は，解答に漏れやダブり，あるいは不要な内容を記述してしまうと何度も書き直すはめになります。それを避けるためには，文章を頭の中でしっかりと組み立てた上で，解答を記述することが大切になります。

❻ 与件と設問は，内容も傾向も毎年異なる

第２次試験の内容は毎年テーマが異なり，与件や設問の内容も異なります。これは，実際のコンサルティングの現場で，個々の企業に合わせた対策を講じる必要があるのと同様に，第２次試験もその事例企業の状況に合わせた，設問で問われる内容に忠実な解答を導き出すことが求められます。

そのため，第２次試験対策では**過去問を完璧に解答できるようにするのではなく，さまざまな問題に対応できる「スキル」を身につける必要があります。**

❼「実務で有効な解答」ではなく「設問に忠実な，合格レベルの解答」が得点になる

第２次試験の問題は，大学の教授や講師から選ばれた中小企業診断士試験委員が作成します。試験委員の多くはさまざまな著書等を執筆しており，受験生の中には試験委員の考え方の傾向を知るために試験対策の一環としてそれらを読み，研究する人もいます。しかしながら，いくら試験委員ごとの傾向があるとはいえ，コンサルティングの現場で起こりうる千差万別の状況に比べれば，試験の解答で求められる内容はいわゆる「一般論」です。

第２次試験には「経験者が陥る罠」があるといわれます。これは，経験者ほど高得点が取れないというものですが，その理由は，**経験者ほど解答が一般論ではなく実践的（専門的）になったり，解答を絞りすぎたりする**からです。そしてその背景に存在するのは，経験による膨大な情報であり，それは与件として問題から得られるものではありません。

世の中には高度情報処理技術者試験の論述問題のように，設問の中で「あなたの経験と考えにもとづき解答せよ」と，実務家としての解答を求めるものもあります。しかし，中小企業診断士第２次試験で求められるのは，実務レベルの専門的かつ独創的な考えではなく，あくまで「設問から得られる情報」と「知識」にもとづいた，これから実務経験を積んでいくであろう試験合格者が考えるレベルの「一般論」的な解答なのです。

❽ 解答は公表されず，各予備校の模範解答は皆異なる

各予備校から出る第２次試験の模範解答は，予備校ごとに内容が異なっています。しかし，どの予備校の模範解答も，概ね根拠のある論理的な解答であると想定されます。そして，これらの模範解答は各予備校の第２次試験対策講座の講師が作成したものなので，得点の差はあるもののいずれも総合計では合格レベルであると考えられます。しかし，**設問単位で見ると，各予備校で解答が大きく異なるケースもあり，高得点のものと点数の低いものが混在している**と想定されます。

このように，第２次試験の勉強に取り組む時は，まずは上記の第２次試験の特徴を理解しておくことが重要です。

Section

03 高得点になる解答の考察

第２次試験で高得点を取るためのスキル習得を目指すには，まずは第２次試験で高得点になる解答とはどのような解答なのか，そのイメージをつかんでおく必要があります。何かに取り組む場合は何でも，ゴール・イメージが描けていなければ，目指すべき目標が曖昧になり，思ったような成果が得られません。

第２次試験の採点方法やその基準は明らかにされていません。しかし，受験生の膨大な解答用紙を，採点者が何の基準もなく，個々の採点者の裁量で採点しているということはありえません。それでは採点者によって大きく点数がブレてしまい，公平性が損なわれてしまいます。ですので，必ず何かしらの解答の基準があるのは確かです。

一方で，第２次試験で問われる内容は曖昧で，数学の試験のように決して解答が１つに絞られるものではありません。１つに絞るには，あまりに根拠が乏しすぎます。また，企業の経営や運用，戦略や戦術にはさまざまな手法があり，１つの正解以外はすべて誤り，というような単純なものでもありません。

そのため，第２次試験は１つの模範解答で採点されるものではなく，複数のキーワード単位で採点の基準が決まっていると想定されます。

私は，ある第２次試験の参考書の作成に携わったことがあります。その際，膨大な再現答案の採点をする機会があったのですが，その時に感じたことを以下に示します。

【採点者の立場から考察】

❶ 多くの採点をしていると，思考力が鈍って採点作業が機械的になる

採点というのは，数が多くなるとかなりの重労働です。そのため，多くの答案を採点していると，集中力が切れ，採点が作業的（機械的）になり，思考力が鈍ってしまいます。そして**文章の中身を精細に理解しようとせず，キーワードが合っているだけで点数をつけるようになってしまう**のです。さらに，詳細のロジックや接続詞など，文章の細部までこだわらなくなります。

また，採点者が文章を細かく理解した上で採点するとしても，何をもって何点にするかといった基準がなければ，点数の根拠が曖昧になり，公平性を保つことができません。

つまり採点者が，答案をじっくり読んで理解していようが，思考力が衰えた状態であろうが，公平な採点ができる必要があるわけで，その方法は，必要なキーワードで採点することがベースになっていると想定されます。

ちなみに各予備校でも，第２次試験の演習の採点は，キーワード単位で実施されています。

❷ 長いロジック，難しい言葉を使うなど，理解が難しい文章は採点しにくい

長ったらしいロジック，難しい言葉を使った文章など，理解が難しい文章は，採点者でも正しいかどうかの判断が困難なため，採点しにくくなります。つまり，点数になりにくいといえます。さらに，**思考力が鈍った状態では難解な文章は読む気が起こりません**。そのため最後まで読まれない可能性も出てきます。そうすると，キーワードの加点忘れなどのリスクが生まれてしまいます。

反対に，「シンプルでわかりやすい解答」「簡潔な文章」は，ついつい点をつけたくなります。つまり，**文章の体裁や微細にこだわりすぎず，無駄を省き必要なキーワードをしっかりと埋め込んだ「合格レベルの解答」**という視点は重要といえるでしょう。

以上が，私自身が第２次試験の膨大な再現答案を採点した時に感じたことです。

それではこれらを踏まえ，次節で「高得点の解答」について考えていきましょう。

なお，補足情報ですが，解答で要素が言い足りない，もっといろいろあることを言いたい，という時に「～など」をつけるように指導されるケースがありますが，もしキーワードで採点しているのであれば，これは効果がないと思われます。なぜなら，「など」という言葉に点数がつくとは考えにくいからです。

Section

04 「高得点の解答」の特徴(目指すべき解答イメージ)

前節の「高得点になる解答の考察」を踏まえ，第２次試験で高得点になる解答の特徴を以下のとおり整理します。

▶ 高得点になる解答の特徴

① 必要な複数のキーワードを盛り込む。
② 解答は簡潔に。１つの内容を長々と書かない。
③ 第１次試験やコンサルティング実務の知識を使った解答を作成する。
④ 解答は，設問に忠実に記述する。
⑤ 解答は，因果関係を明確に，簡潔に記述する。
⑥ 細部にこだわりすぎていない文章。
⑦ 独創的，専門的な解答ではなく，一般的な解答。

❶ 必要な複数のキーワードを盛り込む

第２次試験はキーワード単位で加点していると想定すると，的確にそのキーワードが解答に入っていることがポイントになります。

したがって，文章を作成する場合，「きれいな文章を作成する」ことに時間と労力をかけるのではなく，**「重要なキーワードをしっかり盛り込むこと」，「さまざまな切り口から複数のキーワードを盛り込むこと」**を心がけることが大切です。

❷ 解答は簡潔に。１つの内容を長々と書かない

文章を長々と書いても，内容が１つ（書かれている内容が１つのキーワードに関するもののみ）であれば，**文章が長かろうが短かかろうがそのキーワードの得点しか得られない**と考えられます。文章は，１つのキーワードに対して長々と（ダラダラ）書くのではなく，複数のキーワードを盛り込むために簡潔に書くことが大切です。

❸ 第１次試験やコンサルティング実務の知識を使った解答を作成する

第２次試験というのは，特定の会社に対するコンサルティングの質を問うものです。そのため，「１つの決められた答えのとおり解答できれば○，違っていれば×」というものではなく，特定の会社に合わせた的確な解答を導き出さなければなりません。そのためには，ベースとなる基礎知識と，実践的な応用知識の双方が必要になります。つまり，第１

次試験の知識とは「基礎知識」，コンサルティング実務の知識とは「応用知識」です。

これらの知識が備わっているからこそ，対象企業の現状（与件文）を踏まえ，その企業に最適な解を導き出すことができるのです。

❹ 解答は，設問に忠実に記述する

設問で問われている内容に忠実に解答しなければなりません。第２次試験では，よく「はずした解答」という言葉を使いますが，**「設問に沿った解答」と頭でわかっていても，実際の演習では設問に沿っていない解答を作成してしまうことが非常に多い**のです。この原因を究明し，対策を講じなければいけません。

はずした解答の例としては，設問に「現在の」とあるのに解答に「過去」や「将来」の内容を入れてしまった，また，課題は何かを問われているのに解決策を答えてしまった，などが挙げられます。

❺ 解答は，因果関係を明確に，簡潔に記述する

設問文と与件文の因果関係を明確にする必要があります。

解答の方法は，概ね「設問文」の要求にマッチした「与件」を見つけ出し，それらから解答を導き出す，というプロセスになります。しかし，因果関係を無視して与件だけ，あるいは設問だけの一部分にとらわれてしまうと，**思考が暴走してしまい，自分の経験談や思いつきで解答を導き出してしまうことがあります**。傾向としては，与件だけで解答を導き出すと，その解答は，設問と因果関係がなくなりますし，反対に，設問だけで思考して解答を導き出した場合，与件との因果関係が希薄になってしまいます。

❻ 細部にこだわりすぎていない文章

解答を文章化する際，「言葉遣い」や「構成」の細部にこだわる必要はありません。あくまでキーワードで採点していると想定されるため，**ある程度意味が通じるレベルであればいい**のです。「完璧な文章」に仕上げることに意識を集中してしまい，「キーワードが網羅されているのに細部にこだわって書き直して時間をロスする」，「きれいな文章（表面上）にこだわって中身の吟味が不十分になる」のでは意味がありません。

また，細部にこだわるあまり難解な文章になると，前述のとおり採点者に細かく読まれず，「内容は合っているが得点にならない」という事態に陥ってしまう可能性もあります。

❼ 独創的，専門的な解答ではなく，一般的な解答

望ましい解答は「合格者レベルの受験生が書く内容」です。**専門家しか知りえない内容は，問題作成者も知らない可能性があり**，採点基準に含まれていない可能性があります。

深掘りしすぎず，一般的に考えられる解答を目指すことが必要です。

COLUMN①

2次合格への戦略と挑戦の軌跡

吉田晴香

●1年目，247点足切り不合格の雪辱

私は2022年1次・2次のストレート合格を目指していました。ストレート合格は数%しかいないことはわかっていましたし，試験後，手応えもなかったので，2次翌日の10月31日からすでに2023年に向けた勉強をスタートさせていました。1回目2次試験，結果は不合格。まぁそうだよなと発表時，気持ちの切り替えはできていたのですが，追って届いた得点開示のはがき。中を見ると，事例Ⅰ39点，事例Ⅱ63点，事例Ⅲ64点，事例Ⅳ81点の合計247点…なぜ不合格だったのか？　最初は事態がよく呑み込めませんでした。そう，「受験した科目の総得点の60%，かつ全ての科目で40%未満がないこと」…，まさしく足切り不合格。まさか自分がたった1点，されど大きな1点で不合格となるとは夢にも思いませんでした。あの時の衝撃，膝から崩れ落ちる感覚は未だに忘れられません。

●2年目，雪辱を晴らすための戦略

しばらくは悔しくて眠れませんでしたが，切り替えるしかありません。1年目はただがむしゃらに過去問を繰り返しただけだったことを反省し，2年目は2次に勝つための戦略を立てることにしました。もし今年2次にまた落ちてしまったら…試験ルール上，1次からやり直しです。戦法としては，保険をかけて1次試験を受けておくこともあり得ました。今年，最低でも何科目か受かっておくと，来年の1次・2次の勉強負担が軽減できますから。ですが，1次の勉強に時間を奪われると2次の勉強が思うようにできなくなりますし，「落ちるかもしれない」という前提でリベンジすることが自分のポリシーとして許せなかったので，1次は受けず，2次だけに照準を合わせ，背水の陣で挑みました。もちろん，家庭や仕事の事情によって短期決戦が難しい場合もあるかと思いますので，みなさんの事情に合わせてください。大事なことは，1次・2次，ルールが異なりますから，きちんと勝つための戦略を立てて実行していくことです。

●戦略から戦術，そして勝利の心構え

戦略を立てたあとは，戦術です。戦術を考える上で，情報は命です。2次対策関連の書籍は10冊以上購入しましたし，受験生支援団体のオンライン活動を覗いてみたり，合格者ブログを読んだり，YouTubeを見たり…各所で紹介されていることは，まずは何でも取り入れました。その上で自分の腑に落ちるもの，自分に合ったものを続けていきました。情報は勝者の戦法です。もっと早く，1年目の時にやっておけばよかったと後悔しています。その中で気づいたこと，2次で勝つための大事な心構えを3つご紹介します。

①　素直さ・謙虚さ

問われたことに素直に答える。答案に自分のアイデアや経験は不要。

②　柔軟さ（完璧を求めない）

論理的に「読み・考え・書く」力を身につけ，上位18%に入ればよい。

③　事例企業に徹底的に寄り添う

社長の想いや考え，課題をしっかり受け取る。答案は社長に宛てた提案書である。

迷い，悩み，不安でたまらない時，いつもこの3つに立ちかえることで，最後まで自分を見失わずに，2回目で合格を勝ち取ることができたと思っています。みなさんの学習のヒントになれば幸いです。

COLUMN②

学生にこそおすすめしたい試験：中小企業診断士

山本大喜

私は企業内診断士で転職を１回，社内公募で社内転職を１回と自分で希望した転職や異動の経験があります。その時にやっていたことが中小企業診断士の試験ととても似ていると思いました。そのため，この試験は学生にもおすすめできると思っています。もちろん資格自体をアピールできるという点もありますが，エントリーシート（ES）や面接などを準備するという観点でもです。ではどのようになるのか２次試験事例Ⅰを解くようにESを書いてみます。

●問１：Ａ社のSWOT分析

志望している会社の強み・弱みの分析です。ここで会社の与件文はどこで手に入れるの？と思うかもしれません。この時に役に立つのがＩＲ資料です。上場している会社や大きな会社しか公開していないという難点はありますが，もし就職したい会社がＩＲ資料を公開していたら真っ先にそのページを訪れましょう。そこに与件文の内容が書いてあります。しっかりSWOT分析してください。

●問２：戦略上の差別化の内容

その会社は他社とどのように差別化しているか，どんなところで利益を得ているか，または差別化してどんな分野に進出しようとしているのかを理解します。なぜシェアナンバーワンなのかとか調べるといいかもしれません。資料には小さく書いているけれど重要な内容もあったりします。見落とさないようにしてください。

●問３：Ｘ社（あなた）の留意点

ここでは少しスコープを広げ，あなたの強み・弱み，将来どのようなことがしたいのかも分析です。あなたの自分史を作って，今までの経験を棚卸ししてみましょう。与件文にあるＸ社のような感じです。これはあなた以外誰もわからないので自分で作る必要があります。ここで大事なのが，強み弱みとか考えずに楽しかったことなどいろいろ思いつくことを挙げることです。あと嫌だったことも棚卸ししておくとよいです（＝留意点）。行きたい会社でやりたくないことをしても幸せではないので。

●問４：経営統合プロセス

とうとう最後の１問まできました。あとは会社と自分の相性や進みたい方向性のすり合わせです。ESに書くことは会社によって変わってきますが，どんな題目であっても基本的に以下を求められています。

① なぜ我が社なのか（問１，２で調べた強みや差別化ポイント，方向性）
② あなたの経験が活かせるのか，成長性があるのか

②の回答が問４の回答になるようなイメージです。そのためには問３で棚卸しした経験など踏まえ，会社の方向性や強み，差別化ポイントに対し，自分の経験が活かせることや向かいたい先が同じであることを書くことになると思います。棚卸しした内容は必ず使えるはずです。

いかがでしょうか。ESを書くことと事例を解くことは似ている気がしませんか？面接ではこの調べた内容を話すだけです。

●最後に

本資格の知名度は低く，特に学生には知られていないと思いますが，振り返れば学生の時に出会っていればと思います。本書を手に取った皆様には本資格を年齢問わず普及していただいて，皆様や将来の診断士の先生とJapan as No.1 again を目指したいと心より願っております。

Chapter 2

なぜ第２次試験は難しいのか？

Section

01 受験生が犯す失敗やミスはさまざまあるが，皆同じ間違いをしていた

第２次試験の演習を繰り返し実施していると，さまざまな内容の失敗やミスを犯します。受験生同士で細かい解答の確認をし合うことはあまりないため，自身で犯した失敗やミスは自分だけがしているように感じてしまいます。しかし，受験生が犯す失敗やミスの種類は数多くありますが，実は皆同じ過ちを繰り返しているにすぎないのです。

つまり，受験生は皆，**同じ失敗やミスを繰り返しているにもかかわらず，その対策を講じていない（問題の原因を究明し，改善策を実施していない）から，得点が安定しない**のです。

以下に，受験生が繰り返し犯している共通の失敗・ミスを整理します。

▶ 受験生が犯す共通の失敗・ミス

①　与件を読んでいると，思考停止で文字を目で追っているだけになる。
②　時間が少なすぎて，与件全体を詳細にまで把握できない。
③　設問に対して，何を解答してよいのか見当がつかず，まったく対応できない。
④　解答の思案中に，何をしていいかわからなくなり思考が停止してしまう。
⑤　与件のどこに何が書かれていたかわからなくなってしまう。
⑥　与件の中の，解答の要素探しに時間がかかってしまう。
⑦　与件の中からしか解答を導けない。
⑧　いつの間にか，与件や設問とかけ離れたことを書いてしまう。
⑨　いつの間にか，与件だけ，あるいは設問だけを考慮して解答を導き出している。
⑩　要求をはずした解答や，重要なキーワードが漏れてしまう。
⑪　１つの内容を長々と書いたり，無駄な言葉を書いてマスが足りなくなる。
⑫　解答に盛り込む内容が薄く，設問単位で得点が伸びない。
⑬　何度も同じ間違いをする。
⑭　設問の縛り（制限事項）や与件を読み飛ばしてしまう。
⑮　つい思いつきで（与件に関係なく，自身の経験や知識で）解答を書いてしまう。
⑯　解答を書き直して時間のロスをする。

皆さんが演習を実施して犯しているミスは，概ね上記に当てはまると思います。

つまり，第２次試験はどんな問題でも，演習でも本試験でも，安定して高得点が取れるようになるには，これらのミスや失敗をしないための「スキル」を習得し，「手順」を構築する必要があるのです。

Section

02 なぜ受験生は，いくら第２次試験の勉強をしても成長できないのか？

受験生が同じミスを繰り返し，なかなかレベルアップできない要因は，簡単にいうと前節で指摘したとおり，「受験生が犯す共通の失敗・ミス」の対策ができていないためです。しかし，「どうすれば同じミスを繰り返さずに済むのか」がわからずに悩んでいる受験生も多いのではないでしょうか。そういう中で，暗中模索しながらも明確な解答が見つけられず，結局のところ，ただひたすら過去問や演習問題を解いて解説を読むことを繰り返しているのかもしれません。何度演習問題を解いても，良い点数の時と悪い点数の時とを繰り返してしまうので，いつまでたっても成長した実感を持てずに悩んでいる受験生が多いと思います。

結論をいうと，**ただ過去問や演習問題を解いて解説を読むだけでは実力は向上しません。**もしそのような勉強をしていたら，おそらく何度第２次試験を受けても，「受かるかどうかは試験の中身次第」というギャンブルから逃れることは難しいと思います。

なぜなら，第２次試験は第１次試験と違い，単により多くの知識を覚えればいいというような単純な試験ではないからです。

それでは，なぜ受験生がなかなか成長できないのか，同じミスを繰り返すのか，その理由をより掘り下げて整理していきます。

▶ 受験生がなかなか成長できない，同じミスを繰り返す理由

① どんな問題でも適切な解答を導き出せる決まった「手順」がない。
② 集中して思考できるための「情報の整理」をせずに解答を導いている。
③ 頭の中で解答をイメージして組み立てることをせずに解答を書き始める。
④ 「記述方法」を知らずに解答を書いている。
⑤ 「切り口」を知らずに解答を書いている。
⑥ 第２次試験で必要な第１次試験やコンサルティング実務の知識を知らない。

❶ どんな問題でも適切な解答を導き出せる決まった「手順」がない

どんな仕事でも，物事を完成させるためには，１つひとつの作業を積み重ねていきます。例えば，１つのレポートを完成させるには，テーマを決め，項目を決め，レイアウトを構成し，各項目で文章を作成する，などです。これら１つひとつが作業です。

そして，その作業を迅速かつ適切に行うには，「何を」「どの順番で」行うかという「手順」がとても重要です。この手順を間違えると，当然望ましい結果は得られません。これ

はどんな仕事や作業でも当てはまることです。物事を効率的・効果的に進めるには，必ず手順が必要です。特に**作業の中身が複雑になればなるほど，緻密に設計された手順が作業のスピードと質に大きな影響を与えます**。

第２次試験も同じです。解答にたどり着くには，与件や設問を読み，詳細に理解し，設問単位で必要な情報を整理した上で，各設問で問われる内容について適切な解答を導く，というプロセスが必要になります。そして各ステップをスピーディかつ高品質に進めなければ，80分間という短い時間で高得点が取れる解答を作成することは難しいのです。

❷ 集中して思考できるための情報の「整理」をせずに解答を導いている

正しい思考を行うためには整理された情報が必要です。しかし，第２次試験の与件は，膨大な情報がただランダムに書かれているだけで，整理されていません。第２次試験に限らず何でもそうですが，**膨大かつ煩雑な情報はその状態から直接分析したり解答を導くことは困難**です。

一方，第２次試験で与えられた時間は限られており，情報の整理に多くの時間をかける余裕はありません。そのため，限られた時間内で整理する方法，手順を構築する必要があるのです。

❸ 頭の中で解答をイメージして組み立てることをせずに解答を書き始める

第２次試験の解答は各設問で文字数が決められています。高得点を獲得するには，その決められた文字数の中でいかに得点になる要素（キーワード）を盛り込むかがポイントになります。そのため，解答を書き始める前にある程度頭の中で解答イメージを描いた上で，解答を記述しなければなりません。

解答が組み立てられていない中で書き始めると，書きながら考えることになります。そのため思考も不十分になり，書きながら思いついた解答をダラダラと書くことになります。そのため，**「制限文字数に優先度の高い順に要素を盛り込む」といった戦略的な解答作成ができず，解答の質を高いレベルで安定させることが難しくなります**。

❹ 「記述方法」を知らずに解答を書いている

解答を安定して高得点にするには，解答の記述方法に「こういう解答を書くと高得点になる」「こういう解答の書き方は高得点にならない」などの一定の**「暗黙のルール」のようなものがある**ことを把握しておくことが大切です。

例えば，解答方法のパターンには与件の内容そのままを解答として記述する場合と，第１次試験やコンサルティング実務の知識から導き出す場合とがあります。これを知らないと，解答を考える際，与件の内容からのみ解答の要素を探そうとしてしまい，第１次試験やコンサルティング実務の知識から解答を導くパターンの設問はいつまでたっても高得点が取れるようにはなりません。

その他の記述方法として，「結論や判断を求められる問題は，解答に『結論』『根拠』『具体的内容』を盛り込む必要がある」というのがあります。この記述方法を知らなければ，「結論だけをダラダラ書く」という解答をしてしまい，根拠や具体的内容が欠如して得点が伸びない，ということになってしまいます。

このように，記述方法について一定の決まりごとを知ることも大切なのです。

❺ 「切り口」を知らずに解答を書いている

「切り口」とは，各設問の問いに対して，解答に求められる観点（要素，フレームワーク）のことです。

例えば，戦略を問われた場合，自社・競合の強みと弱み，顧客のニーズという「3C」について明記する必要があります。また，生産管理に関する設問では品質・原価・納期の「QCD」についてそれぞれ明記することで高得点になります。さらに，売上向上について問われたら，売上は「売上＝客数（新規顧客＋既存顧客）×客単価」に分解できるため，客数（新規顧客の獲得，リピーター化）と客単価について，それぞれ明記することが望ましいといえます。

このように，**高得点を目指すためには，「漏れなくダブりなく」解答する必要があり，その解答の構成要素である「切り口」に沿って記述することが重要**なのです。

❻ 第2次試験で必要な第1次試験やコンサルティング実務の知識を知らない

「受験生がなかなか成長できない理由」の最後は，第1次試験の知識が不十分である，ということです。

先ほどの「記述方法」のところで，「第1次試験の知識から導き出す解答がある」というお話をしました。この事実を知らないと，「与件の内容からしか解答を導き出そうとしなくなるので，第1次試験の知識から解答を導くパターンの設問は，いつまでたっても高得点が取れるようにはならない」こともお伝えしました。

実際に，第1次試験の知識をすっかり忘れたまま，第2次試験に取り組んでいる受験生も多いのです。また，コンサルティングが未経験のため，実践的な知識を修得できていない人も多いのが現状です。

このように，「受験生がなかなか成長できない，同じミスを繰り返す理由」は，基本的には受験生が犯す共通の失敗やミスの対策を行っていないことであり，具体的な対策を踏まえて原因を追及していくと上記のようになります。つまり，上記課題の対策が打てていないのです。

Section

03 受験生の非効率，非効果的な勉強方法

受験生が前述した課題の対策ができないのは，予備校や参考書ではその解決方法を教えてくれないため，各々が独自の方法で勉強しているからです。

それでは，実際の受験生はどのような方法で勉強をしているのでしょうか。

以下に，第２次試験受験生の主な勉強方法を整理します。

▶ 受験生の誤った勉強方法

① 手順を構築せずに，やみくもに演習をこなす（数をこなす）。
② １つの予備校の模範解答を「絶対的な解答」として参考にする。
③ 過去問（同じ問題）ばかりを繰り返し解く。
④ 第１次試験やコンサルティング実務の知識を習得せずに取り組む。
⑤ 予備校が作成した演習のみを解く。

上記のとおり，勉強方法は人それぞれで，合格者は皆それぞれの勉強方法で合格しています。そのため，「勉強方法は人それぞれで，自分に合った勉強方法があればいいじゃないか」というような議論に落ち着きそうですが，果たしてそうでしょうか。

この発言は，合格したから何となく説得力があるように聞こえますが，実態はそうではありません。なぜならこの発言は，「道理や理屈，ゴールまでのプロセスは関係ない，結果がよければいい」という考えがベースになっているからです。しかもこの思考では，なかなか合格できずに悩んでいる受験生に対し，効率的で効果的な勉強方法や解き方を合理的に指導することはできません。

第２次試験合格者には，これからコンサルタントを目指す人も多く含まれるでしょう。コンサルタントは，特に中小企業が支援先である場合，さまざまな問題の解決策を提案し具体的な手法まで構築しなければなりません。コンサルタントが合理的なプロセスの検証もせず，「結果よければすべてよし」という考えでは，顧客である中小企業にとってはたまったものではありません。

それでは，上記の勉強方法がなぜ非効率で非効果的なのか，説明していきます。

❶ 手順を構築せずにやみくもに演習をこなす（数をこなす）

さまざまな予備校に通ってさまざまな第２次試験の演習をこなすことはとても重要です。しかし「戦略なく，ただやみくもにこなす」のは問題です。なぜなら，**ただやみくもに解くだけでは，前述のとおり同じミスを繰り返すだけで成長しない**からです。演習問題を解き，その結果点数が低ければ，高得点が取れなかった原因を追及し，改善策を構築して次に活かさなければ何度やっても同じ過ちを繰り返してしまいます。１つの演習，１つの設問ごとに間違いの原因追及と改善策構築を行わなければ，数だけこなしても大きな成長は期待できません。

❷ １つの予備校の模範解答を「絶対的な解答」として参考にする

第２次試験は正式な解答が公表されません。そのため，各予備校が第２次試験の模範解答を発表しています。受験生の多くは通っている予備校の模範解答を唯一無二の「絶対的な解答」として扱い，その模範解答を目指して，その問題を何度も解いたり復習したりしています。しかし，予備校の模範解答は各予備校で異なっています。つまり，実際には１つの予備校の模範解答は「唯一の解答」ではないのです。

予備校によって作成方法は異なり，１人の講師が作成するところや，複数の講師が相談して作成するところもあります。また，模範解答に対する考え方も異なり，リスク回避のため言い切らない（やや曖昧さを残した）解答を作成するところや，かなり断定的な解答をするところ，設問全体の流れ（関連性）を重視するところもあります。

このように，**各予備校の模範解答にはそれぞれ「癖」があり，決して絶対的なものではありません**。しかし１つの予備校の模範解答を信じきってしまうと，もし解答として誤っている場合，その模範解答によってミスリードされることになります。また，納得できない解答がいくつか存在した時，「なぜこのような解答になるのか」と疑問に思いつつも，その解答を「丸暗記」してしまい，スキルの習得にはなりません。

❸ 過去問（同じ問題）ばかりを繰り返し解く

合格者の中で最も議論が活発になるのが，「合格のための勉強方法は，過去問を繰り返し解くのがいいのか，それとも異なるさまざまな演習問題を解くのがいいのか」というものです。実際に過去問ばかり解いて合格した方は大勢います。そして過去問を繰り返す側の理屈としては，「過去問は実際に試験に出た問題であるため，各予備校が作成する演習問題とは重みが違う」というものです。

しかし，**同じ問題を繰り返すだけでは，その問題にのみ対処できるようになるだけ**です。本試験は毎年異なる問題であり，さまざまな問題が解けるようになる「スキル」が身につかなければ意味がないのです。

また，**過去問であっても，予備校の作成した演習問題であっても，１度解いて誤りにしっかり対処をすれば，２度目を解く理由はありません。同じ問題を解くと解答を暗記し**

てしまって思考は停止してしまいます。解答を導き出す「思考」ではなく，ただ記憶した内容を解答として書面に書くという「作業」にすぎなくなるのです。これでは当然，何度繰り返しても本来の実力をつけることは期待できません。

過去問を解き，解説を読んで新たな知識を習得することは重要ですが，何度も繰り返す必要はありません。

❹ 第１次試験やコンサルティング実務の知識を習得せずに取り組む

前述のとおり，第２次試験の問題には第１次試験やコンサルティング実務の知識が必要になります。しかし，多くの受験生が第１次試験の知識をほとんど忘れてしまった状態で第２次試験に臨んでいます。なぜそうなるかというと，第２次試験に第１次試験の知識が必要だという認識が希薄であること，また，膨大な第１次試験の情報の中で，どの知識が第２次試験に必要なのかを理解していないことです。ただし，第２次試験に必要な第１次試験の知識はほんの一部であり，それらを理解して「基礎知識」として習得していればいいのです。

また，受験生の多くはコンサルティングの実務が未経験です。ただし，実践的な知識を体系化した書籍はほとんど見当たりませんし，また，予備校でもコンサルティング実務を教えるところはほとんどありません。そのため，受験生がコンサルティング実務の知識を得ることが難しいのが現状です。

❺ 予備校が作成した演習のみを解く

予備校の演習問題と本試験の問題は大きく異なります。それは，予備校の演習問題は与件をしっかり理解できれば解ける問題が多いのですが，本試験ではコンサルティングの実務の知識が必要になる場合が多いからです。そのため本試験のほうが難易度は各段に高くなります。予備校の演習の場合，多くの先生が解説できるものでなければならないためわかりやすい内容にする必要があること，そして予備校の演習問題を作成している人はコンサルティングのノウハウを持っていません。そのため，本試験のレベルの演習が解けるようになることを目標にすることが大切です。

このように，多くの受験生が非効率で非効果的な勉強方法をしているから，なかなかレベルアップできないのです。

COLUMN③

私は2次試験をこうして突破した

矢野達也

私は，２次試験は2022（令和４）年の１回で運よく突破することができました。２次試験筆記対策の勉強時間は，１次試験通過判明後の約２か月半ほどでした。独学で自分なりに考えて実行したことをエッセンスとして紹介したいと思います。受験生のみなさんのご参考になれば幸いです。

●２次試験過去問分析で攻略の道筋を把握

１次試験受験後の自己採点で通過が見えたので，2022年８月に書店に行って２次試験対策の参考書を一通り買い揃えました。ご多分に漏れず『ふぞろい』で，どんな解答を書くと加点できるのかを理解しました。過去問は，その『ふぞろい』シリーズの書籍を使って，事例Ⅰ～Ⅲは過去５年分，事例Ⅳは過去10年分を解きました。何回も解きなおすことまではせず，与件・設問と解答をちょくちょく眺めて解法プロセスを追いかけることで，２次試験の解答パターンを頭に叩き込みました。

●『黄金手順』等の実践で解答の型を構築

寺嶋先生の『黄金手順』の手法は，短期間で解答の型を身につけるのに役立ちました。与件読解や設問読解の手法について，自分に合うようアレンジして取り入れました。よって自分の問題用紙は，蛍光ペンでカラフルです（笑）。解答を組み立てる際にどこを参照したらよいかがわかりやすいやり方なので，抜け漏れを防いで効率的に解答のキーワードを盛り込むことができ，どんな問題でも一定程度外さない解答ができたと思っています。

また，受験生支援団体の勉強会にも積極的に参加しました。当時はまだWithコロナですべてZoomでの勉強会でしたが，自分の解答案に対して，合格者や他の受験生から意見や添削をどんどんいってもらえるので，参加当初は相当ずれた解答をしていたのですが，参加するうちに修正されていく実感がわいたのを覚えています。

●１次から２次試験に必要な知識への転換

また，２次試験に必要な知識への転換と習得を意識して行いました。複数の参考書と過去問の解説をベースに，事例ごとに求められる知識を整理したシート集をつくり，また新たな知見を得れば都度書き足して自分オリジナルにしていき，スキマ時間を見つけては見返すことで自分のものにしていきました。これにより，設問をみればどんな知識を使って解答すればよいかすぐ引き出せることを目指しました。結果として，事例Ⅰ～Ⅲともすべて60点を超えることができました。一方，事例Ⅳは苦手意識があったので，市販の問題集を使って毎日解くようにしました。忘却との闘いなので，手が勝手に動くようひたすら繰り返しました。この年の事例Ⅳは自分には難易度が高かったですが，セールスミックスや内外製分析の計算を正解できたのとNPVの部分点を稼ぐことで，結果として70点超を取れました。

●最後に，とにかく時間を作るのがコツ

以上が自分なりの勉強の仕方でしたが，ポイントは時間確保にあったと思います。一時的に自宅近くの自習室を借りて集中する環境を作ったり，通勤電車などコマ切れの時間もシートを眺めたりするなど勉強に充てました。合格後の自分を思い浮かべてモチベーションを維持しながら，ぜひみなさんでもご自身のやり方をみつけていってください。応援しています。

COLUMN④

子育てママの診断士活動

植村裕加

私は，一男二女の３児の母で企業内診断士です。中小企業診断士試験は，勉強開始から５年，４度目の２次試験で合格しました。たいした戦歴ではないので，私なりに合格後の１年間どのような活動をしてきたかについて書きたいと思います。

１．実務補習

勉強期間が長かったこともあり早く診断士登録をしたかったので，合格後すぐに中小企業診断協会の15日間コースを受けました。朝５時に起きて家事を片づけたり，診断報告書の着手が夜遅くなったりと大変でした。土日に実務補習がある日は，旦那に子どもたちの昼ご飯を作ってもらい，実務補習先の近くでお土産を買って晩ご飯にして，何とか乗り切りました。

２．受験生支援活動

受験時代オンライン勉強会に参加していた時期もあったことから，受験生支援団体に参加しました。オンライン勉強会で受験生にアドバイスしたり，Facebookの答案書き込みにコメントしたりと，できる範囲での活動をしました。オンライン中心でしたが，全国に仲間ができたことが収穫です。

３．執筆活動

取材や執筆案件にも取り組みました。オンラインで取材ができるので，時間的な制約がある私でも取り組むことができました。

『黄金手順』の執筆案件も，自分で手をあげて，参加させていただきました。

４．協会活動

自分の住んでいる都道府県ではなく，隣にある規模の大きい協会に入ることにしました。理由は，多くの人脈ができるかもしれないこと，オンラインイベントも多く家から参加できる（会費の元がとれる）こと，研究会の種類が多く参加することでたくさんの学びを得ることができるからです。

研究会は，興味のあるWebマーケとSDGsの研究会に入り，Zoomで話を聞くだけでなく発表をしたりもしました。

協会でいろいろな人と知り合い活動するなかで，刺激を受けて多くの気づきを得ることができました。リアルの飲み会にはなかなか参加できないのですが，そういう事情をわかってくださる先輩診断士の方もいらっしゃり，仲良くしていただいています。

５．補助金支援

事業再構築補助金，ものづくり補助金や小規模持続化補助金の申請支援をしました。ヒアリングはオンラインで実施，メンバーとのやり取りはメールやSlackというツールを使って，支援を行いました。

６．最後に

他にもNPO法人のクリスマスコンサートを手伝ったりと，いろいろなことに取り組んできました。合格後の１年間は，「なんとなくいろんなことに首をつっこんでみた」というかたちでしょうか。失敗もありましたが，新しい世界を見ることができた楽しい１年でした。

私は中小企業診断士としての強みは今のところないので，自分の軸（強み）を作りながら成長していきたいと考えています。

中小企業診断士は，執筆，コンサルティング，研修講師など活動の幅は広いと感じています。受験生のみなさん，どこかで一緒に活動できる日を楽しみにしています。

Chapter 3

安定して高得点を取るための勉強法

Section

01 「解き方の黄金手順」の重要性

前章で，何事も迅速かつ適切に行うには「手順」が重要である，というお話をしました。この手順の重要性について，再度確認したいと思います。

前述しましたが，どんな仕事でも，物事を完成させるためには，1つひとつの「作業」を積み重ねて完成させます。そして，その作業を迅速かつ適切に行うには，「何を」「どの順番で」行うかという「手順」がとても重要で，この手順を間違えると当然望ましい結果は得られません。

例えば「モノづくり」の場合では，①仕入れ→②加工→③組立→④検査→⑤出荷といった，完成までに行う決まった工程，手順があります。すべてに決まった手順があり，何をすればいいのかが決まっているので，その製品についてまったく知識がない素人でもスピーディかつ高品質に製品を完成させることができます。

もしその手順がなくなってしまったら，完全に作業はストップしてしまうでしょう。モノづくりにおいては，作業手順を適切に把握できていないことで多大な時間と労力のムダを生み，たとえ試行錯誤によって完成させたとしても品質の低下を招いてしまいます。

手順が明確になっているから，「何から着手し，次の手順は何か，何をどうすればよいか」などがすべての作業者に共有され，みんなが迷うことなく，ムダな労力や思考を使うことがなくなります。負荷を最低限に抑えられるので，作業スピードが格段に上がります。そして1つひとつの作業の中身に集中できるので，各作業の品質を向上させることができ，全体の完成度が上がるのです。

料理でも同じです。料理をしたことがない人でも「レシピ」を見ながら料理をすれば，ある程度のクオリティの料理を作ることができます。そして，慣れてくれば，レシピを見ずによりスピーディに，よりおいしく料理を完成させることができます。

このように**手順化することで，無駄な思考や作業がなくなり，本質的な中身に思考を集中できるからスピードと質が格段に向上する**のです。これはどんな仕事でもいえることで，特に仕事の中身が複雑になればなるほど，効率的かつ効果的に進められる緻密に設計された手順が必要になります。

第2次試験も同様に，誰でも効率的・効果的に完成させることができる手順を確立することが重要です。手順がない中で問題を解くのは，「マニュアルや手順書がない中でモノを作る」，「レシピなしで素人が複雑な料理を作る」ことと同じです。

Section
02 オリジナルの手順ではダメな理由

第２次試験の演習に戦略的に取り組んでいる受験生は多くいるはずです。そして，各人それぞれ情報の整理の方法を工夫しながら取り組んでいると思います。しかし，それでも得点を安定させることが難しいのが現状ではないでしょうか。

理由はいくつかありますが，１つは，「解答の手順」を構築していないことです。80分間という短い時間ですべての設問に対して完成度の高い解答を作成するには，細かいミスをしないための手順がなければ困難です。また，情報の「整理」の方法が効果的ではないケースも多いです。受験生の多くは各人のオリジナルな整理の方法で取り組んでいて，その方法が誤りとはいいませんが，残念ながら十分ではないでしょう。

第２次試験というのは，「80分間という短い時間で，与件を確実に理解し，設問の縛り（制限）に注意しながら，設問に忠実な解答を，与件と知識から導き出して作成する」ことをすべて行わなければなりません。ですので，手順の構築や整理の方法など詳細に吟味して，さまざまな工夫をし，緻密に設計しなければなりません。

モノづくりで設計された工程や手順は，プロによる緻密な設計により構築されたものです。だからパートやアルバイトでも効率的で高品質なものが作れるのです。もし１人の平凡な作業員が，オリジナルで工程や手順を作ったらどうなるでしょうか。おそらく効率性も低く，高い品質も期待できない製品になってしまいます。

料理のレシピも同様です。料理のプロが実践している内容を，料理のプロがマニュアル化しているから，誰でもプロ並みのおいしい料理ができるのです。料理の素人がおいしく作る勘所も踏まえないままレシピを作っても，高品質の料理は期待できません。

第２次試験も同様です。受験生が各自で構築したオリジナルの手法で解答を作成している人が多いのですが，解答が高得点で安定しているレベルに到達していないと思います。これは手順に不備があるからです。この状況で，「自分に合っている」「ずっとこのやり方」と言って**自身のオリジナルの手法に固執しても，これ以上の成長は望めません。**

私はプロの事業再生コンサルタントであり，これまで事業デューデリジェンスや実行支援などの現場経験を通じてさまざまな新しいコンサルティング手法を構築し，体系化してきました。また，問題解決のプロでもあり，これも問題解決の手順を体系化したから実現できています。つまり，体系化のプロでもあるのです。要するに，**物事を誰でもスピーディかつ高品質に実施するためには，プロがしっかりと手法を吟味し，手順として体系化する必要がある**のです。そして本書での「解き方の黄金手順」が，第２次試験で誰でも安定して高得点が取れるように設計したマニュアルなのです。

Section

03 「解き方の黄金手順」の特徴と効果

続いて「解き方の黄金手順」の特徴について，以下にまとめます。

▶「解き方の黄金手順」の特徴

- この「解き方の黄金手順」は，膨大で煩雑な情報を，迅速かつ正確に分析し，適切な解答を導き出すための３法則「作業と思考の分離の法則」「情報の整理，見える化の法則」「集中整理，一覧性の法則」をベースに手順化，体系化したものである。
- また，第２次試験に必要な「第１次試験やコンサルティング実務の知識」を網羅的に洗い出して整理している。
- その他，「記述方法」と「解答の切り口」といった，高得点を取るための解答の書き方のノウハウを整理している。
- このように，第２次試験に必要なすべての手順や知識を「解き方の黄金手順」「６つのメソッド」として整理しており，これらは前述の「受講生が犯す失敗・ミス」および「高得点の解答」のすべての対策が盛り込まれている。そのため，本書１冊で，第２次試験に必要なスキルを，誰でも，簡単に，短期間で習得できるようになっている。

▶「解き方の黄金手順」の効果

- 確実に設問に沿った，必要な要素を解答に盛り込んだ高品質な解答が，時間内で書ける。
- ２次試験の「穴（欠点）」がなくなり，「問題の相性の良し悪し」がなくなる。
- 設問からはずれた解答，必要な要素の漏れ，書き直しなどのミスがなくなる。
- どの事例，どの問題でも，安定して高得点が取れるようになる。
- 手順を確立していれば，本試験で緊張してパニックになることもない。

Section

04 安定して高得点を取るための勉強法（解き方の黄金手順の習得方法）

安定して高得点が取れるようになるには，確実に「解き方の黄金手順」と，後述する「６つのメソッド」を習得することです。効率的に習得するために，以下の手順で取り組んでください。

▶「解き方の黄金手順」の習得方法

① 「第１次試験とコンサルティング実務の知識」を覚える
② 「解き方の黄金手順」習得のため，時間を気にせず手順通りに実施する
③ 本番同様に，80分間で多くの事例を解く
④ 不足している知識を「復習ノート」にまとめる

❶「第１次試験とコンサルティング実務の知識」を覚える

まずは暗記すべきものは暗記しておいて，演習ですぐに使えるレベルにしておくことが重要です。後述する６つのメソッドのうち，４～６が暗記すべきものですが，特に重要なのが「第１次試験とコンサルティング実務の知識」です。本書ではこれらを網羅的に記載しているため，本書に書かれている知識をしっかり習得しましょう。その他のメソッドの「記述方法」「解答の切り口」もあわせて覚えておいてください。

❷「解き方の黄金手順」習得のため，時間を気にせず手順通りに実施する

本試験で安定的に高得点を取れるようになるために重要なことは，この「解き方の黄金手順」を習得することです。そのためには，後述する６つのメソッドの１～３の３つの原則を理解し，まずは制限時間である80分間は気にせず，「解き方の黄金手順」に忠実に従って演習を解くことで，早期にこの黄金手順を習得することができます。

❸ 本番同様に，80分間で多くの事例を解く

ある程度「解き方の黄金手順」を習得したら，この手順に忠実に，本番同様に80分間で演習を解きます。多くの事例を解くことで確実に黄金手順が身につき，本番でも慌てることなく，落ち着いて演習どおりできるようになります。

❹ 不足している知識を「復習ノート」にまとめる

多くの演習を解くことで，不足している知識を特定することができます。特にコンサルティング実務の知識は膨大なので，これらを「復習ノート」にまとめて整理して，後から読み直して知識として補充しておけば，同じ問いが出ても，再び同じ過ちを繰り返すことはありません。また，同じ演習を再度解く必要もなくなります。

COLUMN⑤

将来は起業・独立し中小企業の支援に従事したい

M・M

私は新卒で就職してから約９年間にわたり，製造業に勤務し自社の生産に必要な部材を外部の企業から調達する仕事に就いております。外部の企業は大手から零細企業まで多岐にわたりますが，中小企業の割合は高く，日本のモノづくりを支えているのは中小企業であることを実感しております。調達業務では外部の中小企業の経営者や幹部の方々と接する機会が多く資金繰りや生産面での改善，人材育成など様々な経営課題を抱える企業は数えきれないほど実在しています。そのような実体験から，将来は自分自身で裁量を持ち，それらの企業を支援するような仕事をしたいという思いから中小企業を支援する会社を起こすという目標を持ちました。

その目標に向けて何をすれば良いかと考えた際に，中小企業の抱える多種多様な課題を認識し解決するための知識が必要と考え，中小企業診断士の資格取得に取り組む決意をしました。思い立ったが吉日，すぐさま資格の内容を把握し，参考書を手に取り勉強を開始するも，本業の会社員の仕事もあり仕事と勉強を両立することは困難でした。

そこで勉強を習慣化させることが重要であると考え，近所の大手予備校に通うことにしました。平日は仕事終わりに必ず予備校に通い毎日2.5時間，土日は１日８時間勉強するという習慣をつけました。習慣づくと勉強することが生活の一部になり勉強に対する嫌悪感も薄れるようになりました。

2023年度に初受験し１次試験を450点で突破しましたが，２次試験は190点で全く歯が立ちませんでした。反省点は１次試験が終わるまでは２次試験の勉強を全くしていなかったことです。

これから受験される方にはある程度２次試験を把握した上で１次試験の勉強に取り組むことをお勧めします。１次試験は暗記することがメインですが２次試験は暗記よりも現場対応力や文章力が重要になります。勉強法は様々ありますが，100字トレーニングに地道に取り組むことや日々のニュースなどで中小企業の取り組みなどに関心を向けておくことが合格につながると思っています。

加えて本書は２次試験攻略に向けた解答作成の効率化を徹底的に分析した実用的な書籍です。本書のノウハウを参考にしご自身の使いやすいようにアレンジして活用していただくのが良いと思います。私は今年リベンジするので皆様も合格に向けてともに頑張りましょう。

Chapter

4

「６つのメソッド」とは

Section

01 6つのメソッドの特徴

本章では「6つのメソッド」について説明します。「6つのメソッド」とは，膨大で煩雑な情報を，迅速かつ正確に分析し，適切な解答を導き出すための「3法則」と，第2次試験に必要な知識である「3知識」から構成されています。この「6つのメソッド」と「解き方の黄金手順」を合わせることで，第2次試験に必要なスキルを網羅的に習得できます。

メソッド	内　容
1．作業と思考の分離の法則	●人間は，作業と思考を同時にできない。また，作業と思考を同時に実施しようとすると作業を優先してしまい，思考停止に陥る。 ●作業と思考を分離することで，思考停止を回避でき，思考に集中できるようになるため，質の高い思考ができるようになる。 ●第2次試験では，80分間全体を作業と思考に分離させた手順を構築し，実践することで「解答を組み立てる」という思考に集中することができるため，思考力が高まり，解答の質が向上する。
2．情報の整理，見える化の法則	●膨大で煩雑な情報を詳細に分析して的確な解答を導くことを迅速に行うためには，これらの情報から必要な要素を抽出して整理し，必要な情報だけを見える化することがポイント。 ●第2次試験では，与件の膨大で煩雑な情報を，必要なカテゴリーなどに整理して，その要素を見える化すれば，思考に必要な要素に絞って思考することができ，思考力を高めて高品質な解答を導くことができる。
3．集中整理，一覧性の法則	●人間は何の情報も見ずに考える場合，頭に浮かんだ1つの要素を展開・深掘りする。つまり人間は皆，視野が狭く，多くの要素を同時に思考することは苦手である。 ●視野を広げ，複数の要素を同時に思考するには，必要な要素を一覧できるように集中的に整理することがポイント。 ●思考に必要となる，集中整理されたすべての要素を見ながら思考することで，多くの要素を同時に思考することができる。

	●第2次試験では，１つの設問に対し，必要な要素を漏れなく組み込んで解答を作成するには，各設問に必要な要素をすべて一覧できるよう，１箇所に集中してメモをして見える化し，それらを見ながら思考する（解答を組み立てる）ことが重要。
4．記述方法	●設問の問いに合わせた，高得点になるための記述方法，記述のパターン。 ●解答の記述方法はさまざまあるが，設問のタイプによって高得点になる解答のパターンがあり，適切な記述方法を選択することが高得点につながる。
5．解答の切り口	●各設問の問いに対して，解答に必要な要素のこと。 ●高得点を取るためには，１つの要素を長々説明するのではなく，解答にさまざまな要素を組み込み，解答の質を高める必要がある。 ●複数の切り口で解答を作成することが高得点につながる。
6．第１次試験，コンサルティング実務の知識	●解答には，与件の内容をそのまま記述するだけでなく，第１次試験とコンサルティング実務の知識も入れ込む必要がある。 ●第１次試験の知識とは「基礎知識」，コンサルティング実務の知識とは「応用知識」であり，コンサルティングの実践に近い第２次試験では，これら双方の知識が必要となる。 ●これらの活用方法として，与件や設問に書かれているキーワードから適切な第１次試験の知識とコンサルティング実務の知識を導き出し，それらを活用しながら解答を組み立てる必要がある。

COLUMN⑥

弁理士と中小企業診断士のダブルライセンス

牛田竜太

　私が中小企業診断士の試験を受験しようと思ったのは，コロナで時間ができた，経営の知識を得てコンサルティングがしたかった，弁理士資格とのシナジーを期待した，ためです。８年前に独立して特許事務所を開き，日常の業務で中小企業の社長と話をする機会はありました。しかし，特許や発明，商品の話にとどまり，経営全体を把握して知的財産権を戦略的にどのように取得・管理していくか，というところまで踏み込んだ助言をすることができませんでした。また，中小企業が特許を出願するときは，新規事業を立ち上げるタイミングということも多く，事業環境や事業全体を見た特許による模倣排除，商標によるブランディングや販促を提言することができればという思いがありました。加えて，中小企業診断士を取得することで，自身の仕事の領域が広がることや知り合いが増えることによる人的ネットワークも期待していました。

　試験勉強は2021年９月から開始し，平日は３時間，土日は５時間を目標に勉強を続けて，2022年に２次試験を突破することができました。トータルの勉強時間は1,000時間程度だと思います。２次試験の勉強では，過去10年分の過去問を３周（うち１回は答案骨子のみ）しました。独学でひたすら過去問を解く日々でしたが，オンラインの勉強会に参加して，他の受験生から刺激をもらいモチベーションを維持していました。

　合格後は，コンサルティングだと気合を入れていましたが，そもそもコンサルティングの経験がなく試験の知識のみで百戦錬磨の社長さんに助言できるはずがありません。既存のお客さんにコンサルティングを提案できるレベルにないと実感し，どうしたものかと悩んでいました。ただ，２次試験の知識だけでも，「ターゲットとなる顧客は○○でしょうか」とか「販促として○○を活用してはいかがでしょう」といった事例Ⅱに沿った具体的なアドバイス等ができるようになり，試験前とは格段の進歩があると実感していました。

　そんなとき，専門家派遣の話をいただき，何件かこなすうちに徐々にコンサルティングで行う内容や，どんな提言を行うかが見えてきました。試験の知識だけでは対応することができないため，事前にインターネットや書籍で十分な調査を行いました。そんな中，実践的なコンサルティングの知識を増やしたいと考え，本書の執筆者の１人である寺嶋直史先生が塾長の「経営コンサルタント養成塾」に１年通うことにしました。経コン塾では，コンサルティングの現場をよく知る経験豊富な先生の講義により，すぐに使えるコンサルティング技法やノウハウを習得できたと思います。それに加え，これだけやったのだから大丈夫と自分に自信が持てるようになったため，堂々と企業訪問ができるようになりました。

　中小企業診断士は，協会に所属するとさまざまなイベントの案内が届き，それらに参加することで知り合いが増えて多くの刺激をもらうことができます。現在，複数人の中小企業診断士でチームを組み，新たな支援の枠組みを作る計画を立てています。中小企業診断士の資格で得られたもののうち，自分の人生に最も大きく影響しているのは知り合った多くの仲間だと思っています。

Chapter

4

Method 1

作業と思考の分離の法則

Section

02 Method 1 作業と思考の分離の法則（1）概　要

▶ 作業と思考の分離の法則

- 人間は，作業と思考を同時にできない。また，作業と思考を同時に実施しようとすると作業を優先してしまい，思考停止に陥る。
- 作業と思考を分離することで，思考停止を回避でき，思考に集中できるようになるため，質の高い思考ができるようになる。
- 第２次試験では，80分間全体を作業と思考に分離させた手順を構築し，実践することで「解答を組み立てる」という思考に集中することができるため，思考力が高まり，解答の質が向上する。

人間は「作業」と「思考」を同時にできない生き物です。これは，情報が膨大で煩雑になるほど顕著であり，整理せずにそのままの状態で作業と思考を同時並行で進めてしまうと，作業と思考を繰り返しながら解答を検討することになり，思考に集中できなくなります。作業と思考が入り乱れるため，「解答を導き出す」という本質的な思考に集中できなくなり，思考停止に陥り，焦ってパニックになることもあります。そのため，解答が設問から大きく外れたり，断片的で一部の要素に偏ってしまったりするのです。

これは第２次試験だけに限らず，仕事でのさまざまな場面においての，絶対的かつ普遍的な法則です。例えば，調査報告書を作成するコンサルティングでは，経営分析，外部環境分析，内部環境分析（経営・組織・戦略・人事・営業・製造など）といった，膨大でさまざまな情報から，今後の企業の方向性や問題の改善策を導く必要があります。これらを短時間で行い，適切な解答を導くためには，この法則どおり作業と思考を分離し，作業を効率的に行って完了させ，その後思考に集中して今後の戦略や戦術構築を行います。つまりこの法則は，膨大で煩雑な情報から，迅速かつ高品質に解決策を導くための合理的なプロセスなのです。

つまり，第２次試験に当てはめると，得点が安定しない大きな要因の１つがこの「作業と思考の分離」を行わず，「膨大で煩雑な情報」から整理をせずに煩雑な状態のまま，直接解答を導き出そうとすることなのです。そのため，「思考に必要な要素を思考に入れ忘れる」「一部の要素だけで解答を導き出す」「どの要素で解答を導けばいいのかわからなくなる」などの現象が発生し，解答は安定せず，大はずししてしまうのです。

作業と思考の繰り返し

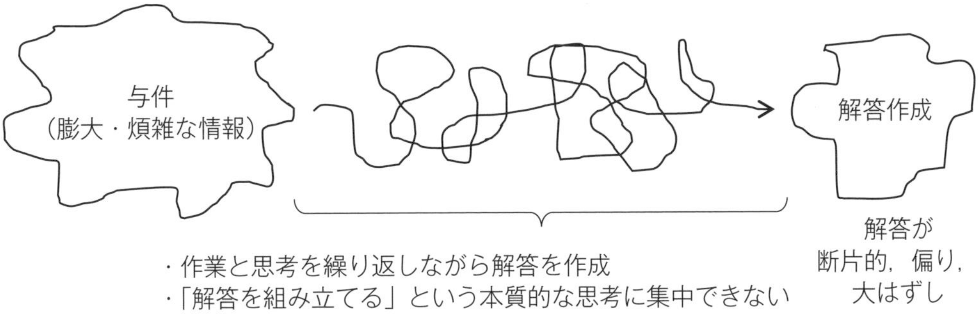
与件
（膨大・煩雑な情報）
解答作成
・作業と思考を繰り返しながら解答を作成
・「解答を組み立てる」という本質的な思考に集中できない
解答が
断片的，偏り，
大はずし

作業・思考・作業
思考・作業・・・・・
必要な情報を探しながら（作業）
見つけた情報だけで思考
これの繰り返し

そこで，膨大・煩雑な情報を，スピーディに高品質な成果物を完成させるため，作業と思考を徹底的に分離します。そして，「作業」はスピード重視で機械的に実施できるようにして，その後の「思考」に集中できるようにします。言い換えれば，作業というのは必要な要素だけで思考するための準備段階で，思考の段階で必要な要素すべてを使って検討できるように「各設問で必要な情報（要素）だけを漏れなく抽出して整理，見える化する」という作業を徹底して効率化します。そしてその後の「思考」に集中できるようにします。こうして，常に高品質な解決策（解答）が導き出せるしくみを構築するのです。これが，「解き方の黄金手順」の肝である「**作業と思考の分離の法則**」（著者考案）です。

第２次試験の工程は，①膨大・煩雑な情報である与件を，②整理して見える化し，③頭の中で解答をイメージして組み立てて，④解答を記述していきます。下記のとおり，「情報を整理し，見える化」するまでは「作業」であり，これらは機械的に，スピーディに行えるよう徹底して効率化し，体系化します。そして，その結果を用いて「頭の中で解答イメージを描き，解答を作成する」ことが「思考」になります。こうすれば，「必要な情報から解答を導き出す」という思考に集中でき，常に品質の高い解答を導き出す環境が整うのです。無駄を一切排除し，必要なものだけを取り出し，必要なものだけで思考するのです。

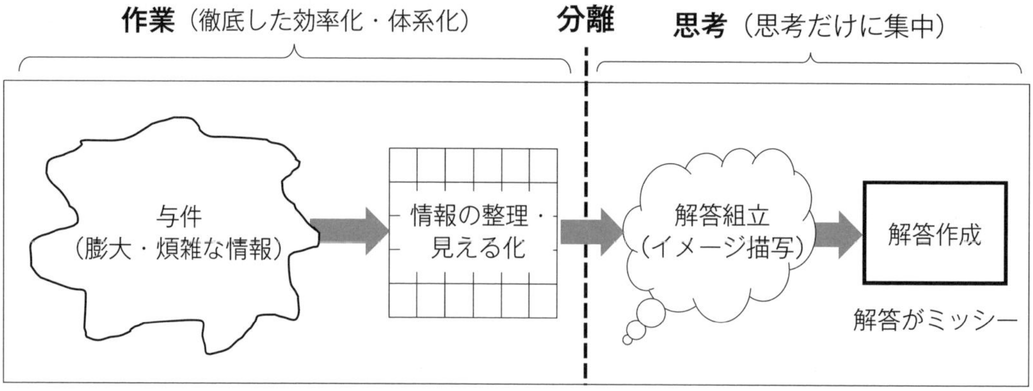

Section

03 Method 1 作業と思考の分離の法則（2）高得点が取れるパターン，取れないパターン

この「作業と思考の分離の法則」は第２次試験で極めて重要な論点であるので，さらに詳細に実際の状況を踏まえて説明していきます。

第２次試験において受験生は，この「作業と思考の分離」を行わずに解答作成を実施するケースが多いとお伝えしました。では，実際にはどのようなプロセスで解答しているのでしょうか。大きく３つのパターンに分けられますので，各々について説明していきます。

❶ 与件（膨大・煩雑な情報）から，直接解答記述

与件から，直接解答記述（作業と思考の繰り返し）

まずは，与件から直接解答を記述するパターンで，与件を読みながら思いついた解答をそのまま記述する方法です。

この方法では，膨大で煩雑な情報である**与件を読みながら，内容が正しいかどうか判断がついていない状態で，思いついたものから順番に解答を記述し始めます**。つまり，解答の完成イメージが頭に描けていないうちに，膨大で煩雑な情報である与件を読みながら解答を考え，解答が部分的でも思いついたものから記述していくのです。そのため，与件の因果関係を無視して自身の経験から解答を導いたり，必要な要素が欠如したり，文字数制限を超えたり，解答を大きくはずすことも多く発生します。したがって，解答のギャンブル性は高まり，当然高得点や安定性は望めません。さらに，文字数の調整や，書いているうちに解答の方向性が変わる場合もあるので，「書き直し」の作業も多くなり，貴重な時間を無駄に使ってしまいます。

この解答方法は，第２次試験の演習の経験が少ない人が陥ることが多いです。また，経験者でも，解答が思いつかず，時間が迫って焦った時に，ついこの手法で解答してしまうケースが多くなります。

❷ 与件（膨大・煩雑な情報）から，直接思考して，解答記述

与件から，直接解答を組み立てて記述（作業と思考の繰り返し）

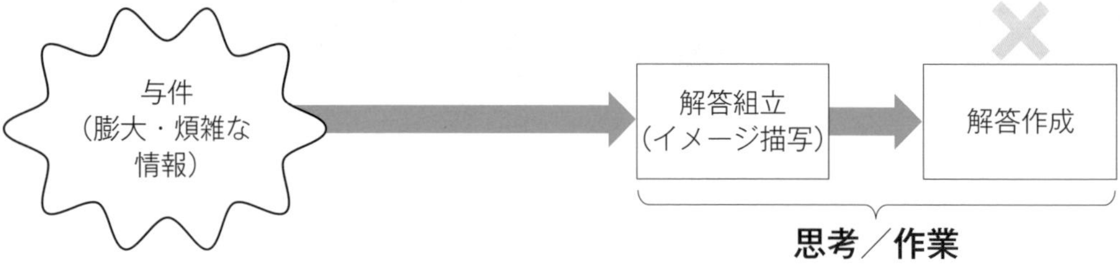

次に，与件から直接解答イメージを組み立てて記述するパターンです。

この方法では，膨大で煩雑な情報である与件を整理せずに解答のイメージを組み立てるため，**「与件から解答の要素を探す」という「作業」をしながら，解答を組み立てるという「思考」を行わなければなりません**。つまり，**作業と思考を同時並行**でしなければならないのです。そのため，**解答の質を安定して高めるために最も必要な「解答に必要な要素は何と何なのか」という吟味（要素の抽出と取捨選択）が十分にできません**。その結果，解答に必要な要素が抜ける，解答が断片的になる，解答が偏る，などが起きてしまいます。

また，必要な要素が与件のどこに書かれているのかがわからなくなって，不必要に与件を読み直すなど時間を浪費してしまいます。その他，解答の要素が複数ある場合，ある要素が記憶から消えて思考から除外されてしまい，せっかく拾ってきた要素が解答から漏れるリスクが発生します。さらに，焦って与件からなかなか要素を見つけることができなくなって，頭が真っ白になってパニックになる可能性も出てきます。

この解答方法は，第２次試験の演習をある程度経験しているがまだ解答作成に戦略的に取り組めていない人に多く見られます。

❸ 与件（膨大・煩雑な情報）を，整理・見える化し，思考して記述（作業と思考の分離）

与件から，情報を整理・見える化して，解答を組み立てて記述（作業と思考の分離）

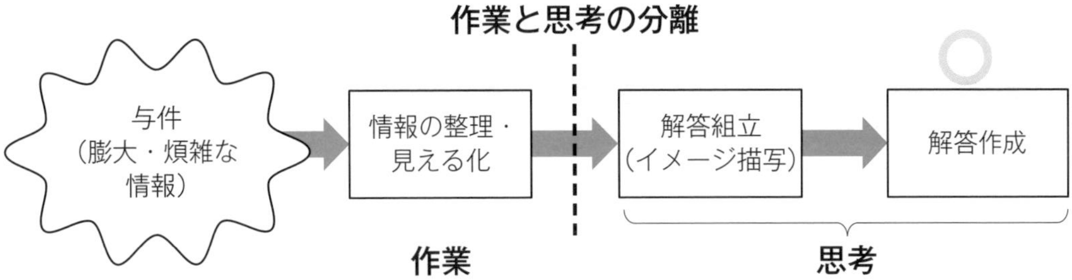

最後は，作業と思考を分離したパターンで，与件からいったん情報を整理して見える化し，その上で解答の完成イメージを頭の中で組み立ててから解答を作成していく方法です。

各設問で必要な情報を与件から洗い出し，それに第1次試験の知識を加えて各設問で解答に必要な要素をすべて見える化します。次に，それらを見ながら解答を頭の中でイメージしながら組み立てていきます。その際に，与件や設問の内容から優先度の高い要素を決めて，解答に盛り込む要素を取捨選択して決定し，解答を構築します。**この複雑な思考は，しっかりと情報が整理され，見える化されているからできる**のです。そして，頭の中で解答の完成イメージができた後に，実際に解答を記述していきます。

この方法であれば，解答に必要な要素をすべて検討し，優先度の高いものを選択できるため，解答を大きくはずすことはほとんどありません。要素の抜け（必要な要素の不足）や，解答の断片化・偏りも極力回避することができます。その結果，解答の質は向上します。さらに，ミスをしない手順を盛り込むことで点数が安定するのです。

COLUMN⑦

定年を契機に独立を目指す方に

小水博之

●定年年齢に向けて選択肢を増やす準備を

私も同様でしたが，将来の定年を目処に独立も視野に入れ，企業に在籍中に中小企業診断士の資格を取得なさる方も多いと存じます。

現在，国が企業に対して年金が支給される65歳までの定年延長を求めていますが，現実には大幅な年収ダウンによる65歳までの再雇用制度を企業側が選択しているのが実状です。このため，将来の再雇用時の収入を知らずに何も準備をせず勤務をしていると，60歳になった歳に初めて現実を知り，業務の質量と収入が割に合わない再雇用を受けざるをえないケースになってしまいます。読者の中で企業に勤務をなさっている皆さんにお伝えしたいことは，将来に定年年齢に到達した際に，いかに選択肢を多く持っているかが，その後の自分の人生を豊かにするポイントではないかということです。

定年時の選択肢として，再雇用による勤務継続の他に，自営業や会社設立による独立や，再雇用しながら副業を行うなどがあります。元の勤務先から業務委託契約にしてくれるケースもあるかもしれません。

選択肢を増やすためには，少しでも若いうちに計画して資格を取得するなどの準備をしておくことです。日々の仕事に追われていると，なかなか将来のことを考える時間や準備が必要なことに気づくことは難しいと思いますが，あっという間に定年年齢はやってきてしまいます。

●独立に向けた準備の必要性

さて，中小企業診断士として独立して収入をすぐに得ることは可能なのでしょうか。実体験としては，定年退職して，いきなり独立して稼ぐことにはとても無理があります。何と言っても誰もが最初に直面する一番の課題は「仕事をどう獲得するか」です。また「プロのコンサルタント」としてのスキルや実績もまだまだありません。そのような自分に誰が仕事を依頼してくれるのでしょうか。

このため，最初は公的支援業務としての窓口相談員や，これまでの実務経験を活かした研修講師などに応募し経験を積み，いかに早く民間企業からの業務を得られるようになるかがポイントになります。

実は診断士の世界は意外とアナログ的で，先輩や知り合いの診断士から案件の紹介を受けることが多くあります。

コンサルタントとして対応するクライアントの業種や業務が幅広いため，自分の専門外の相談内容には，誰かの助けを得て対応せざるを得ません。この時に信頼できる人を選ばないとクライアントに自分の評価を問われるため，実力を信頼できる診断士に応援を求めることが多いためです。

ビジネスが軌道に乗るまでには３年程度はかかる方が多いようです。このため，独立・起業する場合は，２～３年間は無収入でも耐えられる資金の確保と家族の理解が必要になります。

独立にあたり企業に勤務している間に，資金の確保をはじめ，社外との関係を増やす，営業・提案スキルを磨く，自分を売り物とするコンテンツを作るなどの様々な準備をすることをお勧めいたします。

また，資格の知識を活かし定年間際でも自分が主体で実務に携わっている方には，民間企業から経営幹部として再就職の声がかかることもあります。

Chapter

4

Method 2

情報の整理，見える化の法則

Section

04 Method 2 情報の整理，見える化の法則（1）概　要

▶ 情報の整理，見える化の法則

- 膨大で煩雑な情報を詳細に分析して的確な解答を導くことを迅速に行うためには，これらの情報から必要な要素を抽出して整理し，必要な情報だけを見える化することがポイント。
- 第２次試験では，与件の膨大で煩雑な情報を，必要なカテゴリーなどに整理して，その要素を見える化すれば，思考に必要な要素に絞って思考することができ，思考力を高めて高品質な解答を導くことができる。

「整理」とは，「不要なモノを廃棄して必要なモノだけを残す」という意味です。そして「情報の整理」とは，さまざまな情報から不要な情報を破棄し，必要な情報だけを残すことです。言い換えれば，膨大・煩雑な情報（与件など）から必要な情報を抜き出すことです。

「見える化」とは，モノを即座に目で確認できる状態にすることで，必要な情報を１箇所に集め，一目で見える状態にしておくことです。我々は，目で見て把握します。対象がモノでも情報でも，見えているから把握することができて，思考に活用できるのです。つまり，見えていないと把握ができず，思考から漏れてしまうのです。

そして「情報の整理，見える化」とは，「必要な情報だけを即座に確認できる状態にすること」です。そのため仕事などで膨大な情報を整理，見える化する場合，紙やデータなど，別のところに新たに整理するのが通常です。しかし第２次試験では，80分間という非常に短い時間しかないため，情報を整理するために別の所に書き出したりする時間がありません。そのため，与件文の中に記入することで，情報の整理と見える化を行います。

第２次試験で行う情報の整理，見える化の法則は２種類あります。

１つめは「SWOT分析」であり，与件文の中に，S，W，O，Tを記入して，与件文のどこに強みや弱みなどが記載されているかを即座に確認できるようにします。このSWOT分析は，後述する解き方の黄金手順の手順３の「与件読解（１回目）」に行います。

２つめは「各設問で色分け」であり，与件文の中に，各設問に関連する箇所を，各設問で決まった蛍光ペンで色分けをします。これによって，解答を組み立てる際に，すべての与件文を読み返す必要がなく，与件文の中の各々の設問の色で線を引いた箇所だけを確認するだけでよくなります。この各設問での色分けは，後述する解き方の黄金手順の手順５「与件読解（２回目）」に行います。

情報の整理，見える化の法則①　SWOT分析

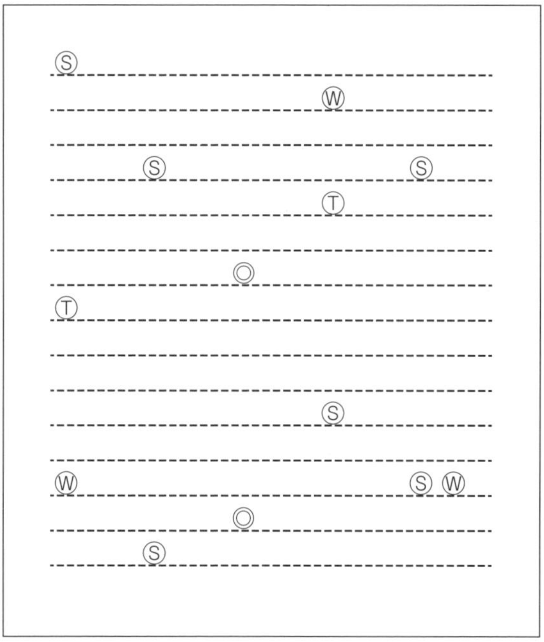

情報の整理，見える化の法則②　各設問で色分け

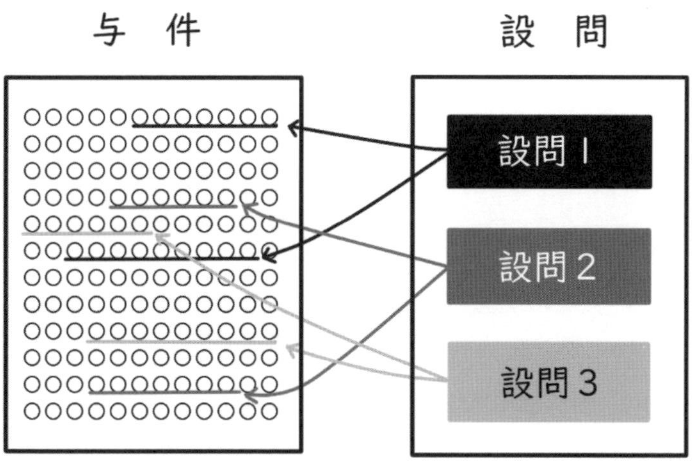

Section

05 Method 2 情報の整理，見える化の法則（2）黄金手順での活用

「情報の整理，見える化」の種類

手順	整理方法	役 割	手 法
1	段落番号	●与件の各段落に，順番に番号を付ける ●これは，解答組立の時に与件からキーワードを抜き出してメモする時に利用する	メモ
2	縛りに○付け	●設問にある，解答を明記する時に忘れてしまいそうな縛り（＝制限事項）の言葉に赤ボールペンで「○」を付ける ●これで解答作成時に縛りを見落として，縛り以外の内容の解答を組み立てて作成してしまうことを回避する	○付け
3	SWOT分析	●与件の強みの箇所にⓈ，弱みにⓌ，機会にⓄ，脅威にⓉの文字を追加することで，与件の中でSWOTの整理を行う ●SWOT分析は第２次試験で最も重要なフレームワークであり，すべての事例のさまざまな設問で，強み・弱み・機会・脅威のいずれかを活用する	メモ
6	設問と与件の紐付け	●設問単位で色を決め，与件の中で各設問に関連している箇所を，その設問と同じ色の蛍光ペンで引く ●これにより，与件の中でどの箇所がどの設問に関連しているか「直感的」に把握でき，かつ，解答組立時に与件を見直す際，迷いなく瞬時に必要な与件の箇所を確認できる	色分け
7	各設問の解答候補のメモ	●各設問の解答候補とそれに関連する要素を，与件および第１次試験やコンサルティング実務の知識から抽出して，メモする（見える化する） ●これにより，「頭で解答を組み立てる（頭で解答をイメージする)」という，本質的な思考にだけ集中できる環境を作る	メモ
7	解答の組立時にメモ	●解答を頭の中でイメージしながら解答を組み立てる際に，メモを取りながら行う ●具体的には，解答の文章ではなく単語レベルでメモして，頭の中で文字数の制限に合うように組み立てていく	メモ

Chapter

4

Method 3

集中整理，一覧性の法則

Section

06

Method 3

集中整理，一覧性の法則（1） 概　要

▶ 集中整理，一覧性の法則

- 人間は何の情報も見ずに考える場合，頭に浮かんだ1つの要素を展開・深掘りする。つまり人間は皆，視野が狭く，多くの要素を同時に思考することは苦手である。
- 視野を広げ，複数の要素を同時に思考するには，必要な要素を一覧できるように集中的に整理することがポイント。
- 思考に必要となる，集中整理されたすべての要素を見ながら思考することで，多くの要素を同時に思考することができる。
- 第2次試験では，1つの設問に対し，必要な要素を漏れなく組み込んで解答を作成するには，各設問に必要な要素をすべて一覧できるよう，1箇所に集中してメモをして見える化し，それらを見ながら思考する（解答を組み立てる）ことが重要。

「作業と思考の分離の法則」のところで，思考に集中することが重要であることを明記しました。そして「情報の整理，見える化の法則」では，質の高い思考を行うためには，情報を整理，見える化することが重要であると明記しました。そして最後，質の高い解答を組み立てるために必要なことが「集中整理，一覧性の法則」です。

多くの人間は視野が狭く，多くの要素を同時に思考することができません。そのため，以下のイラストのように，何も見ないで思考する場合，頭に浮かんだ要素でしか思考することができません。

しかし，思考に必要な要素を集中して整理し，一覧できるようにすることで，それを見ながら思考すれば，以下のイラストのように，すべての要素を見ながら思考することができます。つまり，思考に必要な要素をすべて一覧できるように整理し，すべての要素を見ながら思考すれば，誰でも視野を広げることができるのです。

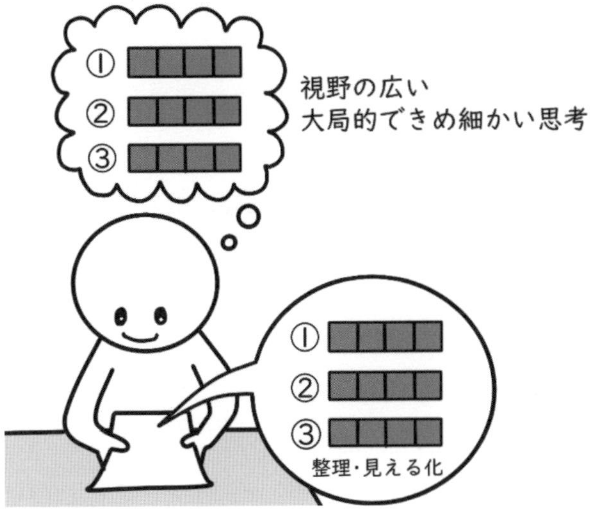

Section

07

Method 3

集中整理，一覧性の法則 (2) 解答の組立

「解答の組立」とは，頭の中で解答を組み立てることです。頭の中で解答イメージが描けておらず，解答が組み立てられていない状態で解答作成に入ってしまうと「記述しながら考える」という状態に陥り，良い解答は作れません。第２次試験で高得点が取れる解答を作成するには，多くの要素を入れ，それらを的確に組み込んで作成する必要があります。

解答作成の手順は，解答の要素を抽出して整理し，見える化できたら，次に頭で解答イメージを描き，その後詳細の解答を組み立てます。ただし，この段階で行うのはあくまで「頭の中」であり，まだ解答用紙に記述することはしません。そして，頭の中で解答を制限文字数内で文章化できてから，実際に解答を作成します。

解答を組み立てる段階で解答候補の要素が揃っている場合は，それらの要素から必要な要素を取捨選択して絞り込みながら，制限文字数に合わせて文章にします。この解答の組立は頭の中で行いますが，補足としてメモを使います。メモがなければ，文章化した内容をすべて記憶しなければなりません。一度考えた内容を「記憶する」という余分な思考を使っていては，「解答組立」という本質的な思考に集中できなくなってしまいます。そのため，頭で文章を組み立てながら，補足として，文章で使う用語をメモするのです。

解答組立の手順は以下のとおりです。

▶ 解答組立の手順

① 解答に必要な要素をすべて抽出する
② 抽出した要素を一覧できるように整理（メモ）する
③ それらの要素を見ながら頭の中で解答を組み立てる
④ 補足としてメモをしながら，頭の中で解答を組み立てる
⑤ メモを使って頭の中で解答を組み立てられたら，解答を記入する
※ 詳細は「Chapter6「解き方の黄金手順」の実践」の手順７を参照

Section
08
Method 3
集中整理，一覧性の法則(3) メモの事例

ここで，メモと解答の事例を２つ示しますので，メモのイメージをつかんでください。メモは自分で意味がわかればいいので，文章ではなく，単語の羅列でいいです。

事例１

設問		第１問　B社が現在行っているマーケティング戦略について，大手テニススクールに対応する差別化のポイントは何か。30字以内で４つあげよ。
メモ	１次の知識	製品・サービス　　プロモーション 価格　　　　　　　立地
	解答組立	①　すべてインドア　天気　５分以内の立地 ②　人材　学生で勉強　プロ ③　少人数制　８人以上　２人　サービス質高い ④　イベントにより
解答		①　すべての事業所がインドアで，駅から５分圏内の立地であること。 ②　インストラクターが全国レベルが多いなど質の高い人材である。 ③　少人数制であり補助など本質的サービスの質の高さである。 ④　イベントや各種割引，レンタルなど補助サービスの充実である。

事例２

設問		第４問　B社が新規事業として学習塾を行う場合，どのような差別化戦略が考えられるか。そのポイントを30字以内で３つあげよ。
メモ	与件	①　アルバイトは有名大学 ⑪　小中学生，自習室，勉強教える ⑪　塾・テニス，両方通う
	解答組立	親を取り込む　　　　　紹介制度 テニスと塾のシナジー　塾とテニスの割引 同じ先生 クラスを小学生向けに
解答		①　小中学生向けの塾を開いてテニスのクラスの受講生を取り込む。 ②　塾とテニス，生徒と親両方で使用可能な割引券や紹介制度を導入。 ③　先生と親・生徒の信頼関係。それを通じて生徒を取り込む。

COLUMN⑧

試験合格後の歩き方

山田彰良

中小企業診断士試験に合格し実務ポイントを集めきると，中小企業診断士としていよいよ活動をスタートすることができます。しかし，具体的にどのように活動していけば良いのでしょうか。「名称独占資格」ですから，何でもできる資格である一方で中小企業診断士だけができる業務はあまりなく，何をすればいいかわからないという声もよく聞かれます。ここでは，私が受験生支援団体で１年間を共にした方々を通じて見聞きした活動をいくつかご紹介します。

１．企業内診断士として副業を開始

副業が解禁された今，中小企業診断士を活かして副業をされる方は多いです。

具体的には，補助金申請・執筆活動・副業コンサルといった活動をよく耳にします。

特に最近は補助金バブルと言われるだけあって事業再構築補助金・ものづくり補助金・ＩＴ導入補助金等々活躍の場は相応にあります。副業をされる方は独立を考えているという場合もありますが，まずは中小企業診断士としての実務経験を積むという目的もあるかと思います。

２．企業内診断士として本業にまい進

副業が許可されているかどうかにかかわらず，勤務先で中小企業診断士を活かして異動や新規プロジェクトへの参画といった形で活躍される方もいらっしゃいます。副業は時間を取られますし，体力的にも負荷がかかります。社内で新たな経験を積んだり勤務先を通じて社会に貢献したりするのも自らのキャリア形成の上でとても魅力的です。

３．思い切って転職

中小企業診断士になったものの現職ではどうにも活かせる場がなさそうだということで転職される方もいらっしゃいます。ただし，中小企業診断士だけでは転職市場で非常に有利ということはありません。資格と自分のこれまでのキャリアを掛け合わせてどのように会社や顧客に貢献できるかというストーリーが重要です。

４．さらに思い切って独立診断士へ

自分の夢や理念を実現するため，いきなり独立される方もいらっしゃいます。もちろん最初から順風満帆とは行かないことが多いですが，独立する行動力のある方は中小企業診断協会や研究会を通じた人脈づくりによって仕事を獲得していく方が多いようです。また，自分の行動次第でいくらでも稼ぐチャンスがありますし，試験を通じて得た知識を総動員して顧客へ提供できるというのも独立の醍醐味と言えるでしょう。

５．受験生支援団体で活動

上記１～４のどれにも食指が伸びないという方は是非受験生支援団体に入り人脈づくりや知識の補充をされることをお勧めします。試験に合格しても何もしなければ記憶は薄れますし，ビジネスの世界では常に情報はアップデートされますから知識の補充も必須です。今はやるべきことがわからなくても，他の中小企業診断士との関わりを維持することが将来に向けて大切です。

以上，あなたのキャリアのイメージに合う道はありましたでしょうか。是非合格後の将来に思いを巡らせ，ご自身の理想を実現する方法を考えてみてください。

Chapter 4

Method 4
記述方法

Section

09 Method 4 記述方法（1） 記述方法の種類

▶ 記述方法

- 設問の問いに合わせた，高得点になるための記述方法，記述のパターン。
- 解答の記述方法はさまざまあるが，設問のタイプによって高得点になる解答のパターンがあり，適切な記述方法を選択することが高得点につながる。

記述方法の種類

記述方法の種類	説　明	
広く浅く，多要素を盛り込む	●解答は「狭く深く（要素を絞り込んで具体的に書く）」ではなく，「広く浅く（ポイントとなる要素，キーワードを多く盛り込んで簡潔に書く）」を心がける。	
簡潔な説明	● 1 要素を簡潔にまとめ長々と書いてはいけない。簡潔にまとめる。そのためには「長い説明」は禁物。	
抜き	●与件の内容をそのまま解答する。 ●強み・弱みを答える等の難易度の低い問題の解答手法。	
知識の活用	●与件からそのまま抜き出して解答を作成するのではなく，第 1 次試験やコンサルティング実務の知識を思考の要素に入れて解答を組み立てる。	
結論の定型文活用	●結論，判断，考えを示す時は以下の定型文を活用する。 「結論は…。理由は…。具体的には…。（留意点は…。）」	
単語の短縮化	●長い単語は短い単語に置き換えて，なるべく多くの文字数が確保できるようにする。 （例）「モチベーション」⇒「士気」	
問題点と課題の違いに注意して解答	問題点	●目標（望ましい姿）と現状の差 ●解決すべき事柄
	課題	●目標と現状の差を埋めるために，やるべき事柄
設問の「分析」	●「強み」と「弱み（課題）」を解答する。	
設問の「方向性」	●「施策と効果」，あるいは「ゴールとプロセス」を解答する。	
設問の「在り方」	●「方針（進め方，施策）」を解答する。	

Chapter

4

Method 5

解答の切り口

Section

10 Method 5 解答の切り口（1） 概　要

▶ 解答の切り口

- 各設問の問いに対して，解答に必要な要素のこと。
- 高得点を取るためには，１つの要素を長々説明するのではなく，解答にさまざまな要素を組み込み，解答の質を高める必要がある。
- 複数の切り口で解答を作成することが高得点につながる。

第２次試験で安定して高得点を取るためには，解答にさまざまな要素を組み込み，解答の質を高める必要があります。そのさまざまな要素を体系化したものが切り口であり，設問の問いに対して答えるべき要素がまとめられた「フレームワーク」のようなものです。

解答の質を決めるのは，必要な要素が解答に漏れなく含まれているかが重要であると，繰り返し説明してきました。そのため，問われる内容に合わせて，必要な切り口を習得することが重要です。

あらかじめ切り口を習得していれば，「どの要素を盛り込めばいいのだろう」という無駄な思考を回避することができ，要素を使った解答の組立そのものに思考を集中することができます。

以下に，切り口に関する注意点を整理します。

▶ 切り口の注意点

- 解答は，切り口の各要素に点数が加算されると想定される。そのため，すべての切り口でコメントしなければ点数は上がらない。
- 各キーワードの切り口はすべて記憶しておき，与件にそのキーワードが出てきたらすぐに切り口が頭に浮かぶように習得する。
- できるだけ多くの切り口を習得しておく。多くの切り口を習得していることが問題の対応力を高め，どんな問題でも高得点が取れるスキルにつながる。

Section 11

Method 5

解答の切り口(2) 解答の切り口の種類

事例	問われる内容	解答の切り口
Ⅰ Ⅱ	経営戦略 新事業 マーケティング	以下のいずれかの切り口で解答を組み立てる ① 誰に，何を，どのように，(どこで) ② 3C (①自社の強み・弱み，②競合他社の強み・弱み，③顧客のニーズ・ウォンツ) ③ 4P (①製品，②価格，③物流，④営業・販促)
Ⅰ	戦略	上記のほか，以下のいずれかの切り口で解答を組み立てる ① 基本戦略：差別化集中 (差別化：強み，集中：ターゲット顧客) ② 成長戦略：アンゾフの4つの成長戦略 (市場浸透戦略，新市場開拓戦略，新製品開発戦略，多角化戦略)
Ⅰ Ⅱ	戦略 施策 (戦術) プロモーション	●誰に：既存・新規顧客，ターゲット顧客 ●何を：商品自体の強み，自社の強み，技術力など ●どのように：施策，プロセス ●どこで：立地，実施場所 (店舗事業の場合)
Ⅰ Ⅱ	成長	●「製品」と「市場」の両面で解答を組み立てる ●製品：内部要因。製品の差別化 (強み，付加価値) の活用方法 ●市場：外部要因，狙っていくターゲット顧客，業界
Ⅰ Ⅱ	今後の成長の課題	●今後の状況 (外部環境) がどのように変化するか ●環境変化で自社が強みを維持するための課題は何か
Ⅰ Ⅱ	競合他社	●差別化：自社の強みと弱み，競合他社の強みと弱み ●ターゲット顧客：ターゲット顧客は誰で，そのニーズは何か，それらに自社と競合他社は対応できるか ●機会：市場は拡大しているか，競争に勝ち残れる領域か
Ⅰ	組織の問題	以下の要素から解答を探る ●組織構造 ●人事評価システム ●社長のリーダーシップ，社員との関係性 ●社員のスキル，モチベーション ●組織文化，社風

事例	問われる内容	解答の切り口
Ⅰ	経営判断の理由	経営判断の理由を問われた場合，以下の切り口で解答を探る ●自社の強みが活かせるか（競合他社と比較して優位性があるか） ●顧客ニーズに適合しているか ●決定内容にどのようなメリットがあるか ●決定と逆，あるいは決定しない場合にどのようなデメリットがあるか
Ⅰ	事業承継の課題	●承継者の資質：承継者は経営者としての資質（リーダーシップ，意思決定，組織統制）を持っているか ●育成：承継者は経営者として育っているか，育成されているか
Ⅱ	売上好調／低迷の理由	「売上＝客数（新規顧客，既存顧客）×販売数×客単価」で解答を探る ●新規顧客：新規顧客を獲得できるしくみはあるか ●既存顧客：顧客をリピートするしくみはあるか ●販売数：クロスセル等で顧客１人当たりの販売数を増やす取組みをしているか ●客単価：客単価は妥当か，十分な利益が出せる価格か
Ⅱ	差別化	以下の切り口で解答を探る ●４Ｐ（商品・立地・プロモーション）※価格以外 ●ブランド力（知名度） ●顧客との関係性
Ⅱ	「グラフ」を参考に解答	●グラフの「高い・低いところ」「急増・急減しているところ」「全体の傾向（増加・減少）」に注目する
Ⅲ	生産管理全般の設問	以下の切り口で解答を組み立てる ●QCD（①品質，②原価，③納期）
Ⅲ	生産性向上の課題	以下の切り口で解答を探る ●多能工化（マルチタスク化） ●暗黙知化された技術情報・ノウハウの形式知化，DB化 ●業務標準化・マニュアル化 ●OJT，ジョブローテーション ●ボトルネック

事例	問われる内容	解答の切り口
Ⅲ	見込生産の課題	以下の切り口で解答を探る ●生産計画：正確な計画を立てているか ●製造工程：製造工程に無駄はないか，設備は十分か ●スキル：現場スタッフのスキルは十分か，多能工化しているか ●在庫管理：安全在庫は十分か，死蔵在庫はないか ●OJT：OJTで育成するしくみがあるか ●ボトルネック（手待ち）：一部の設備，一部の人がボトルネックとなって，手待ちが発生していないか
Ⅲ	受注生産の課題	以下の切り口で解答を探る ●見積精度：見積精度は高いか，工数見積もりは正確か，原価管理（正確な原価の算出）が実施され，十分な利益率が取れているか ●製品仕様：受注製品情報が正確に顧客から入手できているか ●生産スケジュール：材料調達から製造までのスケジュールが立案され，守られているか ●技術承継：職人のスキルがOJTで承継できているか，技術が特定の個人に依存していないか
Ⅲ	整理整頓	以下の切り口で解答を探る ●5S（①整理，②整頓，③清掃，④清潔，⑤躾）

COLUMN⑨

生涯現役で働くための礎を築く

佐々木一雄

●プロフィール

総合電機メーカーで，経理・財務の仕事に携わった後，自らの意思で部署異動し，研修所で４年間「会計・ファイナンス」の講師を担当しました。2021年に会社を早期退職し，現在は大学教授として，主にビジネス分野の科目を担当し，日本の将来を担う人材の育成に取り組んでいます。

●受験の動機とこれまでの経緯

私が中小企業診断士資格を取得しようと思ったのは，人生100年時代を見据えて生涯現役で働くための礎を築きたいと考えたからです。2019年４月に学習をスタートし，１次試験は１回目の受験で合格しましたが，２次試験では，試験の特徴を十分に理解できていなかったため，不合格となりました。2020年に再度２次試験に臨みましたが，制限時間内に効率よく問題を解くことができず，不合格となりました。2021・2022年度は，１次試験から受験することになりましたが，不本意な結果となりました。2023年度は，１次試験に合格しましたが，２次試験では合格点に届きませんでした。しかしながら，過去の実績と比べて点数が上がっており，手応えがありました。これまで何度も資格取得を断念しようと思ったこともありましたが，不合格になったおかげで，学び直し，より深く学習した結果，気づかないうちに幅広い知識と教養が身についていました。

●中小企業診断士試験について

私はこれまでに，１級ファイナンシャル・プランニング技能士と証券アナリスト試験に合格し，MBAも取得しましたが，私にとって，中小企業診断士はこれまでに取得した中でもっとも難易度が高い資格でした。１次試験は，学習すべき科目が多く，学習範囲も広いため，膨大な学習時間の確保と忍耐力が必要となります。一方，２次試験は，試験で求められているものが１次試験とは大きく異なるため，１次試験と同じ要領で学習しても合格することは難しいと思います。２次試験に合格するためには，制限時間内に合格答案を作成する力を身につけなければなりません。『解き方の黄金手順』の「寺嶋メソッド」には，制限時間内で合格答案を作成するための秘訣が詳細に書かれています。テキストを読んだだけでは，力はつきませんが，書かれている手順にしたがって問題を解くトレーニングを積めば，効率よく問題を解けるようになり，得点力も上がると思います。どんなに素晴らしいメソッドでも実践しなければ，宝の持ち腐れになってしまいます。読んで納得するだけでは，得点には繋がりません。２次試験までに「黄金手順」に沿って，過去問を中心に制限時間内で問題を解くトレーニングをすれば，合格答案を書く力がつくと考えています。

●合格後のビジョン

資格取得後は，大学で実務家教員として学生の指導に注力する傍ら，中小企業診断士として研鑽を積み，日本の中小企業の課題と今後の取組みについて研究するとともに，中小企業の経営支援にも携わりたいと考えています。それによって，生涯現役で働くための礎を築き，自分のキャリアをより充実したものにしたいと考えています。本書を手に取っていただいた方々とともに「黄金手順」を実践し，合格したいと思います。将来の夢に向かって，ともに頑張りましょう。

Chapter

4

Method 6

第１次試験とコンサルティング実務の知識

Section 12

Method 6

第1次試験とコンサルティング実務の知識(1) 概　要

▶ 第1次試験とコンサルティング実務の知識

- 解答には，与件の内容をそのまま記述するだけでなく，第1次試験とコンサルティング実務の知識も入れ込む必要がある。
- 第1次試験の知識とは「基礎知識」，コンサルティング実務の知識とは「応用知識」であり，コンサルティングの実践に近い第2次試験では，これら双方の知識が必要となる。
- これらの活用方法として，与件や設問に書かれているキーワードから適切な第1次試験の知識とコンサルティング実務の知識を導き出し，それらを活用しながら解答を組み立てる必要がある。

第1次試験の知識は「基礎知識」，コンサルティング実務の知識は「応用知識」

「第1次試験の知識」とは，第1次試験で学んだ知識の中で第2次試験に必要なもののことです。そして「コンサルティング実務の知識」とは，第1試験のテキストでは学ばないような実務的な知識のことで，コンサルティングの実務で必要なノウハウです。そして第1次試験の知識は「基礎知識」，コンサルティング実務の知識は「応用知識」と考えてください。

第2次試験の問題は，第1次試験やコンサルティング実務の知識がなければ，解答に必要な要素が不足して，高得点が狙えない場合が多くあります。つまり，与件の内容をそのまま記述する「抜き」だけでは不十分なのです。

第1次試験とコンサルティング実務の知識は「解答の要素」および「思考の切り口」

そして，**第1次試験とコンサルティング実務の知識は，解答を組み立てるための「解答の要素」および「思考の切り口」といえます。**「解答の要素」とは，その要素そのものが解答の1つになることです。「思考の切り口」とは，いくつかの要素で解答候補を探って最適な解答を導き出す際の，その解答候補を探るための複数の要素のことです。つまり，設問で問われる1つのキーワードを，さまざまな思考の切り口で解答を組み立てる時に使うものです。そのため，与件文や設問文にあるキーワードが出てきたら，そのキーワードから即座に頭に浮かべられる程度にまで習得しておかなければなりません。ただし，丸暗記するのではなく，実際の現場の状況を描きながら記憶することに努めるように心がけてください。

なお，第１次試験で学んだ知識は膨大ですが，第２次試験で必要な知識はその中のほんの一部です。また，コンサルティング実務の知識も，実際の実務ではさまざまな知識（ノウハウ）が必要になりますが，第２次試験で問われる知識はそれほど多くはありません。そのため，これらの知識は本書で網羅的に整理しているので，確実に頭に入れておくことが重要です。

「第１次試験とコンサルティング実務の知識」の具体的な活用方法

例えば「機能別組織」というキーワードが出てくれば，メリットとして「専門性が発揮しやすい」「部門内のトップに権限が集中するため統制が取りやすい」「各部門が自身の業務に集中でき，規模拡大に適合しやすい」が挙げられ，デメリットとして「部分最適に陥りやすい」「セクショナリズムが発生しやすい」が挙げられます。そして機能別組織に関連する設問が出てきたら，解答を組み立てる際に，これらのメリット・デメリットを使って解答を組み立てるわけです。そのため，後述する解き方の黄金手順の手順７の「解答組立」の時に，その設問にこれらメリット・デメリットをメモすれば，解答組立の要素として活用できます。

事例によって，必要な知識は異なる

なお，事例によって必要な第１次試験とコンサルティング実務の知識は異なります。

組織・人事（事例Ⅰ）の問題は，組織のほか，経営・戦略・リーダーシップ・人事労務など，会計以外の経営活動全般の広い範囲が問われます。しかし広範囲ではありますが，その種類は決して多くはありません。そのため，本書にあるキーワードとそのメリット・デメリットをしっかり押さえ，本試験でそれらのキーワードが出たら，メリット・デメリットを踏まえて与件に合わせて解答を組み立てられるようにしておくことが重要です。

マーケティング・流通（事例Ⅱ）の問題は，店舗事業やサービス業などBtoCの事例が多いため，受験生にとってイメージしやすいといえます。ただし，店舗運営であるため，訪問して商談する「営業活動」よりも，不特定多数にチラシやSNSなどで情報発信して集客する「販促活動」が主体となります。そして第１次試験の知識よりも，コンサルティング実務の知識である「売上アップの具体的施策」が問われるケースが多いのが特徴です。そのため，コンサルティングで活用する売上アップの手法をしっかりと理解し，事例の状況に合わせて使い分けられるようにしておく必要があります。

生産・技術（事例Ⅲ）の問題は，BtoBの事例が多く，専門的な内容でイメージしにくい問題が多いのですが，問われる問題は限定的です。また第１次試験でさまざまな生産形態を学びましたが，基本として押さえておくべき生産形態は「見込生産」と「受注生産」です。この２つの生産形態の特徴を，コンサルティング実務の知識も合わせて詳細に理解しておくことで，本試験でどのような問題が出ても，与件の状況が頭でイメージできるようにしておくことです。そして，問われる内容も「コストダウン」「生産性向上」「納期遅

延解消」など限られるため，それらの課題の対処法を覚えておくことが重要です。

本書では，事例に合わせて必要な知識を網羅しているので，本章の内容をしっかりと習得していれば問題ありません。しかし本試験では，どのような問題が出るかわかりませんので，いろいろな事例を解いて知識を増やしていくことも大切です。

それでは，第２次試験に必要な第１次試験の内容について，具体的に見ていきましょう。

Section
13

Method 6

第1次試験とコンサルティング実務の知識(2) 組織・人事（事例Ⅰ）

組織・人事（事例Ⅰ）の問題は，組織・経営・戦略・リーダーシップ・人事労務など，会計以外の経営活動全般が問われる問題です。本試験で以下のキーワードが出たら，メリット・デメリットを踏まえて与件に合わせて解答を組み立てることが重要です。

<table>
<tr><th>キーワード</th><th colspan="2">内　容</th></tr>
<tr><td>3C分析</td><td colspan="2">●自社（Company），競合（Competitor），顧客（Customer）の頭文字を取ったもので，自社・競合の強み・弱み，顧客のニーズ・ウォンツを切り口に分析を行うこと
※　3C分析は，事例Ⅰ～Ⅲのすべてで活用する重要なフレームワークで，設問で，戦略や施策の構築など，経営に関する意思決定を行うことを問われた場合は，SWOT分析と合わせて必ずこれらの視点で分析する</td></tr>
<tr><td>VRIO分析
（ブリオ分析）</td><td colspan="2">●自社の経営資源の競争優位性を明確にするためのフレームワーク
●自社の価値，競争力を高めるための組織戦略の構築および改善に活用
<table>
<tr><th></th><th>評価内容</th><th>不足時のリスク</th></tr>
<tr><td>V：Value
（経済的価値）</td><td>自社の商品・サービスに，顧客や消費者がリピートするだけの経済的価値があるか</td><td>・既存顧客の他社への流出
・新規顧客の取り込みが困難</td></tr>
<tr><td>R：Rarity
（希少性）</td><td>自社の商品・サービスのほか，技術・仕入商品（原材料）に希少性があるか</td><td>・差別化が困難
・将来的に既存顧客の他社への流出や新規顧客開拓が困難となる</td></tr>
<tr><td>I：Inimitability
（模倣可能性）</td><td>自社の経営資源（人材，商品・サービス，立地，プロモーション，ブランド力等）が他社に模倣しやすいか</td><td>容易に模倣されるものであれば，資金力・コスト面で優れる競合他社に模倣されてシェアを奪われる可能性あり</td></tr>
<tr><td>O：Organization
（組織）</td><td>自社の経営資源を十分に活用し続ける組織力（戦略，組織体制，人材のスキル・士気，理念・ビジョン等）があるか</td><td>継続的に運用できる組織でなければ，価値の高い経営資源を保有していても維持が難しく，将来的に価値が低下する恐れあり</td></tr>
</table></td></tr>
<tr><td>機能別組織</td><td>メリット</td><td>●各機能（部門）の専門性が発揮しやすい
●部門内のトップに権限が集中し部門内で統制が取りやすい
●各部門で業務に集中できるため，規模拡大に適合しやすい</td></tr>
</table>

キーワード	内容	
	デメリット	●業務が専門化するため部分最適化の思考に陥りやすい ●部門間でセクショナリズムが発生しやすい ●部門内で組織が硬直化しやすい
事業部制組織	メリット	●トップがプレイヤーから離れ，経営や戦略に集中できる ●各事業の利益責任が明確になる
	デメリット	●経理・購買など間接部門が重複し，コストがかさむ ●短期的な収益，計画達成にこだわり，視野が狭く，短期的判断に陥りやすい ●事業部間の競争激化，事業部間の対立により，セクショナリズムをもたらす
プロジェクトチーム	メリット	●各部門から構成され，総合的に取り組める ●目的が明確になり，顧客からの要望に柔軟に対応しやすい
	デメリット	●本業を優先し，プロジェクトの業務が後回しになる ●プロジェクトチームの決定が各部門で徹底されない
社内ベンチャー	メリット	●新規事業の立ち上げが促進される ●優秀な社員の士気が向上し，人材の流出を防止できる ●起業家精神のある人材を育成できる
	デメリット	●経営未経験者のため失敗するケースも多くコストがかさむ
副業制度	メリット	●優秀な社員の士気が向上し，人材の流出を防止できる ●副業で得た知識やノウハウを本業に活かすことができる
	デメリット	●本業との両立ができず，本業への意識が薄れて，本業に集中できなくなる ●独立により顧客が流出する恐れがある
能力評価	メリット	●社員の士気が高まり，成果が上がりやすい ●仕事に対する適応性の判断に役立つ ●人材育成につながる
	デメリット	●評価エラーのリスクがある ●評価者（上司）を見て仕事をし，顧客指向でなくなる ●評価される仕事しかしなくなる
年功序列	メリット	●従業員の生活設計が容易になる ●上司が年上のため統制が取りやすい
	デメリット	●危機感が薄れ，働かない人材（中高年）が増える ●やる気のある若者の士気が低下する ●能力と賃金のギャップが生じ，人件費が上昇する ●組織が保守的になり変革しにくい

キーワード	内容	
独裁型のワンマン社長	メリット	●統制が取りやすい ●会社全体を変革しやすい ●意思決定が速い ●市場の変化に迅速に対応できる
	デメリット	●社員がイエスマン化し，考えなくなる ●能力のある社員が流出する ●社長個人の意見ですべてが決まり，チェック機能が働かないためリスクが高い ●優秀な人材の不満がつのる ●社員がイエスマン化し，育たない
民主型リーダーシップの社長	メリット	●幅広い意見を踏まえて意思決定できる ●周囲の納得感を得やすい
	デメリット	●意思決定が遅い
放任型リーダーシップの社長	メリット	●社員が自立し，士気が向上する ●社長は戦略に専念できる
	デメリット	●丸なげで業務チェックがされず，質低下につながる ●指導がない場合，社員の不満につながる
事業計画	メリット	●目標とする売上・利益を会社全体で共有できる ●銀行の融資審査に通りやすくなる
	デメリット	●目標数字と現状とがかけ離れていると士気低下につながる ●事業計画を立てることが目的になり本業が疎かになる
	備考	事業計画とは，将来のPLのこと。次年度単年のものや，３～５年の中長期にわたって作成する。大企業では当たり前に作成されるものであるが，中小企業では作成されない場合が多い。ただし近年，金融機関が金融支援（融資，返済猶予など）を行う際に求めることが多く，全国の中小企業がコンサルタントに依頼して作成することが多い。ただし，施策と合わせて作成しなければ机上の空論に陥ってしまう
アウトソーシング（外注）	メリット	●外部の専門性を活用できる ●自社の得意分野（強み）に資源を集中できる ●人件費（固定費）を削減できる
	デメリット	●外注した業務のノウハウが蓄積できない ●納期管理が難しく，コストアップにつながる ●品質管理が難しく，ミスや不良につながる

キーワード	内　容	
インソーシング（内製化）	メリット	●ノウハウを蓄積できる ●管理がしやすい ●短納期やカスタマイズなどの柔軟な対応が可能
	デメリット	●人件費が固定化し，コストアップにつながる ●売上減少時に赤字に陥りやすい ●経営資源が限定され，急激な業務拡大が困難
OJT	メリット	●社員に合わせたきめ細かい教育ができる ●短期間で，実務に直結した実践的なスキルやノウハウが伝授できる ●後継者の育成ができる
	デメリット	●教える上司・先輩の知識や経験，教え方に左右される ●教える相手は１人か少人数に限定される
	備考	短期間で技術やノウハウを承継するために必要なのがOJT。大企業ではOJTは仕事として根付いているが，中小企業はOJTの体制がない企業もあり，スキルやノウハウの継承が問題になるケースがある
OFF-JT	メリット	●一度に多くの人員を教育できる ●プロの講師による教育が受けられる ●体系化された知識を習得できる
	デメリット	●実務に直結しておらず，教育を受けても実務で活用できないケースが多い ●コストが高い
大企業	メリット	●経営資源（ヒト・モノ・カネ）が豊富 ●知名度がある ●販路が豊富にあり，新商品がすぐに売れる
	デメリット	●小回りがきかず，柔軟な対応が困難 ●意思決定が遅い ●組織が複雑で，現場統制が難しい

キーワード	内容	
中小企業	メリット	●顧客ニーズの変化や顧客の個別の要望に対応するなど，柔軟な対応ができる ●意思決定が速い ●組織が簡素化され，現場が統制しやすい
	デメリット	●経営資源（ヒト・モノ・カネ）が乏しい ●知名度が低い ●販路が少なく，商品を開発しても売りにくい
M&A	メリット	●短時間で事業拡大が可能 ●強みの拡大，弱みの補強がスピーディにできる ●従業員を継続して雇用できる
	デメリット	●調査が不十分になりやすい ●文化の違いや，人事労務面の融合がスムーズにいかず，組織がまとまらないことがある ●大量の資金が必要
	備考	近年日本の中小企業は後継者（親族）不足のため，企業永続のための積極的かつ戦略的なM&Aを実施している
PMI	●「Post Merger Integration」の頭文字をとったもので，「Post」は「後」，「Merger」は「合併」，「Ingegration」は「統合」を意味する ●直訳すると「合併後の統合プロセス」となる ●要するにPMIとは，M&A成立後に行われる統合作業であり，M&Aの目的を実現させ，統合の効果を最大化するために必要なもの	

Section

14 Method 6 第1次試験とコンサルティング実務の知識(3) マーケティング・流通（事例Ⅱ）

マーケティング・流通（事例Ⅱ）の問題は，BtoCの事例が多いためイメージしやすい一方で，具体的な施策が問われる問題が多いのが特徴です。そのため，具体的な売上アップの手法というコンサルティング実務の知識をしっかり習得しておくことが重要です。

(1) 第1次試験の知識

キーワード	内　容	
基本戦略	差別化戦略	自社の強みを活かし，競合他社と差別化を図る
	集中戦略	ターゲット顧客を明確にする
	※　中小企業の基本戦略は「差別化集中戦略」であり，ターゲット顧客を絞って明確にし，強み（付加価値）を活かす戦略。これはすべての中小企業に当てはまる（解答の方向性になる）	
成長戦略	市場浸透戦略	既存市場（既存顧客）に既存製品を販売
	新市場開拓戦略	従来と異なる地域・業種・顧客層向けに既存商品を販売
	新商品開発戦略	既存市場（既存顧客）向けに新商品を開発して販売
	多角化戦略	従来と異なる市場に，新商品を販売（新事業を行う）
※　「基本戦略」「成長戦略」は，事例Ⅰでもよく問われるキーワードである		
ドミナント戦略	●小売業が特定地域内に集中して店舗展開を行い，流通費削減など経営効率を高めながら，地域内でのシェアを拡大して，他の小売業の優位に立つことを狙う戦略	
替え刃モデル	●商品本体を安価で販売し，その後の消耗品やサービスで長く，大きく稼ぐビジネスモデル（例：コピー機とカートリッジ） ※　商品本体を高くしてサービスを安くする「逆替え刃モデル」もある	
サブスク	●ある商品やサービスを一定期間，一定額で利用できるような仕組み	
ロングテール	●販売機会の少ない商品などアイテム数を幅広く取り揃えることで，トータルで売上を拡大させる手法で，主にネット通販で用いられる	
アップセル	●既存顧客がいつも購入している商品・サービスを，より上位の高価なものに移行してもらう営業活動	

<table>
<tr><th>キーワード</th><th colspan="2">内　容</th></tr>
<tr><td>クロスセル</td><td colspan="2">●既存顧客がいつも購入している商品・サービスに加え，関連するものを組み合わせて購入してもらう営業活動</td></tr>
<tr><td>会員制</td><td colspan="2">●固定客だけで十分な利益を確保できる中で，既存顧客の紹介など，質の良いターゲット顧客だけを集めたい場合に用いられる</td></tr>
<tr><td rowspan="2">ブランドのメリット</td><td colspan="2">「ブランドがある」とは，知名度があり，商品･企業の価値が顧客に浸透していて，しっかり固定客がついている状態のこと</td></tr>
<tr><td colspan="2">●ロイヤルティが向上し，固定客がつくため売上が安定
●広告宣伝しなくても固定客が購入するため，広告宣伝費を削減できる
●価値が浸透している固定客（ファン）が新商品を積極的に購入するため，新商品開発の効果が高い
●会社の言い値で顧客が買うため，価格競争に巻き込まれにくい
●従業員がブランドのある自社で働くことを誇りに思えるようになり，従業員の忠誠心，士気が向上する</td></tr>
<tr><td>ブランド力向上の手法</td><td colspan="2">●商品力向上：高性能，使い勝手，利便性，デザイン，ステータス
●顧客対応力向上：接客，顧客対応力，アフターサービス</td></tr>
<tr><td>フロントエンド</td><td colspan="2">●最初に見込み客に提供する商品・サービスのこと
●主に集客に用いられ，集客や新規顧客獲得のために使われる
（例）スーパーのチラシの安売り商品，通信販売等のお試し品</td></tr>
<tr><td>バックエンド</td><td colspan="2">●フロントエンド商品提供後に販売する商品・サービスのこと
●フロントエンド商品後に販売する商品であるため，フロントエンド商品に納得してもらわないと購入されないという特徴がある</td></tr>
<tr><td rowspan="10">店舗の機能</td><td rowspan="2">訴求機能</td><td>外から店がわかりやすいか</td></tr>
<tr><td>（例）外装，看板，店のデザイン</td></tr>
<tr><td rowspan="2">誘導機能</td><td>店への入りやすさ</td></tr>
<tr><td>（例）見えやすい大きい入口，店頭の演出，明るい店内</td></tr>
<tr><td rowspan="2">演出機能</td><td>見やすさ，わかりやすさ</td></tr>
<tr><td>（例）陳列，レイアウト，照明，色彩，BGM</td></tr>
<tr><td rowspan="2">購入促進機能</td><td>買いやすさ</td></tr>
<tr><td>（例）販売方法，スタッフの対応，試着・試食・試飲</td></tr>
<tr><td rowspan="2">情報発信機能</td><td>お得情報のわかりやすさ</td></tr>
<tr><td>（例）ポスター，チラシ，POP，掲示板，SNS</td></tr>
</table>

キーワード		内　容
サービス特性		●無形成：サービスには形がない ●非貯蓄性：サービスは保存や在庫を持つことができない ●非均一性：サービスは人のスキルによって質が変動する ●生産と商品の同時性：サービスは生産と消費が同時に行われる ●非可逆性：一度提供されたサービスは元に戻せない ●需要の時期集中性：需要が季節や曜日，時間帯で大きく異なり，繁忙と閑散の差がある
フランチャイザー	メリット	●事業や店舗の拡大に費やす経営資源を節約できる ●一気に事業拡大できる
	デメリット	●加盟店の教育，品質の均一性の保持が難しい
フランチャイジー	メリット	●未経験者でも事業のノウハウを取得できる ●即座に事業を実施できる
	デメリット	●事業活動の制約が多く，独自の工夫が限定される
対面販売	メリット	●商品管理がしやすい ●詳細に商品の説明ができる ●詳細に内容を理解できるので高額商品に有効 ●顧客は商品を詳細に理解しながら購入できる
	デメリット	●販売員の人件費，教育費がかかる ●教育体制が不十分な場合，販売員のスキルがバラバラで，接客の品質低下を招く場合がある ●一定のスペースが必要 ●顧客は商品を自由に選べない（誘導・勧誘）
側面販売	メリット	●多くの販売員，販売スペースを必要としない ●顧客は自由に商品を選べ，気軽に買物できる
	デメリット	●特徴（差別化，付加価値）の説明が難しい ●高額な商品には不向き
セルフサービス	メリット	●低コスト（人件費）で販売効率がいい ●顧客は自由に出入りでき，自分のペースで店内を歩き回って商品を選べる
	デメリット	●特徴（差別化，付加価値）の説明が難しい ●高額な商品には不向き ●万引きなど商品ロスが発生しやすい ●顧客は商品説明を聞きにくい

キーワード	内容	
初期高価格政策	メリット	●当初から確実な利益が見込める ●新製品開発費が早期に回収できる
	デメリット	●取り込める顧客が限定的となり，大きなシェア獲得は期待できない
初期低価格政策	メリット	●早期に市場シェアを確保できる
	デメリット	●開発費の回収に期間を要する ●低価格競争に巻き込まれる

(2) 売上アップの手法

キーワード	内容	
SNS	●Facebook，YouTube，Twitter，Instagram，TikTok，LINEなど （SNSの種類まで区別して問われることはないと思われる）	
	メリット	●顧客と直接コミュニケーションが取れる ●企業や商品の認知度を向上できる ●多くの消費者に直接顧客に価値を伝えることができる ●低コストで実施できる ●発信者の知名度を上げたり，商品のデザイン性を磨いたりすることで，拡散が期待できる ●フロントエンドとして活用できる
	デメリット	●単独では信頼性が不十分（SNSを集客手段としてホームページに誘導すると効果的） ●顧客側のデメリットとして，フェイクの恐れや，偏った一部の情報しか集まらない等がある
ホームページ	メリット	●会社や商品情報，事例など，豊富に情報を掲載できる ●会社や商品・サービスの強みを詳細にアピールできる ●文章・画像・動画といったさまざまな形態を掲載できる ●顧客からの問合せを受けることができる ●通信販売ができる
	デメリット	●ホームページだけでは集客が難しい（SNSとの連携で集客力を高めたり，通信販売の場合はショッピングサイトに掲載したりすると効果的）

キーワード	内　容	
SNSとホームページの融合		●SNSで多くの顧客と接点を獲得し，SNSの顧客をホームページに誘導して詳細の情報を見てもらい，集客や売上につなげる
DM	メリット	●既存顧客に直接セールスできる ●効率的にセールスができ，営業活動の代替ができる
	デメリット	●顧客情報（DB）がなければ実施できない
チラシ，広告	メリット	●新規顧客に対し，これだけで商品を知ってもらい，理解してもらい，購入してもらうということができる
	デメリット	●新聞広告などメディアによっては効果が限定的 ●一定のコストがかかり，費用対効果に課題 ●効果の可視化が難しい
ポスティング	メリット	●商圏内の全世帯にチラシを配布できる（広告との違い）
	デメリット	●商圏内にターゲット顧客が少ない場合は効果が限定的
展示会	メリット	●ターゲット顧客と直接話ができ，体験を提供できる ●新商品や新事業，強みをターゲット顧客に訴求できる
セミナー	メリット	●無料，あるいは安価なセミナー開催でより多くのターゲット顧客を集客でき（フロントエンド），本業に取り込むことができる（バックエンド）
イベント	メリット	●多くの顧客を集客でき，商品紹介や体験を提供できる ●（店舗型事業）フロントエンドとしての手法として活用でき，バックエンドに誘導できる
体験型イベント	メリット	●モノやサービス（モノ）に，体験型イベント（コト）を追加することで，差別化ができ，価値が高まる ●顧客満足度が高まり，新規顧客が獲得しやすく，既存顧客のリピート化が促進される ●顧客との関係性が構築されロイヤルティを確立しやすい
他社との連携	メリット	●他社の資源（顧客，技術，商品，地域）を活用して新たな価値の創造，新市場開拓，差別化，売上向上が図れる ●顧客リストを活用（相互利用）して売上向上を図れる ●双方の技術を連携させて，新たな価値を生む商品を開発できる ●モノ（商品）＋コト（体験）で価値向上が図れる
	デメリット	●連携する他社にメリットがなければ成り立たない

キーワード	内 容	
DB（データベース）	メリット	●名前と住所，アドレスがあればDMを送付できる ●顧客の履歴情報を充実すれば，個別に顧客のニーズに合わせた提案ができる
	デメリット	●やり方を間違えると，個人情報保護法に抵触する恐れがある

(3) 店舗事業（サービス業，小売店）の売上アップの手法

① 中小企業の店舗事業の差別化

キーワード	内 容
大規模店舗の特徴	●品揃えが豊富 ●低価格
中小店舗の差別化	中小の店舗は「品揃え」「価格」で勝負しても大規模店舗に勝てないため，一定の利益を確保するため安売りはせず，以下の差別化を図って売上・利益を確保する ●商品カテゴリーを絞り，専門化を図る（狭く，深く） ●店舗スタッフの専門性を高め，接客力を高める ●顧客との関係性を構築し，リピート化を図る ●アフターサービスを充実させ，関係性を維持する ●独自商品の開発 ●ネット通販による商圏拡大，既存顧客のリピート ●リアル店舗とネットを融合し，既存顧客のネット購買に対する自社ネット通販への誘導（自社製品でなければ困難）

② 店舗の売上アップの手法

キーワード	内 容
新規顧客の開拓	●コンセプトの明確化 ●SNSやホームページの活用 ●無料イベント・セミナーの開催による集客，顧客への取り込み ●展示会への出展
既存顧客のリピート化	●顧客ニーズへの対応（カウンセリング，提案営業） ●個別のサービス提供による顧客満足度，ロイヤルティの向上 ●ポイントサービスによるリピート化 ●紹介制度により知人へ

<table>
<tr><th>キーワード</th><th colspan="2">内　容</th></tr>
<tr><td rowspan="2">顧客単価向上</td><td>クロスセル</td><td>●関連商品の陳列やPOPの掲載
●商品購入時に関連商品を提案</td></tr>
<tr><td>アップセル</td><td>●上位モデル（上級者用）への乗り換え提案
●無料Webサービスの顧客への有料プラン提案</td></tr>
<tr><td>その他</td><td colspan="2">●モノ（商品・サービス）に，コト（体験）を追加
●ネット通販による商圏拡大
●試食・試飲，試着で購買力を高める
●POPで商品の良さをアピールして購買力を高める
●非日常体験の演出</td></tr>
</table>

(4)　売上・利益の低迷，減少の理由

- 商品力が弱く，差別化できていない
- 顧客対応力（接客，商品説明）が弱い
- ターゲットとする顧客層が絞れていない
- コンセプトが曖昧で，顧客が訪れる（購入する）理由がない
- 新規顧客を集客できていない
- 既存顧客をリピートする施策を行っていない
- 商品と顧客ニーズがアンマッチ
- コンセプトと商品がミスマッチ
- 競合他社に顧客を奪われている
- 商品・サービスの強みが不明確で差別化されておらず，低価格競争に陥っている
- 新規開拓の営業活動・集客を行っておらず，既存顧客の売上に偏っている
- 商品開発を行っておらず，既存商品の売上に頼っている
- 顧客の要望への対応，クレームへの対処ができていない
- 顧客の購買頻度の低い商材を扱っていて，顧客の来店頻度が低い
- 自社，商品のブランド力（知名度）が低い
- トラブル，クレームなどで，ブランドが毀損した
- 差別化のために手間をかけて高付加価値，高コスト体質になっているが，競合他社に価格を合わせてしまい，利益が出ていない
- 高付加価値商品であるにもかかわらず，低価格をウリに集客して利益が出ない
- 値付けの際，材料費だけを原価として価格を決め，それ以外の原価（労務費，外注費，経費）を考慮していないため，収益性低下を招いている

Section

15 Method 6 第1次試験とコンサルティング実務の知識(4) 生産・技術(事例Ⅲ)

生産・技術（事例Ⅲ）の問題は，BtoBの事例が多く，専門的な内容でイメージしにくい一方で，問われる問題は限定的です。そのため，基本的な生産形態である「見込生産」と「受注生産」をしっかり理解し，それらの課題のキーワードを覚えておくことが重要です。

(1) 第1次試験の知識

キーワード	内　容	
内段取り	●機械設備を停止しなければできない段取り替え	
外段取り	●機械設備を停止せずにできる段取り替え	
VE	●バリューエンジニアリング（Value Engineering） ●製品の機能・品質を高め，原価を削減することで，製品価値（機能・性能・顧客満足度等）を最大化する手法（価値＝機能・品質／原価）	
QCD	●Quality（品質），Cost（コスト），Delivery（納期）のこと ●生産管理を行う上で考えるべき，3つの要素	
ジョブローテーション	●社員の能力開発（多能工化）を目的に，人材育成計画に基づいて行われる戦略的な異動	
生産リードタイム	●資材調達から製造，出荷までのすべての時間の合計のこと ●工程にかかる作業時間のほか，工程間の滞留時間も含まれる	
ロット生産	●製品ごとにある数量でグルーピングし，その数量単位で生産する手法 ●複数製品を同じラインで生産して生産品の切り替えに時間などのロスが生じる場合，一定の数量をまとめて生産することで効率化を図る	
ABC分析	●売上高・コスト・在庫などの指標を大きい順にランク付けし，優先度を決めて管理することで，コスト削減を図る手法	
原価低減	設計原価の低減施策	●過剰機能・過剰仕様の削減 ●部品の共通化による部品種類の削減 ●組立・加工性の向上

キーワード	内　容	
	製造原価の低減施策	●製造リードタイム削減（レイアウト変更等） ●OJT強化，社員のマルチタスク化 ●内製化による外注費削減 ●生産性向上（無駄の排除，効率化）
	購買原価の低減施策	●二社購買 ●ネット購入

(2) 第１次試験のキーワードのメリット，デメリット

キーワード	内　容	
アウトソーシング（外注）	メリット	●外部の専門性を活用できる ●自社の得意分野（強み）に資源を集中できる ●人件費（固定費）を削減できる
	デメリット	●ノウハウが蓄積できない ●納期管理が難しく，コストアップにつながる ●品質管理が難しく，ミスや不良につながる ●意思疎通が不足，自社の戦略を理解できない
インソーシング（内製化）	メリット	●ノウハウを蓄積し，強みにつなげられる ●管理がしやすい ●短納期やカスタマイズなどの柔軟な対応がしやすい
	デメリット	●人件費が固定化しコストアップにつながる ●高コスト，売上減少で固定費を賄えず赤字に陥りやすい
OEM（委託側）	メリット	●設備投資が不要で固定費が削減できる ●設備に影響されず，柔軟な経営判断が可能になる
	デメリット	●柔軟な対応（生産量変更，納期短縮，設計変更）が困難 ●一定量の発注が必要 ●製品のノウハウ，機密情報の漏洩リスクあり ●生産ノウハウが蓄積できない
OEM（受託側）	メリット	●設備の稼働率向上 ●規模の経済性によるコスト低減が見込める ●生産ノウハウが蓄積される
	デメリット	●自社ブランドの構築が困難 ●特定顧客への依存度が高まると経営上のリスクが高まる ●顧客のニーズ，競合等の市場情報が入りにくい
CAD／CAM	メリット	●作業スピードが向上し，設計時間を短縮できる ●複雑な加工に対応できる ●設計データを蓄積でき，再利用による効率化，作業・部品共通化・標準化が図れる ●外注先とのデータのやり取りが効率化し，短納期化が図れる
定量発注方式	メリット	●運用・管理が容易で，手間がかからない ●事務処理の効率化が図れる
	デメリット	●需要変動が大きいものには不向き

キーワード	内容		
定期発注方式	メリット		●精度の高い在庫管理が可能 ●需要変動が激しいものにも対応可能
	デメリット		●管理に手間がかかる
シングルタスク	デメリット		●部門間の人の移動など，柔軟な製造体制が取れない ●人件費増加（高コスト体質）を招く
マルチタスク	メリット		●部門間の人の移動ができ，柔軟な製造体制が取れる ●人件費を抑えられ，社員のスキルが向上する
資材標準化	メリット	品質面	●品質のバラツキ・不良が削減される
		コスト面	●部品数が減少し，単価引き下げ，在庫削減効果が見込める
		納期面	●常備在庫化により短納期対応が可能となる
		管理面	●種類数が減少し，発注業務，在庫管理業務の負荷が軽減される
	デメリット	経営面	●顧客ニーズより標準化が優先され，競争力のある付加価値の高い商品が生まれにくい
		業務面	●設計段階での制約が増加し，設計作業が複雑化する
ファブレス化	メリット		●設備投資が不要で固定費が削減できる ●柔軟な経営判断が可能になり，事業の拡大・撤退といった大きな経営判断がしやすくなる ●自社設備にこだわらない商品開発，生産が可能となる
	デメリット		●柔軟な対応（生産量変更，納期短縮，設計変更）が困難 ●一定量の発注が必要 ●製品のノウハウ，機密情報の漏洩リスクあり ●生産ノウハウが蓄積できない

(3) 見込生産と受注生産の概要

キーワード	内 容
見込生産	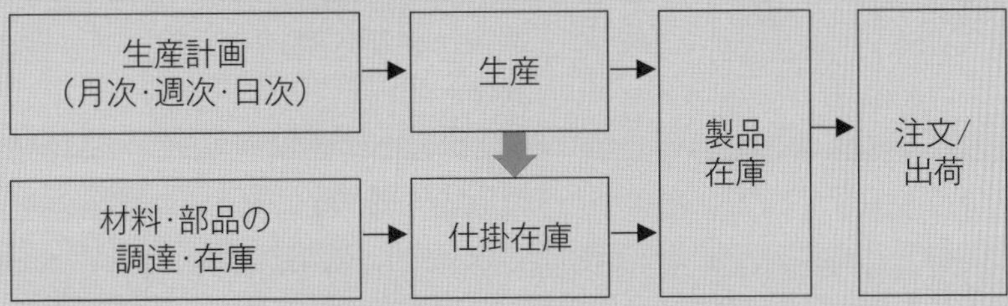 ●大量生産で，受注前に大量に生産して在庫を持ち，出荷する生産形態 ●低利益率でも大量に生産・販売することで「利益の総額」を増やす ●多くの製造設備で大量生産する「資本集約型」と，作業スタッフを多く採用してライン作業を行う「労働集約型」がある ●「労働集約型」では，多くの作業員を使って生産するため，作業員の「手待ち」が発生しやすい。生産性向上のためには作業員の「スキル向上」「マルチタスク化（多能工化）」で作業効率化を図り，１個当たりの従業員，１人当たりの労務費を下げることが大事。そのために，OJTやジョブローテーションのしくみ構築，また作業員はパート・アルバイトがメインになる場合，新規採用者が即戦力として働けるよう，作業の標準化，マニュアル化が必要 ●「資本集約型」で生産性を高めるには，最新の設備で作業スピードを向上させ，稼働率を上げ，単位時間当たりの生産量を増やして１個当たりの固定費（設備投資費用，つまり減価償却費）を下げることが大事 ●その他，労働集約型・資本集約型の双方で共通した生産性向上施策として，生産リードタイムを短縮し，精度の高い生産計画（需要予測）を作成して，在庫・受注状況・生産状況の情報の共有化（IT化），工程順序や手順の標準化，レイアウトの適正化，内段取りの短縮および外段取り化，在庫の適正化，人員適正化などが必要となる ●生産計画は，まず１年の計画を立案，その後受注状況や在庫を踏まえて月次，週次，日次で計画を立てて計画の精度を高める ●「計画生産」のため，需要の季節変動があっても平準化できる（例えば食品でも，閑散期に大量に作って冷凍しておき，繁忙期の年末に解凍して出荷する，ということはよくある） ●在庫は，材料在庫・仕掛在庫・製品在庫があり，材料・製品在庫は「安全在庫」を決めて在庫の適正化を図る ●ボトルネックは，資本集約型の場合は設備（特定の工程の設備が足りない，スピードが遅いなど），労働集約型の場合は作業員（特定の人しか作業ができないなど）によって引き起こされる

キーワード	内容
受注生産	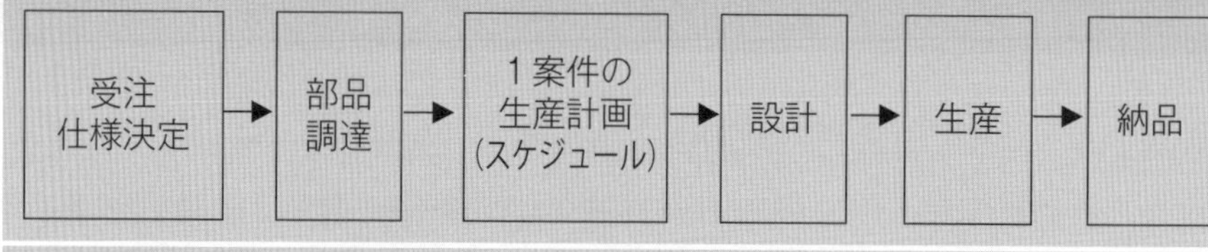 ●1つひとつ注文を受けて生産する，多品種少量の生産形態 ●少ない数しか生産できないため，低利益率では必要な利益は獲得できない。つまり単価（1案件）で「高利益率」を追求する生産形態 ●試作品やオーダーメイド品など，個別の製品に対して行うものであるが，セミオーダーや，数が少ないが一定量を継続的に販売する場合にも受注生産で行う場合もある ●注文を受けて調達し，生産するため，在庫を持つ必要はない。ただし，一定量同じ製品を生産する受注生産の場合は，材料・仕掛在庫を保有する場合も多い ●個別に仕様を決めて生産するため，顧客の要求する仕様の情報を正確かつ迅速に工場に伝えることが重要。仕様が曖昧であったり，営業の知識不足，仕様書のフォーマット不備，連携不足など，情報が工場に正確に伝わらないと，作り直しの手間がかかってコストアップにつながる ●試作品などでは，現場作業員が専門化された熟練工（職人）の場合があり，技術の暗黙知化になる恐れがある。そのため，技術の形式知化・標準化・マニュアル化，技術承継，OJTのしくみが重要 ●受注時期や受注量は得意先によるため，年間計画が立てにくく，平準化が難しい。そのため，部品や半製品の共通化による仕掛在庫の保有などで生産リードタイムを短縮し，繁忙期により多くの受注が受けられるようにする。また大量生産品の受注を受けて，受注生産と見込生産を併用することで，繁忙期の生産調整と，閑散期の稼働率向上（作業員の手待ち削減）を図ることも1つの改善策 ●少ない数しか生産，販売しないため，1個（1案件）当たりの利益率を高める必要があり，安売りしたり，レッドオーシャンで競合他社と価格を合わせたりすると，トータルで十分な利益を獲得できず経営が成り立たなくなる

(4) 見込生産と受注生産の課題解決の切り口

キーワード	経営課題
コストダウン 生産性向上 納期遅延解消 品質向上 新工場設立 新事業開始	●生産リードタイムの短縮 ●設備の稼働率向上 ●生産計画の精度向上（精度の高い需要予測） ●生産計画の月次・週次・日次化 ●受注状況・生産状況・在庫情報の共有化（IT化） ●工程順序や手順の標準化 ●レイアウト変更による動線適正化，スペース確保 ●ロット適正化（小ロット化による在庫削減・不良品追跡の迅速化，生産アイテム絞り込み・ロット数増加による段取り替えの削減） ●内段取りの短縮，および外段取り化 ●（安全）在庫の適正化 ●在庫置き場の固定化，製品名と在庫数の見える化 ●売れ筋・死に筋，死蔵在庫の管理 ●生産工数・人員の適正化，標準化 ●技術・作業情報の標準化，マニュアル化，データ化 ●技術承継・OJT・ジョブローテーションによる，作業員のスキル向上，マルチタスク化（多能工化），手待ち解消 ●品質・ロス管理によるクレーム，手直し等の削減，歩留まり向上 ●外注管理（外注に依頼する作業情報管理，外注先の品質管理，納期管理，進捗状況のリアルタイムの照会） ●生産設備，作業員のボトルネック解消 ●営業と技術の情報連携（見込生産：需要予測，受注生産：仕様） ●生産ノウハウの蓄積，DB化による次案件以降の生産効率化 ●５Sによる器具置き場の固定化 ●設計・製造・組立・納品の一貫体制 ●VEによる「受注単価減少」「生産コスト削減」双方の実現 ●材料が個々に異なる場合，個体管理，トレーサビリティの体制構築 ●見込生産・受注生産の双方で生産する場合，見込生産の生産計画を見直して平準化を図る
不良率解消	●QCDの切り口で検討 ●予防保全の実施 ●定期点検サービスの導入と，定期点検・修理対応のマニュアル化 ●メンテナンスの容易性

COLUMN⑩

合格して広がったネットワークを中小企業支援に生かしたい

齋藤　滋

金融機関で，日々，融資審査や債権管理を担当し，中小企業診断士の資格を取得して業務に役立てたいという思いがありました。しかし，7科目の１次試験，４事例を読み解く２次試験の過去問を見て，歯が立たないと受験を諦め，25年が経過しました。

受験勉強のきっかけとなったのは，職場で窮境企業の経営改善計画策定支援に携わる中で，将来，事業再生支援を行いたいと考えたことと，50歳を過ぎて，社内研修の部署に身を置き，後輩職員が意欲的に診断士試験に挑戦しているのに触発されたことです。

独学では無理と判断し，DVD講義付の通信講座で2009年２月に勉強を始め，平日は２時間，休日６時間の勉強を自らに課しました。半年後の１次試験は２科目の合格にとどまりましたが，翌2010年，残る５科目に合格して１次試験を突破しました。

その年の２次試験は，Ｂ・Ｃ評価ばかりで不合格。通学受験校のお世話になる他ないと意を決し，翌年は日曜日の午前と午後，計48事例の答練に没頭しました。一度も合格ラインの60点に達しませんでしたが，「出題者に逆らうな，設問に素直に解答せよ。」という助言を胸に刻み，2012年１月，奇跡的に合格通知を受け取ることができました。

転勤族であったため，実務補習は，2012年８月，９月の２回，残る１回を2013年２月に受講して，３月に診断士資格を得ました。

資格取得後は，東京都中小企業診断士協会の会員となり，事業再生，事業承継，ITC，国際化コンサルティング，労務問題など７つの研究会に参加し，多様な分野の専門家の皆さまとの人脈ができました。また，共著を２冊執筆する機会もいただきました。

その後，2018年６月から2019年４月まで，東京都協会中央支部のマスターコースである「経営コンサルタント養成塾（経コン塾）」に参加し，事業デューデリジェンスや実行支援の手法などのノウハウを習得する機会を得ました。この養成塾は，事業再生現場でプロが使用している「事業調査報告書」，「事業計画書」などのフォーマットを提供しており，実践スキルが身につくたいへん有意義なプログラムでした。

2020年１月，念願の独立を果たしました。その後，特定非営利活動法人のクラウドファンデイング支援や商標登録支援も行っています。

私の場合，勉強開始から登録まで４年を要しました。皆さまには本書のノウハウを有効活用され，回り道することなく資格を取得していただきたいと思います。

10年目の2022年２月に中小企業診断士登録を休止しましたが，登録再開後は，皆さまと一緒に活動できることを楽しみにしています。

Chapter 5

「解き方の黄金手順」の概要とポイント

Section

01 「解き方の黄金手順」の構成

本節では，「解き方の黄金手順」に具体的に取り組む前に，押さえておくべき内容を整理します。

「解き方の黄金手順」の全体構成

まずは，「解き方の黄金手順」の全体構成を以下のとおり示します。

「解き方の黄金手順」は，大きく前半と後半に分かれます。これは，前述のとおり，膨大・煩雑な物事を，スピーディで高品質な成果物に仕上げるための「作業と思考の分離の法則」により分類しており，前半は「作業」，後半は「思考」になります。そして前半の「作業」は，後半に各設問で解答を作り上げるための「思考」に集中できるように行うものです。

また，「作業」と「思考」もそれぞれ２ステップに分けます。「作業」は「与件読解」と「情報の整理，見える化」であり，「思考」は「解答組立（イメージ描写）」と「解答作成」です。

このように「解き方の黄金手順」は，全４工程で構成され，前半が作業，後半が思考となっています。

なお，この４工程のそれぞれに，細かい手順が決められています。詳細は次節で説明します。

「解き方の黄金手順」の全体構成

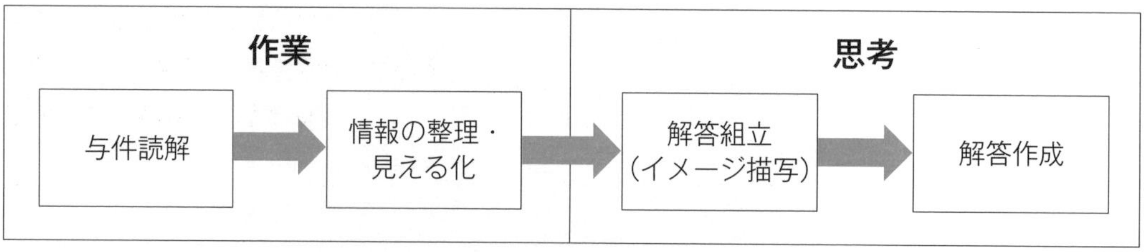

Section

02 「解き方の黄金手順」の内容と配分

次に,「解き方の黄金手順」の内容と, その時間配分について以下のとおり整理します。

「解き方の黄金手順」の内容と配分①

手順	実施内容	時間	筆記用具
前半（作業）：与件読解，情報の整理・見える化			
手順１-①	与件の段落の前に番号記入	0.5分／0.5分	赤ボールペン
手順１-②	与件の冒頭部分を読む		赤ボールペン
手順２	設問読解（１回目）縛りに○付け	4.5分／５分	赤ボールペン
手順３	与件読解（１回目）SWOT分析	10分／15分	赤ボールペン
手順４	設問読解（２回目）キーワードに色付け	５分／20分	蛍光ペン
手順５	与件読解（２回目）各設問に色分け	10分／30分	蛍光ペン
後半（思考）：解答組立（イメージ描写），解答作成			
手順６-①	解答イメージの描写，難易度の把握	５分／35分	シャープペンシル
手順６-②	関連する設問同士の紐付け		シャープペンシル
手順７	解答組立，作成	45分／80分	シャープペンシル

「解き方の黄金手順」の内容と配分②

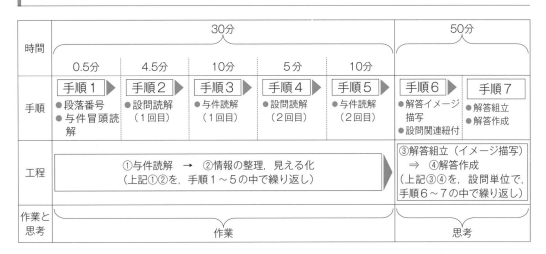

時間	30分					50分	
	0.5分	4.5分	10分	５分	10分		
手順	手順１ ●段落番号 ●与件冒頭読解	手順２ ●設問読解（１回目）	手順３ ●与件読解（１回目）	手順４ ●設問読解（２回目）	手順５ ●与件読解（２回目）	手順６ ●解答イメージ描写 ●設問関連紐付	手順７ ●解答組立 ●解答作成
工程	①与件読解　→　②情報の整理，見える化 （上記①②を，手順１～５の中で繰り返し）					③解答組立（イメージ描写） ⇒　④解答作成 （上記③④を，設問単位で，手順６～７の中で繰り返し）	
作業と思考	作業					思考	

Section

03 「解き方の黄金手順」の各手順の主な目的

続いて，各手順の主な目的について，下記のとおり整理します。

「解き方の黄金手順」の主な目的

手　順	時間	内　容	主な目的	筆記用具
前半（作業）：与件読解，情報の整理・見える化				
手順1-①	0.5分	与件の段落の前に番号記入	●抜き出したメモが与件のどこに書いてあったかをすぐに確認できるようにする	赤ボールペン
手順1-②		与件の冒頭部分を読む	●設問を読む前に「何をしている会社か（業種）」を把握することで，1回目の設問読解で理解しやすくなる	赤ボールペン
手順2	4.5分	設問読解（1回目）	●与件を読む前に，設問で何が問われているか把握することで，与件の理解力が高まる	赤ボールペン
手順3	10分	与件読解（1回目）	●与件の内容を理解しながらSWOT分析を行い，与件文をSWOTで「情報の整理，見える化」を行う	赤ボールペン
手順4	5分	設問読解（2回目）	●各設問に決まった色の蛍光ペンで印を付けて，次手順の設問と与件との関連付けに活用する ●各設問の「キーワード」に色を付けることで，次手順の与件読解（2回目）で与件のどの文章がその設問に関連しているかを瞬時に把握することができる	蛍光ペン
手順5	10分	与件読解（2回目）	●設問のキーワードに関連する内容に，その設問と同じ色のマーカーを付けて，設問との関連付けを行う ●各設問に関連する与件の箇所を明確にするという「情報の整理，見える化」を行う	蛍光ペン

手　順	時間	内　容	主な目的	筆記用具
後半（思考）：解答組立（イメージ描写），解答作成				
手順 6-①	5分	解答イメージの描写，難易度の把握	●頭の中で各設問の解答イメージを描き，各設問の難易度を計り，解答作成の優先順位に活用する ●ここで解答イメージが描けないものは「高難易度問題」と判断し，解答作成は最後に回す ●ここで行うのは「解答イメージの描写」であり，文章を書くなど，詳細に解答を組み立てる必要はない。あくまで「解答イメージの描写」と「設問の難易度把握」	シャープペンシル
手順 6-②		関連する設問同士の紐付け	●設問間で関連する設問があれば，各設問を線で結ぶ ●これにより，次の手順の「解答組立」の際，関連する設問を，忘れずに，関連付けながら解答を組み立てることができる	シャープペンシル
手順 7	45分	解答組立，作成	●頭の中で解答を組み立てる。ここでは「実際の解答」を頭で組み立てるため，細かい文章や制限文字数も考慮し，詳細に組み立てる ●まずは各設問の横に，与件の要素，第１次試験とコンサルティング実務の知識をメモして「集中整理，一覧性」を行って，さまざまな要素を入れて解答を組み立てられるようにする ●補助的にメモしながら，解答を頭の中で組み立てる ●解答を頭で描けたら，一気に解答を記述する	シャープペンシル

Section

04 「解き方の黄金手順」の注意点

次に，「解き方の黄金手順」に関する注意点について説明します。

この「解き方の黄金手順」を短期間で習得しスムーズに実施するためには，以下を理解して取り組んでください。

- １つひとつの手順には必ず重要な意味があり，目的がある。各手順の意味を理解した上で，その目的に合わせて，かつ各手順の内容を忠実に実施する。
- 各手順の内容以外のことはしない。各手順でやるべき内容だけを実施する。

各手順では，その内容に忠実に実施し，それ以外のことはやらないことが重要です。

例えば，与件を通しで読む手順は２回ありますが（手順３，手順５），１回目と２回目では，その目的が異なっています。具体的には，手順３の与件読解（１回目）の目的は，「SWOT記入」であり，また，手順５の与件読解（２回目）の目的は，「与件の中で，各設問に関連している箇所を各設問の色でアンダーラインを引き，各設問と与件とを紐付けできるようにする」です。これらの目的以外のことは考えてはいけませんし，これら以外の内容は実施してはいけません。

さらに，与件を読む時は，１回目も２回目も無理に答えを導き出そうとしてはいけません。もし与件読解中に，良いフレーズや内容を思いついたり，解答が自然と浮かんだのであれば，解答作成の時に忘れないように，その思いついたことをメモするだけでいいのです。あくまで解答の組立は，後半で一気に実施することが大事です。

人間の脳は一度に多くのことを並行処理できません。しかし，限られた時間内で整理・見える化して解答を組み立てるには，１つの手順で複数の作業を行う必要があります。

そこで重要なのが，**「１つの手順で何を同時に行うか」**です。複雑な作業であれば１手順で１つの作業しかできませんが，単純な作業であれば１手順で３つまでは同時作業は可能です。この「解き方の黄金手順」は，これらの作業の組み合わせ，および順番を何度も繰り返し実行して検証しながら，無理のないように同じ筆記用具でできるように，緻密に設定してあります。ですから，この手順のとおり忠実に実施してください。

COLUMN ⑪

亡き母に誓う「診断士の姿」

青木　恒

●私の合格を見届けてから逝った母

昨年３月,『2023年版黄金手順』の編纂が佳境の中，母が亡くなりました。葬式が終わった夜，底なしの寂寥感・虚脱感に襲われながら，気を紛らわすように推敲した時のことを今でも鮮明に覚えています。

私は，１次試験の初受験から２次試験合格まで９年かかりましたが，青森に住んでいるため，毎年，実家のある札幌に帰って受験していました。

この間，母は，私が診断士になるのを応援し，試験日には朝食を作り「がんばって」と送り出してくれました。２次試験に合格した時は，本当に喜び，褒めてくれました。そんな母が，２次試験の合格後から体調を崩し始め，実務補習のため青森と札幌を往復する間に入退院を繰り返すようになり，私の診断士登録を見届けてから亡くなりました。88歳でした。

50歳も過ぎた「オッサン」が恥ずかしい話ですが，母の励まし，支えがなければ合格できませんでした。私が診断士になるのを待って逝くよう，母が気を遣ってくれたのだと思います。もっと早く合格していれば，診断士としての活動を見せられたのにと慚愧に堪えないですが，これも運命だったのだと，今は自分を納得させています。

●組織と個人をサポートできる診断士に

私は診断士登録後，北東北や道南にある中小企業の事業再生・承継に重点をおいて取り組むため，事業再生や事業承継・M&Aに関する資格も取ってきました。

その一方，実家の相続問題が発生したため，これを機会に相続のことも勉強しようと思い，相続に関する民間資格をいくつか取りました。「３級レベル」でも結構，難しく苦戦しましたが，とても勉強になりました。母が亡くならなければ，このような資格があることも知らなかったし，取ろうとも思わなかったでしょう。また，２次試験に合格していなければ勉強する余裕もありませんでした。

今後は，中小企業という「組織」に加え，そこで働く経営者，社員といった「個人」にも寄り添いサポートできる診断士を目指します。それが，診断士になることを応援してくれた母の思いに応えることでもあり，また，いつまでも私の心の中に母が生き続けることだと思っています。

●「合格」まで諦めずに挑戦してください

私がお伝えしたいのは，診断士に限らず資格試験に合格するなら，早いに越したことはない，という「至極当然」のことです。勉強ができるのも仕事や家庭，生活に悩みや不安，支障がなく，時間的にも金銭的にも余裕があればこそです。しかし，仕事の忙しさや家庭の事情などを理由に受験を先延ばしにする，挫折し諦める人をたくさん見てきました。

天災，コロナ，ウクライナやガザの紛争を見ればわかるように，人生は突然，何が起きるかわかりません。今日の当り前が明日の当り前ではないかもしれない。明日の当り前が１年後の当り前ではないかもしれない。だからこそ診断士を目指す方には，周囲への感謝の気持ちを忘れず，毎日ベストを尽くし，合格するまで諦めずに挑戦していただきたいと思います。『黄金手順』を取ってくださった皆様が一日でも早く診断士になり活躍されることを願っております。

COLUMN⑫

中小企業診断士試験のコツ

安田雅哉

●はじめに

勤務先の転勤により海外駐在中の企業内中小企業診断士です。海外赴任中に中小企業診断士資格を取得しました。

日本国内で受験する必要があるので，海外駐在中の身としては最短で合格したかったのですが，そんなに簡単ではありませんでした。ここでは，私が4年の歳月をかけて合格したことで気づいた，合格へのコツみたいなものを紹介したいと思います。

●1次試験

これはとにかく物量です。基礎的な事項を参考書などで学んだら，あとは問題演習あるのみ，です。でも闇雲に問題演習しているだけでは，本試験のときのあの独特な緊張感の中では，問題の表面的な意味にとらわれて正解を導くことはできません。真の実力を養うためには，選択肢のそれぞれに対して，正解以外の選択肢に対しても，どうしてそれが不正解と言えるのか，自分の中で言語化できるくらいしっかりと理解しておく必要があります。ただし，100点満点を目指す試験ではありませんので，過去問演習を通じて，問題の難易度の相場観を養っておく必要があります。その結果，この問題はできておかなければならない，という眼をしっかり養っておく必要があります。過去問集の中には，各設問に対して難易度，あるいは正答率を示したものがあると思いますので，難問には極力手を出さず，標準問題に対してきちんと正答を導ける訓練をしておくことをおすすめします。

●2次試験

私にとってはこちらのほうが曲者でした。事例Ⅰ～Ⅲについて，私が初学のときには，正解の正解たるゆえん，良い解答と良くない解答，与件の中の着目ポイント，設問のねらい，などについて全く理解しておらず，常にとんちんかんな解答ばかりしていて，模試も一向に点数が伸びませんでした。

4年間の受験勉強でようやく得たことは，設問で出題者が問うていることは集約されるということ。事例Ⅰでは，内外環境分析，人事組織施策，事業戦略，事例Ⅱでは，内外環境分析，マーケティングの4P，事例Ⅲでは，内外環境分析，生産計画，作業管理，生産体制，設備管理，資材管理などの改善方法，など。それに気づいた私は，数年に渡って過去問の設問だけを分析し，どういう点を聞かれているのかを意識するようにしました。そのことで的を外すこともなくなり，模試でも（海外でしたので自宅受験でしたが）主題を外すことなく，かつ与件からも適切な部分を活用して解答を構成することができるようになりました。そして，その一連の思考方法が，現在の中小企業支援活動にもそのまま生かせていると思います。

事例Ⅳについては，理解しているだけでは不十分であり，設問を見た瞬間に，解答の道筋を思い浮かべることができなければ，80分という短時間では解答を作ることができません。合格年度には私はそのことを強烈に意識し，薄い問題集をひたすら解法が瞬時に浮かぶようになるまで徹底的に繰り返しました。これらのエッセンスは黄金手順にすべて網羅されています。ぜひ本質を捉えて，合格の栄冠を手にしてほしいと思います。

Chapter

6

「解き方の黄金手順」の実践

Section

01 試験開始直前の準備

それではいよいよ,「解き方の黄金手順」の実践に入っていきます。

まずは,試験(演習)を始める前の準備について説明します。

【用意するもの】

① シャープペンシル2本(1本は予備)

② 蛍光ペン5色

③ 赤ボールペン

④ 消しゴム

⑤ 時計

※ 事例Ⅳでは電卓が必要,蛍光ペン不要

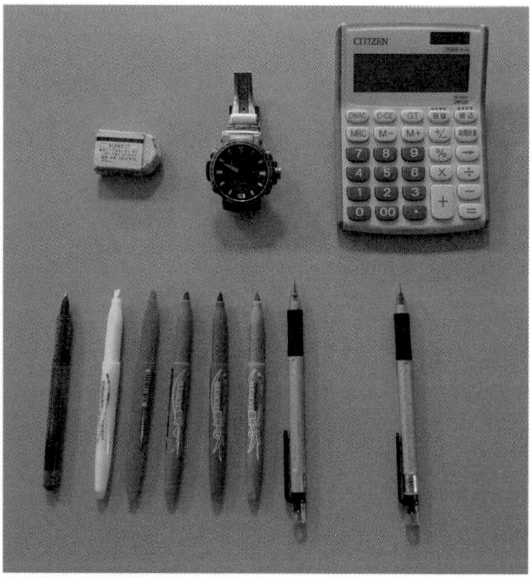

【設問と色】

- 第1問:黄色
- 第2問:赤色
- 第3問:青色
- 第4問:紫色
- 第5問:緑色

※ 本書ではこのように設定しているが,どの設問を何色にするかは自由

【試験開始直前の状態】

- すぐ使用できるように,蛍光ペンと赤ボールペンのキャップを開けておく。
- 蛍光ペンは,第1問から第5問の順番になるように,左から,黄色,赤色,青色,紫色,緑色の順番に並べて置いておく。
- シャープペンシルは,万が一壊れる場合を想定して2本用意しておく。

それでは,平成18年度の事例Ⅱ「マーケティング・流通」の本試験問題を使って,実際の手順に沿って説明していきましょう。

Section

02 手順１-①
与件の段落の前に番号を入れる

実施内容	●与件の各段落に番号を付ける。		
目的・効果	●手順７の解答組立時，与件からキーワードを抜き出してメモする時に利用する。 ●与件からのメモに段落番号を書くことで，メモが与件のどこに書かれているか瞬時に探すことができ，「メモをしたが内容の把握が不十分でもう一度与件を読み直したい」時に，迷うことなく瞬時に見つけられる。		
注意点	●スピードが重要。何も考えず機械的に数字を入れたらすぐ次へ行く。		
筆記用具	赤ボールペン	時間	ー

①B社は，テニススクールを関東地区の某都市の郊外で20年前に始めた。その後，関東地区で事業を拡大し始め，現在では関西地区も含め，全国で７事業所（校）を持つようになった。特徴的なことは，すべての事業所が３面の屋内（インドア）コートで運営されていること，鉄道の最寄駅より徒歩５分圏内に立地していることである。資本金は4,500万円であり，現在の売上高は14億円，正社員50名，契約社員８名，アルバイト220名である。従業員の採用職種は，正社員がインストラクターとフロントスタッフ，契約社員がインストラクター，アルバイトがインストラクターとフロントスタッフとなっている。テニス経験がなくても，フロントスタッフとして採用されている。アルバイトは大学生が中心となっており，受験難関校に通う学生が多く，補助のインストラクターとしてテニス指導を行う場合，給与はレッスンフィー（担当レッスン数）制となっている。

②B社の基本的事業は，テニスクラブおよびテニススクールの企画運営，テニスインストラクターの養成・派遣，テニスイベントの企画運営，テニス用品の販売である。

③インストラクターの中には，プロを目指す者や，トーナメントや各種の大会に出場している者もいる。実際に，全国レベルや各地の大会で優秀な成績を収めている社員も多い。B社はそれを積極的にサポートしている。プレーヤーとして高いレベルへの挑戦を続けながら，インストラクターとしての成長を期待しているからである。

……………………………………………………………………………………

Section

03 手順１-②　与件の冒頭部分を読む

実施内容	●与件の冒頭だけを読み，「何をしている会社か（業種）」だけを把握する。		
目的・効果	●最初の設問文の読解で会社の仕事が大まかにわかっていれば，より明確に設問を理解できる。		
注意点	●スピードが重要。業種など，仕事の大まかな内容はだいたい１行目に書かれているため，それを確認したらすぐに次の手順へ行く。		
筆記用具	－	時間	0.5分／0.5分

テニススクールの運営（＝サービス業）がわかれば，すぐに設問に行く

①B社は，テニススクールを関東地区の某都市の郊外で20年前に始めた。その後，関東地区で事業を拡大し始め，現在では関西地区も含め，全国で７事業所（校）を持つようになった。特徴的なことは，すべての事業所が３面の屋内（インドア）コートで運営されていること，鉄道の最寄駅より徒歩５分圏内に立地していることである。資本金は4,500万円であり，現在の売上高は14億円，正社員50名，契約社員８名，アルバイト220名である。従業員の採用職種は，正社員がインストラクターとフロントスタッフ，契約社員がインストラクター，アルバイトがインストラクターとフロントスタッフとなっている。テニス経験がなくても，フロントスタッフとして採用されている。アルバイトは大学生が中心となっており，受験難関校に通う学生が多く，補助のインストラクターとしてテニス指導を行う場合，給与はレッスンフィー（担当レッスン数）制となっている。
②B社の基本的事業は，テニスクラブおよびテニススクールの企画運営，テニスインストラクターの養成・派遣，テニスイベントの企画運営，テニス用品の販売である。
③インストラクターの中には，プロを目指す者や，トーナメントや各種の大会に出場している者もいる。実際に，全国レベルや各地の大会で優秀な成績を収めている社員も多い。B社はそれを積極的にサポートしている。プレーヤーとして高いレベルへの挑戦を続けながら，インストラクターとしての成長を期待しているからである。

……………………………………………………………………………………………

Section

04 手順2　設問読解（1回目）縛りに○付け

実施内容	●設問を読み，各設問で何が問われているかを把握する。 ●各設問の縛り（制限事項）を赤ボールペンで○付けする。
目的・効果	●最初に設問を読むことで，次の与件読解で与件をより理解できる。 ●縛りに○付けしておくと，解答作成時に縛りを考慮し忘れることを防ぐことができる。また，○付けをしながら読むと設問の理解が高まる。
注意点	●何が縛りでどこに○付けをするかは瞬時に判断し，深く考えない。
筆記用具	赤ボールペン　｜　時間　4.5分／5分

「現在」のマーケティング戦略であり，「過去」「未来」ではない，という縛り

「大手」との差別化であり，「中小」との差別化ではない，という縛り

第１問（配点20点）

B社が現在行っているマーケティング戦略について，大手テニススクールに対する差別化のポイントは何か。30字以内で４つあげよ。

サービスの特性の中でも，「生産と消費」に限定，という縛り

問われているのは「解決方法」という具体的な方法であり，「方向性」という曖昧なものではない，という縛り

第２問（配点15点）

サービスの生産と消費は，基本的に同時に行われるので在庫ができず，そのままでは需要の変動を吸収するのは難しいとされている。ただし，これを解決する方法もある。B社はどのような方法を採用しているのか。60字以内で説明せよ。

「経営」に生かせるものであり，「現場の運営」というような細かい改善のレベルではない，という縛り

問われているのは「学習塾」であり，「テニススクール」ではない，という縛り

第３問（配点30点）

B社の経営者が新規事業として学習塾を考えるに当たって，自社の経営資源を分析した。経営資源には，有形資源と無形資源とがあるが，B社の各々の経営資源について学習塾の経営に生かせるものは何か。有形資源を(a)欄に，無形資源を(b)欄にそれぞれ30字以内で３つずつあげよ。

Section

05 手順３　与件読解（１回目）SWOT分析

実施内容	●１回目の与件読解。与件の内容を把握しながら赤ボールペンでSWOT分析を行う。 ●具体的には，与件の中で強みにⓈ，弱みにⓌ，機会にⓄ，脅威にⓉを明記する。 ●与件の中で，SWOTで「情報の整理，見える化」を行う。		
目的・効果	●手順７の解答組立時，各設問に必要な与件のSWOTを即抜き出すため。		
筆記用具	赤ボールペン	時間	10分／15分

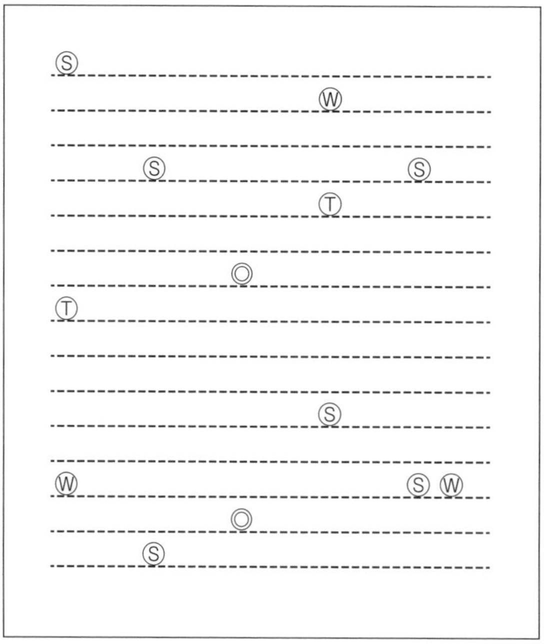

①B社は，テニススクールを関東地区の某都市の郊外で20年前に始めた。その後，関東地区で事業を拡大し始め，現在では関西地区も含め，全国で7事業所（校）を持つようになった。特徴的なことは，すべての事業所が3面の屋内（インドア）コートで運営されていること，鉄道の最寄駅より徒歩5分圏内Ⓢに立地していることである。資本金は4,500万円であり，現在の売上高は14億円，正社員50名，契約社員8名，アルバイト220名である。従業員の採用職種は，正社員がインストラクターとフロントスタッフ，契約社員がインストラクター，アルバイトがインストラクターとフロントスタッフとなっている。テニス経験がなくても，フロントスタッフとして採用されている。アルバイトは大学生が中心となっており，受験難関校に通う学生が多く，補助のインストラクターとしてテニス指導を行う場合，給与はレッスンフィー（担当レッスン数）制となっている。
②B社の基本的事業は，テニスクラブおよびテニススクールの企画運営，テニスインストラクターの養成・派遣，テニスイベントの企画運営，テニス用品の販売である。
③インストラクターの中には，プロを目指す者や，Ⓢトーナメントや各種の大会に出場している者もいる。実際に，全国レベルや各地の大会で優秀な成績を収めている社員も多い。B社はそれをⓈ積極的にサポートしている。プレーヤーとして高いレベルへの挑戦を続けながら，Ⓞインストラクターとしての成長を期待しているからである。

Section

06 手順４　設問読解（２回目）キーワードに色付け

実施内容	● ２回目の設問読解。設問内容を再確認しつつ，各設問のキーワードとなる用語に，各設問の色で線を引く。		
目的・効果	● 手順５の与件読解時，与件を読みながら，その文章はどの設問と関連しているかをマーキングしたキーワードを確認しながら把握するため。		
筆記用具	蛍光ペン	時間	５分／20分

第１問は，「マーケティング戦略」「大手テニススクール」に関連する与件の内容に，黄色の蛍光ペンで線を引く

第１問（配点20点）

B社が現在行っているマーケティング戦略について，大手テニススクールに対する差別化のポイントは何か。30字以内で４つあげよ。

第２問は，「サービス」「生産と消費」「需要の変動」に関連する与件の内容に，赤色の蛍光ペンで線を引く

第２問（配点15点）

サービスの生産と消費は，基本的に同時に行われるので在庫ができず，そのままでは需要の変動を吸収するのは難しいとされている。ただし，これを解決する方法もある。B社はどのような方法を採用しているのか。60字以内で説明せよ。

第３問は，「学習塾」「有形資源」「無形資源」に関連する与件の内容に，青色の蛍光ペンで線を引く

第３問（配点30点）

B社の経営者が新規事業として学習塾を考えるに当たって，自社の経営資源を分析した。経営資源には，有形資源と無形資源とがあるが，B社の各々の経営資源について学習塾の経営に生かせるものは何か。有形資源を(a)欄に，無形資源を(b)欄にそれぞれ30字以内で３つずつあげよ。

Section
07 手順５　与件読解（２回目）各設問に色分け

<table>
<tr><td>実施内容</td><td colspan="3">● 2回目の与件読解。
● 与件と設問文のページを行ったり来たりして，設問のマーキングしたキーワードを素早く確認しながら，与件を読み進める。
● 設問を確認して，与件の文章がどの設問に関連しているかを瞬時に把握して，関連している設問と同じ色の蛍光ペンで線を引く。
● 与件の中で，設問ごとに色分けして「情報の整理，見える化」を行う。</td></tr>
<tr><td>目的・効果</td><td colspan="3">● 設問と与件の紐付け。
● 与件の中で，どの文章が各設問に関連するのかを一目でわかるように各設問で色分けして，設問で「情報の整理，見える化」を行う。
● 各設問の解答組立時，瞬時に与件の中でその設問の関連部分だけを確認できる。</td></tr>
<tr><td>注意点</td><td colspan="3">● 与件には無駄な情報はない。与件の内容は必ずいずれかの設問に関連している。
● そのため，もしどのマーキングもしていない文章があれば，どの文章から「どこかの設問に関連していないか」を，時間内で考えてみる。</td></tr>
<tr><td>筆記用具</td><td>蛍光ペン</td><td>時間</td><td>10分／30分</td></tr>
</table>

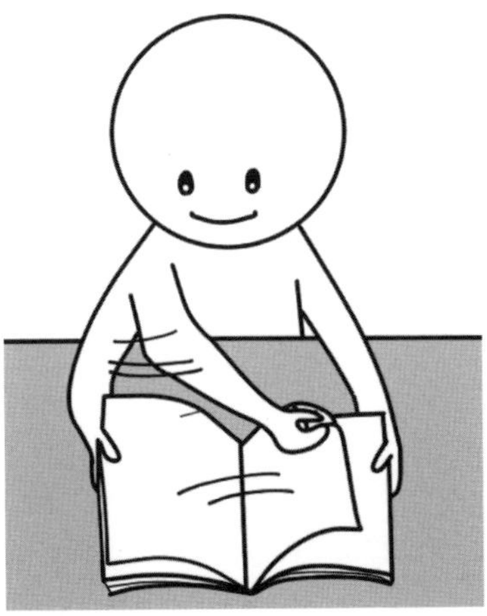

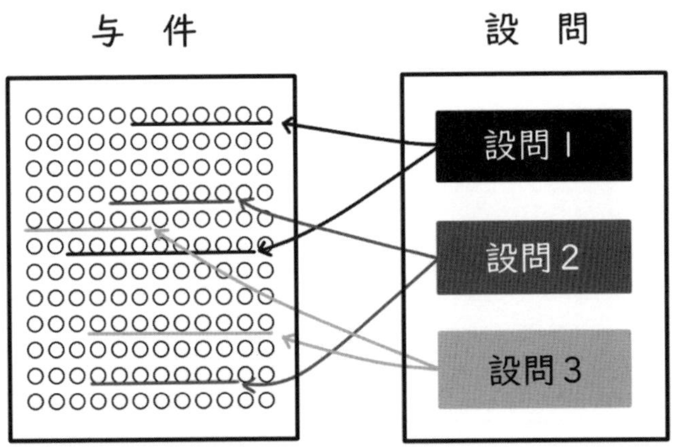

「マーケティング戦略」と関連あり

「大手テニススクール」と関連あり

「学習塾」と関連あり

①B社は，テニススクールを関東地区の某都市の郊外で20年前に始めた。その後，関東地区で事業を拡大し始め，現在では関西地区も含め，全国で７事業所（校）を持つようになった。特徴的なことは，すべての事業所が３面の屋内（インドア）コートで運営されていること，鉄道の最寄駅より徒歩５分圏内ⓢに立地していることである。資本金は4,500万円であり，現在の売上高は14億円，正社員50名，契約社員８名，アルバイト220名である。従業員の採用職種は，正社員がインストラクターとフロントスタッフ，契約社員がインストラクター，アルバイトがインストラクターとフロントスタッフとなっている。テニス経験がなくても，フロントスタッフとして採用されている。アルバイトは大学生が中心となっており，受験難関校に通う学生が多く，補助のインストラクターとしてテニス指導を行う場合，給与はレッスンフィー（担当レッスン数）制となっている。

②B社の基本的事業は，テニスクラブおよびテニススクールの企画運営，テニスインストラクターの養成・派遣，テニスイベントの企画運営，テニス用品の販売である。

③インストラクターの中には，プロを目指す者や，ⓢトーナメントや各種の大会に出場している者もいる。実際に，全国レベルや各地の大会で優秀な成績を収めている社員も多い。B社はそれをⓢ積極的にサポートしている。プレーヤーとして高いレベルへの挑戦を続けながら，Ⓞインストラクターとしての成長を期待しているからである。

「大手テニススクール」「マーケティング戦略」と関連あり

Section

08 手順6-①
解答イメージの描写，難易度の把握

実施内容	●与件と第１次試験，コンサルティング実務の知識のメモを設問のすぐ側に書き出しながら，設問単位に頭の中で解答のイメージを描き，各設問の難易度を把握する。ただし手順６では「解答イメージの描写，難易度の把握（思考）」がメインで，メモ（作業）は補足程度に留める。 ●先に答えられる（低難易度）設問と，後回し（高難易度）の設問を決める。
目的・効果	●「難易度の低い設問は早めに作成し，難易度の高い，解答作成に時間のかかる設問は後回しにしてじっくり考える時間を確保する」という戦略的な取り組みを実施するため。
注意点	●ここでの解答はイメージレベルでOK。細かく解答を書いたり，高難易度の設問を熟考する必要はない。

筆記用具	シャープペンシル	**時間**	５分／35分

製品・サービス
価格
プロモーション
立地

第１問（配点20点）

B社が現在行っているマーケティング戦略について，大手テニススクールに対する差別化のポイントは何か。30字以内で４つあげよ。

第２問（配点15点）

サービスの生産と消費は，基本的に同時に行われるので在庫ができず，そのままでは需要の変動を吸収するのは難しいとされている。ただし，これを解決する方法もある。B社はどのような方法を採用しているのか。60字以内で説明せよ。

無形→体験 ロコミ
非均一→採用，教育
消滅→
同時→供給側

第３問（配点30点）

B社の経営者が新規事業として学習塾を考えるに当たって，自社の経営資源を分析した。経営資源には，有形資源と無形資源とがあるが，B社の各々の経営資源について学習塾の経営に生かせるものは何か。有形資源を(a)欄に，無形資源を(b)欄にそれぞれ30字以内で３つずつあげよ。

有　①アルバイトは有名大学生
　　⑪子供（塾通い）の存在
　　⑪自習室の完備

無　⑨イベント
　　⑩ブログ　会員制
　　⑪B社と塾　両方通っている人多い
　　　事業機会
　　⑪小中学生
　　⑪親の存在

Chapter 6 「解き方の黄金手順」の実践

Section

09 手順6-②
関連する設問同士を線で結ぶ

実施内容	●解答が関連すると思われる設問同士を線で結ぶ。		
目的・効果	●設問間の関連性（解答の一貫性）を念頭に置いた解答を作成するため。 ●これをしなければ，「別の設問で解答する内容を書いてしまった」というミスを犯す可能性がある。		
注意点	●解答作成（次の手順7）の開始時間（35分）まで手順6-①②を行う。この手順6-①②で時間を調整し，時間がなければ省略する。		
筆記用具	シャープペンシル	時間	－

第1問（配点○○点）

……………………………………

第2問（配点○○点）

……………………………………

第3問（配点○○点）

……………………………………

第4問（配点○○点）

……………………………………

Section

10 手順７　解答組立，作成

実施内容	●与件と第１次試験，コンサルティング実務の知識のメモ（解答の要素）を，設問のすぐ側に書き出し，すべて１箇所に見える化して「集中整理，一覧性」を行う。 ●解答の要素を見ながら，縛り・切り口を考慮して，解答に盛り込む要素を使用して，文字数に合うように，解答の要素をメモをしながら，頭の中で解答を組み立てる。 ●解答が制限文字数内で具体的に作成できたら，一気に解答を記入する。		
注意点	●解答を記入する前に，必ず頭で解答を，制限文字数に合うよう具体的なレベルまで組み立てる。それまで解答は記入しない。 ●解答を組み立てる際にメモをするが，解答をすべて文章で書くのではない。メモはあくまで単語レベルで，位置付けは「解答を具体的に頭の中で組み立てる」ための補足。 ●頭の中で組み立てる前に解答を記入してしまうと，必ず「解答作成に詰まる」「いつの間にか与件からはずれる」「必要な要素を入れ忘れる」というさまざまなミスや時間ロスが発生する。		
筆記用具	シャープペンシル	時間	45分／80分

補　足

●手順７「解答作成」は，開始35分を目処に開始する（これは絶対に守る！）。

●手順７開始時間の調整は，手順６-①②で行う。

●解答作成の順序は，基本は最初（設問１）から行うが，難易度の高い設問はとばして難易度の低い設問を解答する。そして難易度の高い設問は最後まで時間をたっぷり使って解答する。

●まったく答えが出てこない時は，再度，与件文を読んで「ヒントはないか」を探る。

解答組立，作成の具体的手順

<table>
<tr><td>メモ
（作業）</td><td>① 解答の要素を与件から抽出して設問の横にメモする。
② 解答組立に必要な，第１次試験とコンサルティング実務の知識の要素を設問の横にメモする。
※ 集中整理，一覧性の法則</td></tr>
<tr><td>解答組立
（思考）</td><td>③ 設問横に一覧表示されている「与件メモ」「第１次試験・コンサルティング実務の知識のメモ」を見ながら，補助的に解答組立のメモをしながら，文字数に合わせて頭の中で解答を組み立てる。
文字数が多い場合，解答をブロックごとに組み立てて文字数を指で数え，各ブロックの「解答要素」と「文字数」を解答組立メモとして記入するとよい。例えば以下。<table><tr><td>頭の中で組み立てた解答</td><td>求める能力は①新規顧客の開拓を強化するための提案力，②顧客の生の声を聴きニーズを収集する力，③杜氏や蔵人・新規事業部と情報を共有し連携する力，④酒造以外の新規事業を推進しクロスセルで提案する力</td></tr><tr><td>解答組立メモ</td><td>新規 強化20，客 生 ニーズ20，
杜氏 蔵人 新規 連携25，酒以外 クロス25</td></tr></table></td></tr>
<tr><td>解答作成
（作業）</td><td>④ 制限文字数内に解答を組み立てることができたら，解答用紙に解答を記入する。</td></tr>
</table>

※ 「手順７　解答組立，作成」では，「作業と思考の分離の法則」と「集中整理，一覧性の法則」を活用する。

Section

11 解答作成終了後の問題用紙（与件）のイメージ

①B社は，テニススクールを関東地区の某都市の郊外で20年前に始めた。その後，関東地区で事業を拡大し始め，現在では関西地区も含め，全国で７事業所（校）を持つようになった。特徴的なことは，すべての事業所が３面の屋内（インドア）コートで運営されていること，鉄道の最寄駅より徒歩５分圏内Ⓢに立地していることである。資本金は4,500万円であり，現在の売上高は14億円，正社員50名，契約社員８名，アルバイト220名である。従業員の採用職種は，正社員がインストラクターとフロントスタッフ，契約社員がインストラクター，アルバイトがインストラクターとフロントスタッフとなっている。テニス経験がなくても，フロントスタッフとして採用されている。アルバイトは大学生が中心となっており，受験難関校に通う学生が多く，補助のインストラクターとしてテニス指導を行う場合，給与はレッスンフィー（担当レッスン数）制となっている。

②B社の基本的事業は，テニスクラブおよびテニススクールの企画運営，テニスインストラクターの養成・派遣，テニスイベントの企画運営，テニス用品の販売である。

③インストラクターの中には，プロを目指す者や，Ⓢトーナメントや各種の大会に出場している者もいる。実際に，全国レベルや各地の大会で優秀な成績を収めている社員も多い。B社はそれをⓈ積極的にサポートしている。プレーヤーとして高いレベルへの挑戦を続けながら，Ⓞインストラクターとしての成長を期待しているからである。

…………

⑪さらには，テニス用品の会員への割引販売，受講料の家族割引，家族会員数に応じた無料レッスン券やレンタルコート割引券の配布を行っている。また，託児ルームにおけるレッスン中の幼児一時預かりを行い，母親が安心してレッスンに集中できるような体制を全事業所において整えている。そのほかに，各種イベントに使用できるミーティングルームや，学校の下校途中にスクールに通う小中学生が宿題や勉強が出来るように自習室も用意されている。中には休憩中の学生インストラクターなどに，ちゃっかり勉強を教えてもらっている生徒もいる。各事業所の周辺には，学習塾の数も増えており，学習塾とB社スクールの両方に通っている生徒も多い。休憩時間に受講生の親同士で交わされる会話も，子供の進学問題が話題の中心となっている。ⓈⓄ

…………

Section

12 解答作成終了後の問題用紙（設問）のイメージ

製品・サービス
価格
プロモーション
立地

第１問（配点20点）

B社が現在行っているマーケティング戦略について，大手テニススクールに対する差別化のポイントは何か。30字以内で４つあげよ。

①すべてインドア　天気　５分以内の立地
②人材　学生で勉強　プロ
③少人数制　８人以上　２人　サービス質高い
④イベントにより

第２問（配点15点）

サービスの生産と消費は，基本的に同時に行われるので在庫ができず，そのままでは需要の変動を吸収するのは難しいとされている。ただし，これを解決する方法もある。B社はどのような方法を採用しているのか。60字以内で説明せよ。

無形→体験 口コミ
非均一→採用，教育
消滅→
同時→供給側

くつの無料貸し
待ち時間　インターネット　リラックス
全事業所で受けられる

第３問（配点30点）

B社の経営者が新規事業として学習塾を考えるに当たって，自社の経営資源を分析した。経営資源には，有形資源と無形資源とがあるが，B社の各々の経営資源について学習塾の経営に生かせるものは何か。有形資源を(a)欄に，無形資源を(b)欄にそれぞれ30字以内で３つずつあげよ。

有　①アルバイトは有名大学生
⑪子供（塾通い）の存在
⑪自習室の完備

無　⑨イベント→受講生と塾のきずな
⑩ブログ　会員制
⑪B社と塾　両方通っている人多い
事業機会
⑪小中学生
⑪親の存在

第４問（配点15点）

B社が新規事業として学習塾を行う場合，どのような差別化戦略が考えられるか。そのポイントを30字以内で３つあげよ。

①アルバイトは有名大学
⑪小中学生，自習室，勉強教える
⑪塾・テニス，両方通う

親を取り込む
テニスと塾のシナジー
同じ先生
クラスを小中学生向けに

紹介制度
塾とテニスの割引

第５問（配点20点）

B社の経営資源を生かした新規事業として，学習塾の他にどのようなものが考えられるか。具体的に１つあげて100字以内で説明せよ。

託児所　ルームあり　駅５分
子持ち女性　将来子供

（実線枠）：手順６　解答イメージ描写時の「与件」のメモ
（二重線枠）：手順６　解答イメージ描写時の「第１次試験，コンサルティング実務の知識」のメモ
（点線枠）：手順７　解答作成時の「解答組立」のメモ

Section 13

解　答

第1問

① すべての事業所がインドアで，駅から５分圏内の立地であること。

② インストラクターは全国レベルが多いなど質の高い人材である。

③ 少人数制であり補助など本質的サービスの質の高さである。

④ イベントや各種割引，レンタルなど補助サービスの充実である。

第2問

会員が出張の際別の事業所でも同じレベルのクラスが受講可能，ラケットとシューズの無料レンタル，リラックスルームの設置である。

第3問(a)

① アルバイトで受験難関校の学生が多く存在すること。

② ミーティングルームや自習室，リラックスルームやPCの完備。

③ スクールと塾の両方に通っている受講生とその親の存在。

第3問(b)

① イベント等を通じたインストラクターと受講生との信頼関係。

② イベントやブログ，少人数制クラスを通じた受講生同士の親睦。

③ 塾通いの受講生が多いという事業機会と，親が塾を話題にする環境。

第4問

① 小中学生向けの塾を開いてテニスのクラスの受講生を取り込む。

② 塾とテニス，生徒と親両方で使用可能な割引券や紹介制度を導入。

③ 先生と親・生徒の信頼関係。それを通じて生徒を取り込む。

第5問

託児所が新事業として考えられる。すでに託児所ルームを設けており，駅５分内の立地も活かせ，開始時間を早め，夜はスクールと同時間設定し，子供を持つ働く女性を取り込む。将来的に子供の囲い込みも期待できる。

COLUMN⑬

サラリーマン時代，診断士合格

寺嶋直史(1)

私は現在，独立して株式会社レヴィング・パートナーという会社を立ち上げ，事業再生コンサルタントとして活動しています。元々はサラリーマンで，大手総合電機メーカーT社で，営業として働いていました。このT社在籍中に，現在のコンサルティングのスキルの軸となっている，そして本書の「解き方の黄金手順」構築の基礎となった「問題解決力」を習得しました。

私がT社で扱っていたのは「産業用コンピュータ」というコンピュータで，人が操作するものではなく，機械や装置に組み込んで制御や監視を行うものです。重要な装置に組み込まれるので，故障すると問題になり，交換・現地修理・調査など，状況に合わせてさまざまな対応が求められます。私は営業として多くの顧客を持っていたため，このトラブルが結構な頻度で発生していました。

日常の営業活動だけでやるべきことは膨大だったのですが，トラブルが発生すると最優先で対応しなくてはなりません。このトラブル対応は，技術部門に丸投げすることも可能だったのですが，私はすべて自身で窓口となってトラブルを取りまとめていました。具体的には，トラブルの状況を顧客からヒアリングして，まずは正確な現状を把握し，問題点を明らかにして，具体的な対応方法を構築することです。そして，技術部門，開発部門，品質管理部門，購買部門といった各部門に直接，具体的な依頼をしていました。これらをトラブル発生の度に1人で行っていたところ，最初はメモを取りながら対応策を考えていたのですが，いつの間にかすべて頭の中で即問題の解決策を導き出せるようになりました。この思考力が「問題解決力」です。

仕事で成績が残せるようになると，もっといろいろな知識を習得してレベルアップし，より視野を広げ，質の高い仕事がしたいという気持ちが強まって，中小企業診断士の勉強を始めました。そして1次試験は1年で合格したのですが，2次試験は，1年目はまったく歯が立ちませんでした。それ以降もレベルが上がらず，予備校の2次試験の問題でも20～30点台を繰り返していました。

そこで，仕事で身につけた問題解決力を活かし，2次試験の「解き方の黄金手順」の体系化に取り組みました。具体的には，「問題を解き，間違った原因を究明して，対策を手順に組み込む」ことを，繰り返し行いました。その結果，2次試験本番1か月前くらいでは，どの予備校の問題を解いても，安定して60～70点台の高得点が取れるようになっていました。そして自信満々で本試験に臨み，その年に2次試験に合格しました。

Chapter 7

事例（令和５年度）

Chapter 7

事例Ⅰ

組織・人事

①A社は，資本金１千万円，従業員15名（正社員５名，アルバイト10名）の蕎麦（そば）店である。先代経営者は地方から上京し，都市部の老舗蕎麦店で修業し，1960年代後半にのれん分けして大都市近郊に分店として開業した。鉄道の最寄り駅からバスで20分ほど離れた県道沿いに立地し，当時はまだ農地の中に住宅が点在する閑散とした中での開業であった。

②開業当初は小さな店舗を持ちながらも，Ⓢ蕎麦を自前で打っており，Ⓢコシの強い蕎麦が人気を博した。出前中心の営業を展開し，地域住民を取り込むことで，Ⓢリピート客を増やしていった。また，高度経済成長によってⓄ自家用車が普及する途上にあったことから，多少離れていてもマイカーで来店する顧客も年々増え始め，Ⓢ県道沿いの立地が功を奏した。Ⓞ付近には飲食店がほとんどなかったことから，地元で数少ない飲食店の一つとして顧客のニーズに応えるようになり，蕎麦店の範疇（はんちゅう）を超えるようになった。うどん，丼もの，カレー，ウナギ，豚カツ，オムライスなどもメニューに加え始め，Ⓢまちの食堂的な役割を担うようになっていった。

③1980年代には，Ⓞ店舗周辺の宅地化が急速に進み，地域人口が増えるに従って，来店客，出前の件数ともに増加していった。1980年代末には売上高が１億円に達するようになった。客数の増加に伴いⓈ店舗規模を拡大し，駐車場の規模も拡大した。店舗の建て替えによって，収容客数は30席から80席にまで拡大し，厨房設備も拡張し，出前を担当する従業員の数もアルバイトを含めて20名にまで増加した。

④しかしながら，1990年代半ばになると，Ⓣ近隣にファミリーレストランやうどんやラーメンなどのチェーン店，コンビニエンスストアなどの競合が多数現れるようになり，売上高の大半を占める昼食の顧客需要が奪われるようになった。Ⓣバブル経済崩壊とも重なって，Ⓦ売上高が前年を下回るようになっていった。Ⓦ厨房を担当していた数名の正社員も独立するようになり，Ⓦ重要な役割を担う正社員の離職も相次いだため，一時的に従業員は家族とアルバイトだけとなり，Ⓦサービスの質の低下を招いていった。

⑤現経営者は先代の長男であり，先代による事業が低迷していた2000年代初頭に入社した。売上高が５千万円にまで低下していたことから，売上高拡大のためのさまざまな施策を行ってきた。2008年にかけて，メニューの変更を度々行い，先代が行っていた総花的なメニューを見直し，この店にとってはオペレーション効率の悪い丼もの，うどんなどのメニューを廃止し，出前をやめて来店のみの経営とし，元々の看板であったⓈ蕎麦に資源を集中した。

⑥2005年までに売上高は７千万円にまで改善され設備更新の借り入れも完済したが，他方で従業員のⓌ業務負荷が高まり，その結果，Ⓦ離職率が高くなった。常に新規募集してアルバイトを採用しても，とりわけ宴会への対応においては仕事の負担が大きく，Ⓦ疲弊して辞めていく従業員が相次いだ。また，Ⓦ新規のメニューの開発力も弱く，効率重視で，Ⓦ接客サービスが粗雑なことが課題であった。

⑦2010年に先代が経営から離れ，現経営者に引き継がれると，経営方針を見直して，メインの客層を地元のファミリー層に絞り込んだ。店舗の改装を行い，席数を80から50へと変

更し，Ⓢ個室やボックス席を中心としたことで家族や友人など複数で来店する顧客が増加した。使用するⓈ原材料も厳選して，以前よりもⓈ価格を引き上げた。また，看板となるⓈオリジナルメニューを開発し，近隣の競合する外食店とは異なる，Ⓢ商品とサービスの質を高めることで，差別化を行った。ただ，Ⓣ近隣の原材料の仕入れ業者の高齢化によって，Ⓦ原材料の仕入れが不安定になり，新たな供給先の確保が必要となりつつある。

⑧社内に関しては，Ⓢ正社員を増やして育成を行い，仕事を任せていった。経営者の下に接客，厨房，管理の３部体制とし，それぞれにⓈ専業できるリーダーを配置してアルバイトを統括させた。接客リーダーは，全体を統括する役割を担い，ⓈA社経営者からの信任も厚く，将来は自分の店を持ちたいと思っていた。他方で，先代経営者の下で働いていたベテランの厨房責任者が厨房リーダーを務め，厨房担当のⓈ若手従業員を育成する役割を果たした。管理リーダーは，A社の経営者の妻が務め，会社の財務関係全般，計数管理を行い，給与や売上高の計算などを担った。A社経営者は，Ⓢ接客リーダーとともに会社として目指す方向性を明確にし，Ⓢ目的意識の共有や意思の統一を図るチームづくりを行った。その結果，Ⓢチームとして相互に助け合う土壌が生まれ，従業員が定着するようになった。とりわけ接客においては，Ⓢ自主的に問題点を提起し解決するような風土が醸成されていた。現経営者に引き継がれてからⓈ５年間は前年度の売上高を上回るようになり，2015年以降，Ⓢ安定的に利益を確保できる体制となった。

⑨Ⓣコロナ禍においては，営業自粛期間にⓈ開発した持ち帰り用の半調理製品の販売などでしのいだが，店舗営業の再開後も，主にⓄ地域住民の需要に支えられてⓈ客足が絶えることはなく，逆に売上高を伸ばすことができた。ただ，Ⓣ原材料の高騰がA社の収益を圧迫する要因となっていた。さらに，Ⓣ常連である地元の顧客も高齢化し，新たな顧客層の取り込みがますます重要となっていった。

⑩そのような状況の中で，かつて同じ蕎麦店からのれん分けした近隣の蕎麦店X社の経営者が，自身の高齢と後継者不在のために店舗の閉鎖を検討していた。A社経営者にⓄ経営権の引き継ぎが打診されたため，2023年より事業を譲り受けることとなった。A社の経営者は，ⓄX社との経営統合による新たな展開によって，これまで以上の売上高を期待できるという見通しを持っていた。

⑪X社はA社から３kmほどの距離に位置し，資本金１千万円，従業員12名（正社員４名，アルバイト８名）の体制で経営していた。店舗は50席で一見（いちげん）の駅利用者や通勤客をターゲットとしており，A社よりは客単価を抑えて顧客回転率を高めるオペレーションであったため，Ⓢ接客やサービスは省力化されてきた。Ⓢ原材料の調達については，X社経営者の個人的なつながりがある中堅の食品卸売業者より仕入れていた。この食品卸売業者は，地元産の高品質な原材料をも扱う生産者と直接取引をしていた。社内の従業員の業務に関しては，厨房，接客，管理の担当制がありX社経営者が定めた業務ルーティンで運営されていた。Ⓦ厨房，接客，管理の従業員は担当業務に専念するのみで横のつながりが少なく，淡々と日々のルーティンをこなしている状況であった。店舗レイアウトやメニューの変更など

の担当を横断する意思疎通が必要な場合，X社経営者がそれを補っていた。

⑫10年前に駅の構内に建設された商業ビル内に，Ⓣファーストフード店やチェーン経営の蕎麦店が進出して競合するようになり，Ⓢ駅前に立地しながらも急速に客足が鈍くなり売上高も減少し始めていた。この頃から，X社では価格を下げて対応を始めるとともに，朝昼から深夜までの終日営業に変更した。ただ，Ⓣ駅構内に出店した大手外食チェーンとの価格競争は難しく，Ⓞ商品やサービスの差別化が必要であった。営業時間が，早朝から夜遅くまでであったことから，アルバイト従業員のシフト制を敷いて対応していたが，Ⓣコロナ禍の影響でさらに来店客が減少し，営業時間を大幅に短縮し，アルバイトの数を16名から８名に減らしてⓌシフト制を廃止していた。ただ，営業時間内はⓌ厨房も接客もオペレーションに忙殺されることから，Ⓦ仕事がきついことを理由に離職率も高く，常にアルバイトを募集する必要があった。

⑬近年では，Ⓞ地域の食べ歩きを目的とした外国人観光客や若者が増え始めた。とりわけSNSの口コミやグルメアプリを頼りに，Ⓞ公共交通機関を利用する来訪者が目立つようになった。X社を買収後の経営統合にともなって，Ⓦ不安になったX社の正社員やアルバイトから退職に関わる相談が出てきている。A社ではどのように経営統合を進めていくべきか，中小企業診断士に相談することとした。

第１問（配点20点）

統合前のＡ社における①強みと②弱みについて，それぞれ30字以内で述べよ。

①強み：商品，サービス，組織風土
②弱み：不安定な仕入れ，新規顧客開拓

ＳＷＯＴ分析
ＶＲＩＯ分析

第２問（配点20点）

Ａ社の現経営者は，先代経営者と比べてどのような戦略上の差別化を行ってきたか，かつその狙いは何か。100字以内で述べよ。

差別化：	狙い：
蕎麦に集中	売上拡大
メイン客層変更	安定的な利益
原材料の厳選	オペレーション効率化
メニュー開発	高付加価値化

差別化戦略
効果

主要顧客：ファミリー層
差別化：原材料厳選・オリジナルメニュー開発
集中：蕎麦
狙い：売上拡大・安定的利益確保

第３問（配点20点）

Ａ社経営者は，経営統合に先立って，Ｘ社のどのような点に留意するべきか。100字以内で助言せよ。

・卸との関係
・横のつながりが少ない
・担当を横断した意思決定ができない
・価格競争に巻き込まれている
・商品の差別化が必要
・シフト制なし
・離職率が高い

M&A
ＰＭＩ

・食品卸業者との関係維持
・経営者の関与で組織文化を改革
・大手との価格競争回避

第４問（配点40点）

Ａ社とＸ社の経営統合過程のマネジメントについて，以下の設問に答えよ。

（設問１）

どのように組織の統合を進めていくべきか。80字以内で助言せよ。

・接客リーダーは自分のお店を持ちたい
・目指す姿の共有
・お互いに助け合う
・担当を横断する意思疎通
・社員の不安

組織の５原則
組織の３要素

権限移譲：接客リーダーに委任
共通目的：目指す方向性の共有，意思統一
コミュニケーション：相互に助け合う土壌づくり

（設問２）

今後，どのような事業を展開していくべきか。競争戦略や成長戦略の観点から100字以内で助言せよ。

地元の原材料
食べ歩き用メニュー
公共交通機関を使う外国人観光客，若者
ＳＮＳ，グルメアプリ

クロスSWOT分析
差別化集中戦略
新市場開拓戦略

差別化集中：高品質な地元産原材料・接客力・開発力
新市場開拓：外国人観光客・若者の食べ歩き需要

（実線枠）：「与件」のメモ
（二重線枠）：「第１次試験・コンサルティング実務の知識」のメモ
（点線枠）：「解答組立」のメモ

解答

第1問（配点20点）

①強み

①高品質な商品とサービス②自主的に問題解決し助け合う組織風土。

（30字）

②弱み

①原材料の仕入れが不安定②新規顧客の獲得へ対応していないこと。

（30字）

第2問（配点20点）

①主要顧客をファミリー層に絞り②蕎麦に資源を集中させ，原材料の厳選とオリジナルメニュー開発により商品とサービスの質向上を図り，近隣競合との差別化を行ってきた。狙いは，売上拡大と安定的な利益確保である。

（100字）

第3問（配点20点）

留意点は①高品質な原材料を扱う中堅の食品卸売業との関係性の維持，②横のつながりが少ないため，担当を横断した意思疎通に経営者が関与する組織文化の改革，③大手との価格競争を回避し，収益性を高めること。

（98字）

第4問　設問1（配点20点）

①接客リーダーにX社を任せ，担当を横断する意思疎通を促し，②統合後の目指す方向性を両社で共有し意思統一を図り，相互に助け合う土壌をつくり社員の不安を解消する。

（79字）

第4問　設問2（配点20点）

①	X	社	の	高	品	質	な	地	元	産	原	材	料	仕	入	れ	と	A	社
の	接	客	力	・	開	発	力	を	活	か	し	た	オ	リ	ジ	ナ	ル	メ	ニ
ュ	ー	の	共	同	開	発	で	差	別	化	し	，	②	SN	S	の	口	コ	ミ
や	X	社	の	立	地	を	活	か	し	，	外	国	人	観	光	客	や	若	者
の	食	べ	歩	き	需	要	を	取	込	み	，	新	市	場	を	開	拓	す	る。

（100字）

手順	種類	設問	段落	メモの内容 チェック箇所	理由
2	○付け	1	−	統合前	制約条件
		2	−	先代経営者と比べて	制約条件
		3	−	経営統合に先立って	制約条件
		4	−	経営統合過程	制約条件
		4	−	（設問１）組織	制約条件
		4	−	（設問２）今後	制約条件
3	SWOT	−	2	Ⓢ蕎麦を自前で打って	創業からの独自ノウハウという強み
		−	2	Ⓢコシの強い蕎麦が人気	独自性の高い商品力という強み
		−	2	Ⓢリピート客を増やし	固定客を獲得した顧客基盤という強み
		−	2	Ⓞ自家用車が普及する途上にあった	外部の顧客の動向による機会
		−	2	Ⓢ県道沿いの立地	顧客動向という機会を活かせる立地の強み
		−	2	Ⓞ付近には飲食店がほとんどなかった	競合が少ないという外部環境
		−	2	Ⓢまちの食堂的な役割を担う	地域から必要とされるという強み
		−	3	Ⓞ店舗周辺の宅地化が～，地域人口が増える	市場規模の拡大という機会
		−	3	Ⓢ店舗規模を拡大	事業基盤や顧客対応力の強化による強み
		−	4	Ⓣ近隣に～競合が多数現れる	競合の出現という脅威
		−	4	Ⓣバブル経済崩壊	経済面の脅威
		−	4	Ⓦ売上高が前年を下回る	経営悪化の弱み
		−	4	Ⓦ厨房を担当していた数名の正社員も独立	人手不足という弱み
		−	4	Ⓦ重要な役割を担う正社員の離職も相次いだ	人手不足に加え，組織力が低下するという弱み
		−	4	Ⓦサービスの質の低下	サービス面の弱み
		−	5	Ⓢ蕎麦に資源を集中	経営資源の集中化による商品力の強み
		−	6	Ⓦ業務負荷が高まり	業務運営体制面の弱み
		−	6	Ⓦ離職率が高くなった	人手不足という弱み
		−	6	Ⓦ疲弊して辞めていく従業員	人手不足という弱み
		−	6	Ⓦ新規のメニューの開発力も弱く	商品開発ができていない弱み
		−	6	Ⓦ接客サービスが粗雑	サービス面の弱み
		−	7	Ⓢ個室やボックス席を中心～家族や友人など複数で来店する顧客が増加	対象顧客の絞り込みによって需要を獲得した強み
		−	7	Ⓢ原材料も厳選	商品力向上の強み
		−	7	Ⓢ価格を引き上げた	受容される価格面の強み
		−	7	Ⓢオリジナルメニューを開発し	商品開発力という強み

		ー	7	Ⓢ商品とサービスの質を高めることで，差別化	商品力とサービス面の強み
		ー	7	Ⓣ近隣の原材料の仕入れ業者の高齢化	商品力の強みの源泉である調達面の脅威
		ー	7	Ⓦ原材料の仕入れが不安定	脅威への対応力が不足している弱み
		ー	8	Ⓢ正社員を増やして育成を行い，仕事を任せて	人材開発力や組織力向上という強み
		ー	8	Ⓢ専業できるリーダーを配置	組織構造面の強み
		ー	8	Ⓢ（接客リーダー）A社経営者からの信任も厚く	マネジメント人材の強み
		ー	8	Ⓢ（厨房リーダー）若手従業員を育成する役割	教育体制の整備という強み
		ー	8	Ⓢ接客リーダーとともに会社として目指す方向性を明確	共通目的を有した組織という強み
		ー	8	Ⓢ目的意識の共有や意思の統一を図るチームづくり	共通目的を有し，コミュニケーションも円滑な組織という強み
		ー	8	Ⓢチームとして相互に助け合う土壌～従業員が定着	コミュニケーションが円滑で貢献意欲の高い組織という強み
		ー	8	Ⓢ自主的に問題点を提起し解決するような風土	組織風土面の強み
		ー	8	Ⓢ5年間は前年度の売上高を上回る	組織構造・組織風土からもたらされた経営基盤の強み
		ー	8	Ⓢ安定的に利益を確保できる体制	組織構造・組織風土からもたらされた経営基盤の強み
		ー	9	Ⓣコロナ禍～営業自粛期間	営業ができないという脅威
		ー	9	Ⓢ開発した～半調理製品	商品開発力・商品力の強み
		ー	9	Ⓞ地域住民の需要に支えられて	地域住民の需要が存在しているという機会
		ー	9	Ⓢ客足が絶えることはなく，逆に売上高を伸ばすことができた	ニーズに応えることで売上を向上させたというカネの強み
		ー	9	Ⓣ原材料の高騰が～収益を圧迫	外部環境の変化という脅威
		ー	9	Ⓣ常連である地元の顧客も高齢化	顧客層の変化という脅威
		ー	10	Ⓞ経営権の引き継ぎが打診	新たな事業展開による成長の機会
		ー	10	ⓄX社との～新たな展開～これまで以上の売上高を期待できる	新たな事業展開による成長の機会
		ー	11	Ⓢ接客やサービスは省力化	効率の良いオペレーションの強み
		ー	11	Ⓢ原材料の調達～地元産の高品質な原材料	独自性の高い調達力という強み

		—	11	Ⓦ厨房，接客，管理の従業員は～横のつながりが少なく	縦割りで組織間の連携が不足している弱み
		—	12	Ⓣファーストフード店やチェーン経営の蕎麦店が進出して競合	競合の進出という脅威
		—	12	Ⓢ駅前に立地	立地の強み
		—	12	Ⓣ駅構内に出店した大手外食チェーンとの価格競争は難しく	競合との価格競争が激化しているという脅威
		—	12	Ⓞ商品やサービスの差別化が必要	商品やサービスの差別化の余地があるという機会
		—	12	Ⓣコロナ禍～来店客が減少	コロナ禍の脅威
		—	12	Ⓦシフト制を廃止	業務標準化が難しい体制という弱み
		—	12	Ⓦ厨房も接客もオペレーションに忙殺	負荷の高い業務運営体制という弱み
		—	12	Ⓦ仕事がきつい～離職率も高く	人的資源不足による弱み
		—	13	Ⓞ地域の食べ歩きを目的とした～増え始め	新たなニーズを持つ顧客の増加という機会
		—	13	Ⓞ公共交通機関を利用する来訪者が目立つ	新たなニーズを持つ顧客の増加という機会
		—	13	Ⓦ不安になったX社の～退職に関わる相談が出てきている	従業員の帰属意識が低下している弱み
4	蛍光ペン	1	—	統合前のA社	時系列に注意して経営統合前に関する内容は全て
			—	強みと弱み	強みと弱みに関する内容は全て
		2	—	現経営者	先代と比較しながら現経営者に関する内容は全て
			—	戦略上の差別化	戦略的に取り組んだ内容は全て
			—	狙い	戦略上の意図に関する内容は全て
		3	—	X社のどのような点に留意	X社との経営統合に関わる内部環境の内容は全て
		4-1	—	組織の統合	これまで以上の売上を獲得するための組織に関する内容は全て
		4-2	—	事業を展開	経営統合後の今後の事業展開に関する内容は全て
			—	競争戦略や成長戦略	競争戦略と成長戦略に関する内容は全て
5	蛍光ペン	1	2	蕎麦を自前で打って～	創業からの独自ノウハウや商品力の記載
			7	2010年に先代が～	対象顧客の設定と活用した経営資源の記載
			7	ただ，近隣の原材料の～	外部環境の変化への対応不足の記載
			8	A社経営者は，接客～	組織の3要素，組織風土の記載
			9	ただ，原材料の高騰が～	外部環境の変化への対応不足の記載

		2	5	売上高が５千万円に～	狙いの記載
			5	2008年にかけて，～	現経営者の取り組み内容の記載
			7	2010年に先代が～	現経営者の取り組み内容の記載
			8	現経営者に引き継がれてから～	取り組みの結果，構築できた体制の記載
		3	11	Ａ社よりは客単価を抑えて～	Ｘ社との経営統合にあたり，Ａ社とＸ社の経営体制の違いや特徴の記載
			11	厨房，接客，管理～	Ｘ社との経営統合にあたり，Ａ社とＸ社の経営体制の違いや特徴の記載
			12	蕎麦店が進出して競合～	Ｘ社との経営統合にあたり，Ｘ社の経営課題の記載
		4-1	8	社内に関しては，～	Ａ社の過去の成功体験の記載
			8	Ａ社経営者は，接客リーダーと～	Ａ社の過去の成功体験の記載
			12	ただ，営業時間内は～	Ｘ社の組織上の課題の記載
			13	Ｘ社を買収後の経営統合にともなって，～	Ｘ社の組織上の課題の記載
		4-2	9	ただ，原材料の高騰がＡ社の収益を～	Ａ社の経営課題の記載
			10	Ａ社の経営者は，Ｘ社との～	経営統合後に関する記載
			12	ただ，駅構内に出店～差別化が必要であった	競合との差別化が必要という記載
			13	近年では，地域の食べ歩きを～	新たな事業機会の記載
6	（線	1	－	（第１問）強み・弱み	第１問と第２問で解答した強み弱み，戦略上の差別化，第３問で分析したＸ社の状況を踏まえ，第４問の経営統合における組織と戦略の方向性を解答する。
		2		（第２問）戦略上の差別化	
		3		（第３問）Ｘ社の状況	
		4		（第４問）組織と戦略の方向性	
6・7	メモ	1	－	＜①強み＞商品，サービス，組織風土	与件のメモ
			－	＜②弱み＞不安定な仕入れ，新規顧客開拓	与件のメモ
			－	SWOT分析・VRIO分析	第1次試験・コンサルティング実務の知識
		2	－	＜差別化＞蕎麦に集中，メイン客層変更，原材料の厳選，メニュー開発	与件のメモ
			－	＜狙い＞売上拡大，安定的な利益，オペレーション効率化，高付加価値化	与件のメモ
			－	差別化戦略・効果	第1次試験・コンサルティング実務の知識

			―	主要顧客：ファミリー層 差別化：原材料厳選・オリジナルメニュー開発 集中：蕎麦 狙い：売上拡大・安定的利益確保	解答組立のメモ
		3	―	卸との関係，横のつながりが少ない，担当を横断した意思決定ができない，価格競争に巻き込まれている，商品の差別化が必要，シフト制なし，離職率が高い	与件のメモ
			―	M&A・PMI	第１次試験・コンサルティング実務の知識
			―	・食品卸業者との関係維持 ・経営者の関与で組織文化を改革 ・大手との価格競争回避	解答組立のメモ
		4-1	―	接客リーダーは自分のお店を持ちたい，目指す姿の共有，お互いに助け合う，担当を横断する意思疎通，社員の不安	与件のメモ
			―	組織の５原則・３要素	第１次試験・コンサルティング実務の知識
			―	権限移譲：接客リーダーに委任 共通目的：目指す方向性の共有，意思統一 コミュニケーション：相互に助け合う土壌づくり	解答組立のメモ
		4-2	―	地元の原材料，食べ歩き用メニュー，公共交通機関を使う外国人観光客，若者，SNS，グルメアプリ	与件のメモ
			―	クロスSWOT分析・差別化集中戦略・新市場開拓戦略	第１次試験・コンサルティング実務の知識
			―	差別化集中：高品質な地元産原料・接客力・開発力 新市場開拓：外国人観光客・若者の食べ歩き需要	解答組立のメモ

1．事例の概要

⑴　事例の構成要素

<table>
<tr><td>全体の難易度</td><td colspan="4">難しい</td></tr>
<tr><td>与件のボリューム</td><td colspan="4">４ページ。計92行。
図表無し。</td></tr>
<tr><td>問題・設問数</td><td colspan="4">問題数：４，設問数：５</td></tr>
<tr><td rowspan="6">難易度，
配点と文字数</td><td>問題・設問</td><td>難易度</td><td>配点</td><td>文字数</td></tr>
<tr><td>第１問</td><td>標準</td><td>20点</td><td>30字×２</td></tr>
<tr><td>第２問</td><td>やや容易</td><td>20点</td><td>100字</td></tr>
<tr><td>第３問</td><td>難しい</td><td>20点</td><td>100字</td></tr>
<tr><td>第４問（設問１）</td><td>難しい</td><td>20点</td><td>80字</td></tr>
<tr><td>第４問（設問２）</td><td>やや難しい</td><td>20点</td><td>100字</td></tr>
<tr><td rowspan="5">設問内容</td><td>第１問</td><td colspan="3">統合前のＡ社の強みと弱み</td></tr>
<tr><td>第２問</td><td colspan="3">Ａ社の差別化戦略</td></tr>
<tr><td>第３問</td><td colspan="3">Ｘ社との統合における留意点</td></tr>
<tr><td>第４問（設問１）</td><td colspan="3">M&A後の組織の統合プロセス</td></tr>
<tr><td>第４問（設問２）</td><td colspan="3">M&A後の事業展開（成長・差別化戦略）</td></tr>
</table>

⑵　与件全体のテーマ

「先代から引き継いだ蕎麦店をＶ字回復させた現経営者が更なる売上拡大のために，M&Aを通して自社の強みを強化・弱みを改善し，市場の変化に対応することで新たな事業展開を図る。」

⑶　令和５年度の問題の特徴，例年との比較，難易度とその理由，ポイント

2023（令和５）年度の与件は【Ａ社の概要】【Ａ社の現経営者の経営方針と課題】【Ｘ社の概要と課題】の３部構成です。統合後の成長戦略と差別化戦略の立案に向け，Ａ社とＸ社の強み・弱みを把握して相補効果，相乗効果を発揮させることや，組織の統合プロセスにおける課題にどう対応していくかが問われています。与件はほぼ時系列に沿った内容でした。

令和５年度の問題数は４問，設問数は５問でした。令和４年度は問題数４問，設問数５問，令和３年度は問題数５問，設問数５問だったため大きく変化はありません。解答字数

は440字で，令和４年度の第４問（設問１）の50字という少ない字数で解答という例があることを踏まえると，令和５年度の試験は例年通りといえます。

●第１問は，環境分析の問題であり，Ａ社がＸ社と統合する前の同社の強み，弱みが問われています。統合前という制約を踏まえ解答することが必要です。SWOT分析は頻出問題であり，与件文から抽出するのみのため難易度は高くないです。しかし，30字という文字数制限があり，少ない文字数で文章をまとめるスキルも要求されているため，難易度は「標準」としました。字数は強み，弱み各30字，配点は20点でした。

●第２問は，Ａ社の先代経営者と現経営者を比較して，戦略上どのような差別化を採用したかとその狙いについて問われています。ポーターの３つの基本戦略を踏まえ解答することが考えられればよいでしょう。＜第５段落＞以降の現経営者が入社してから何を実施したのか，その結果どうなったかを分析する問題でした。与件文から抜き出しのため，難易度は高くなく高得点をとりたい問題です。字数は100字，配点は20点でした。

●第３問は，統合前のＸ社についての問いです。Ｘ社の強み，弱みを把握し留意点を解答することが求められており，＜第11，12段落＞を中心に解答する問題でした。Ａ社との統合を踏まえＸ社のどのようなリソースが活かせるか，または課題は何で，Ａ社と統合されることで改善可能か，など将来の展望を考慮して解答するとよいでしょう。Ａ社との統合を踏まえた解答が求められています。また，第４問の統合過程への問いの導入となる問題です。そのため，第４問の解答との関連性も意識して解答する必要があります。よって，難易度は「難しい」と言えます。字数は100字，配点は20点でした。

●第４問（設問１）は，経営統合における「組織」の統合に関しての問題で，組織的な観点からの解答が求められています。Ａ社の良い組織文化をどのように醸成し，それをＸ社の組織にどう伝播させるかやＸ社社員の不安解消について言及するとよいでしょう。また，これまでPMI（ポスト・マージャー・インテグレーション）について問われることはなかったですが，中小企業庁は，令和４年３月に「中小PMIガイドライン」を公表し，M&Aによって引き継いだ事業の継続・成長に向けPMIを普及させる施策を推進するとともに，2023年版中小企業白書でも紹介されています（第２部第２章）。受験するうえで，中小企業庁の重点政策や中小企業白書も確認しておくことが必要です。字数は80字，配点は20点と考えられます。

●第４問（設問２）は，統合後の戦略が問われています。設問に「競争戦略や成長戦略の観点」とあるため，成長戦略と差別化戦略の双方に言及して解答するとよいでしょう。Ａ社とＸ社が統合することで生まれる相補効果・相乗効果を戦略にどのように組み入れるか，成長への機会をどのように活かすかが求められています。2社の強み・弱みを把握し，相補効果・相乗効果を導き出すなど考えることがやや多い問題でした。一方で最終段落に成長への機会が書かれており，その機会を活用することは容易に想像できます。そのため，「やや難しい」としました。字数は100字，配点は20点と考えられます。

全体の流れとしては，まずA社の経営環境を分析し，今後の戦略を問い，X社の経営環境を分析，考慮したうえで，統合プロセスと統合後の事業展開に対する助言を求めるものでした。この流れが理解できれば，比較的分かりやすいストーリーで一貫した解答ができたと考えられます。

(4) 必要な知識

本事例において要求される知識は，アンゾフの成長ベクトル，ポーターの3つの基本戦略，PMI，クロスSWOT分析，VRIO分析，組織の5原則，バーナードの組織の3要素です。これらの知識を盛り込み，情報を整理・記述し，問いに対して素直に答えることで各設問の得点を確保できれば，合格ラインに到達するものと考えられます。

2．A社の概要，沿革等

概要

業種	飲食業
売上高	７千万円
資本金	１千万円
従業員数	15名（内，アルバイト10名）
創業・設立	1960年代後半
事業内容	蕎麦店

沿革

＜1960年代＞
・先代経営者が都市部の老舗蕎麦店で修業後，のれん分けして分店として開業
・出前中心の営業を展開

＜高度経済成長期＞
・蕎麦店の範疇を超え，うどん，丼もの，カレーなど食堂的な役割を担う

＜1980年代＞
・売上高１億円に到達
・店舗規模の拡大（収容客数30席→80席への増加と駐車場の拡大）
・従業員数20名

＜1990年代半ば＞
・ファミレスなど競合の出現により，売上が減少
・従業員は独立や離職で減少

＜2000年代初頭＞
・現経営者の入社
・売上高５千万円

＜～2008年＞
・総花的なメニューの見直し
・出前を廃止し，来店のみの経営に変更
・経営資源を蕎麦に集中

＜2010年＞
・経営権が先代から現経営者に移る
・店舗改装（ボックス席を中心とし，席数を50席に減らす）
・原材料を厳選し，オリジナルメニューを開発
　→原材料の仕入れは不安定な状況
・チーム作りに取組み，相互に助け合う土壌や自主的に問題解決する組織風土を醸成

＜2015年＞
・安定的な利益を確保

＜現在＞
・常連客の高齢化
　→新たな顧客の獲得が課題
・X社と経営統合

＜将来の方向性＞
・X社と経営統合することで，これまで以上の売上高を目指す

ビジネスモデル俯瞰図

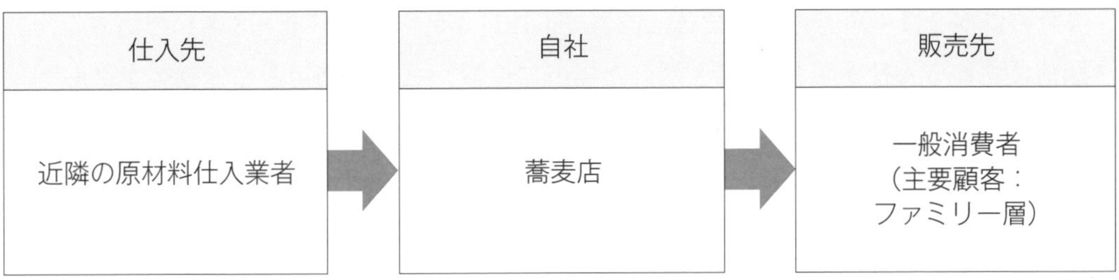

【組織図】

A社は接客部門，厨房部門，管理部門の３部門体制とした，機能別組織である。

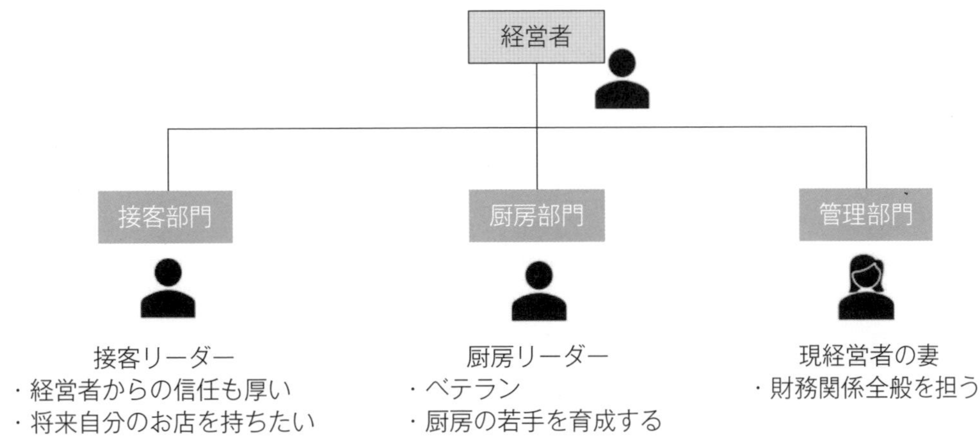

※与件文より類推。

【A社の特徴】

・A社は資本金1千万円，出前中心の蕎麦店として創業し，現在，従業員数は15名（内，アルバイト10名）である。
・現経営者が入社してからは出前をなくし，来客対応のみとし，メイン顧客をファミリー層とし，蕎麦に資源を集中させる方針としている。
・組織としては3部門（接客，厨房，管理）の体制としている。
・目的意識の共有や意思の統一が図られたチームが作られており，相互に助け合う土壌や自主的に問題解決する風土が醸成され，安定的に利益を確保できている。
・A社は次の2つの課題を抱えている。
　1．新規顧客の獲得
　　地元の常連客が高齢化している。
　2．原材料仕入れの安定化
　　原材料仕入れ業者の高齢化の結果，仕入れが不安定になってきている。
・今後は，X社との経営統合により，これらの課題を解決し売上拡大を目指している。

【X社の特徴】

・X社の資本金は1千万円で従業員は12名（正社員4名，アルバイト8名）である。
・駅前に立地（A社から3kmほど離れた場所に位置）し，駅利用者や通勤客をターゲットにしている。
・従業員の業務は厨房，接客，管理の担当制で運営されている。
・従業員は担当業務に専念し，横のつながりが少なく，意思疎通が必要な場合は経営者が補っている。
・原材料の調達にはX社経営者の個人的なつながりがある中堅の食品卸売業者から仕入れており，この業者は地元産の高品質な原材料を扱う生産者と直接取引できる。
・大手外食チェーンとの価格競争が難しく，売上が減少しており，差別化が必要な状況である。
・厨房や接客などのオペレーションは忙殺され，離職率が高い状況が続いている。

3．SWOT分析，３C分析

SWOT分析

SWOT	内容
強み	・高品質な蕎麦とサービス
	・自主的に問題を解決し助け合う組織風土
	・オリジナルメニューの開発力
	・（X社）地元産の高品質な原材料の仕入れ
弱み	・原材料の仕入れが不安定
	・新規顧客の獲得へ対応していない
	・（X社）経営者に依存した調達や業務運営体制
	・（X社）オペレーションに忙殺され，離職率が高い
	・（X社）不安になり退職を考える従業員の存在
機会	・地域の食べ歩きを目的とした外国人観光客や若者の増加
	・SNSの口コミやグルメアプリを用い，公共交通機関を利用する来訪者の増加
脅威	・原材料の高騰
	・常連客である地元顧客の高齢化
	・大手外食チェーン等の競合との価格競争

３C分析

３C		内容
自社	強み	・【SWOT分析】の強みと同じ
	弱み	・【SWOT分析】の弱みと同じ
競合	強み	・チェーンオペレーションによる価格競争力
		・駅構内の立地
	弱み	・標準化されたサービス
顧客	ニーズ ウォンツ	・SNSの口コミやグルメアプリを利用し，地域の食べ歩きをしたい

4．各設問のポイント

【第１問】難易度（標準），配点：20点，文字数：30字×２

設問	統合前のＡ社における①強みと②弱みについて，それぞれ30字以内で述べよ。
解答 ①強み	①高品質な商品とサービス②自主的に問題解決し助け合う組織風土。 （30字）
解答 ②弱み	①原材料の仕入れが不安定②新規顧客の獲得へ対応していないこと。 （30字）

強みと弱みがシンプルに問われました。「統合前」という制約条件があるため，与件の＜第２～９段落＞をもとに抽出することになります。ただし，闇雲な採用ではなく，後続の設問に利用可能なものを選び，30字の制約からそれぞれ２つ程度抽出します。

まず，＜第２段落＞の「コシの強い蕎麦」は創業からの独自性が高く，模倣困難な経営資源です。現経営者に事業承継後も引き継がれており，＜第７段落＞の「商品とサービスの質を～差別化」を下支えしています。

さらに，＜第７段落＞で現経営者が行った経営方針の見直しとその改革内容は，Ａ社の重要なターニングポイントとなっています。ファミリー層への絞り込み，原材料の厳選，価格の引き上げ，オリジナルメニューの開発によって，競合と「商品とサービスの質」を差別化したことは，「統合前」であり，第４問の「統合後」の経営戦略にも活かせる強みです。＜第７段落＞で経営方針の見直しを図り，その経営戦略を下支えする組織戦略，組織の改革内容が＜第８段落＞に記載されています。「目的意識の共有や意思の統一を図るチームづくり」を行った結果，「チームとして相互に助け合う土壌」が生まれ，「自主的に問題点を提起し解決するような風土が醸成」されたことは，「統合前」の強みであり，後続の設問「統合後」の経営戦略にも活かせる強みといえます。

解答する際のポイントは，制約条件を守りつつ，解答の一貫性を保つことです。第４問の「統合後」の競争戦略や成長戦略に活かせる強みを抽出することが重要です。

弱みに関しては，＜第７段落＞に「原材料の仕入れが不安定」とあり，＜第９段落＞では「新たな顧客層の取り込み」に課題があるという記載があります。

解答する際のポイントは，逆接を表す接続詞に注目することです。どちらも，＜第７段落＞＜第９段落＞で，「ただ，」から始まっている文があります。逆接の接続詞の後には，作問者が特に注視していることが書かれている場合が多くなります。後続の設問で，ここで抽出した弱みを経営課題と捉え，解決しているかにも注意を払うことがポイントです。

【第２問】難易度（やや容易），配点：20点，文字数：100字

設問	Ａ社の現経営者は，先代経営者と比べてどのような戦略上の差別化を行ってきたか，かつその狙いは何か。100字以内で述べよ。
解答	①主要顧客をファミリー層に絞り②蕎麦に資源を集中させ，原材料の厳選とオリジナルメニュー開発により商品とサービスの質向上を図り，近隣競合との差別化を行ってきた。狙いは，売上拡大と安定的な利益確保である。 （100字）

先代経営者と現経営者の「差別化戦略」の違いと，現経営者がなぜ戦略を変更したのか，その目的を問う問題です。第１問と同様に与件文からキーワードを抽出し解答を構成でき，文字数も100字と一般的なため難易度は「やや容易」としています。

＜第５段落＞から現経営者が登場するため，注意してその段落以降を読み進めます。問題では先代経営者との比較を問われています。そのため，まず先代との変化点を探します。よって，「変更」，「見直し」といった「変化」に関連するキーワードに注意しながら読み進めることで，何を変更したかはすぐに見つけられるはずです。＜第５段落＞には「メニューの変更」とあり，蕎麦に資源を集中しています。中小企業は全方位に資源を投入するほど余力がないことが多く，経営資源を集中する戦略が多いです。そして，＜第７段落＞には「経営方針を見直し」とあり，ターゲット層の変更や競合との差別化の内容が記載されています。それらを解答に記述すればよいと考えられます。

狙いについては＜第５段落＞に「売上高が５千万円にまで低下していたことから，売上高拡大のため」とあり，＜第８段落＞の最後には「安定的に利益を確保できる体制となった」とあることから，売上拡大や安定的な利益確保が抜き出せればよいでしょう。

【第３問】難易度（難しい），配点：20点，文字数：100字

設問	Ａ社経営者は，経営統合に先立って，Ｘ社のどのような点に留意するべきか。100字以内で助言せよ。
解答	留意点は①高品質な原材料を扱う中堅の食品卸売業との関係性の維持，②横のつながりが少ないため，担当を横断した意思疎通に経営者が関与する組織文化の改革，③大手との価格競争を回避し，収益性を高めること。（98字）

本問題は留意点を問われていますが，Ｘ社のSWOT分析と考えるとわかりやすいと思います。Ｘ社の強みと弱みを把握し，Ａ社との経営統合後にどの強みを活かし，どの弱みを補完する必要があるかを解答に盛り込みます。Ａ社，Ｘ社の状況を把握し，第４問との関連も考慮して解答する必要があるため，難易度は「難しい」としました。Ｘ社については，＜第11段落＞から詳しく書かれています。

まず解答の①については，Ａ社の弱み（原材料の仕入れが不安定）に対し，Ｘ社は高品

質な原材料の仕入れが強みと言えます。しかし，X社経営者と個人的なつながりとなっているので，経営統合後に経営者が代わっても取引が維持され，A社の弱みが改善されるようにしなければなりません。

次の②については，横のつながりが少なく担当を超える意思決定には経営者の関与が必要な状態になっており，自主的に組織を横断した意思決定ができていないことです。これは明らかなX社の弱みです。社長は戦略的な意思決定を行うなど，現場より上位のレイヤーの意思決定に時間を割くべきです。しかし，X社では現場レイヤーの意思決定に経営者が関与しなければならない状態となっています。また，助け合う風土がなく，きつい仕事のために離職率も高くなっています。そのため，この点はA社の強みである組織を作った知見を活用し改善が必要と思われます。

最後に収益性の問題です。大手外食チェーンとの競争激化で，価格競争に巻き込まれています。他社と差別化できておらず，価格競争になっている点はX社の弱みと言えます。A社は経営統合することでこれまで以上の売上高を目指しています。そのため，経営統合後は大手と差別化して，売上，収益を向上させることも留意点として考えられます。

【第4問】配点：40点

設問	A社とX社の経営統合過程のマネジメントについて，以下の設問に答えよ。

設問1　難易度（難しい），文字数：80字

設問	どのように組織の統合を進めていくべきか。80字以内で助言せよ。
解答	①接客リーダーにX社を任せ，担当を横断する意思疎通を促し，②統合後の目指す方向性を両社で共有し意思統一を図り，相互に助け合う土壌をつくり社員の不安を解消する。(79字)

第4問（設問1）は，経営統合における「組織」の統合に関しての問題で，組織的な観点からの解答が求められています。第1問で抽出した，A社の強みと弱み，そしてX社の強みと弱みを受けて，経営統合後のあるべき組織構造や組織文化を描く必要があります。また，結果としての組織構造や組織文化を示すだけではなく，「どのように」と手順を示すことが求められています。「どのように」ですので，「誰が」「何をする」というような，ある程度具体的な解答が求められています。A社の良い組織構造や組織文化をどのようにX社の組織に伝播させるか，X社社員の不安解消にどう対応するか，両社の組織内部の分析を行い，「組織の5原則」を頭に浮かべながら解答を作成する必要があるため，この問題の難易度は「難しい」としています。

【組織図】の通り，A社の接客部門には将来お店を持ちたいと考えている，A社経営者からの信任も厚い接客リーダーがいます。彼は，A社経営者とともに，目的意識の共有や意思の統一を図るチームづくりを行ってきました。A社の強みである「自主的に問題解決

し助け合う組織風土」の醸成にかかわってきた成功体験を持っています。その成功体験をX社に活かしてもらうことが考えられます。

最終段落である＜第13段落＞にはX社の組織内の課題が書かれています。最終段落には現在の事例企業の課題が書かれていることが多いです。「不安になったX社の正社員やアルバイトから退職に関わる相談」に対応する設問はここしかありません。奇しくも，X社の現在の組織内は，＜第４段落＞から＜第６段落＞のかつてのA社の状況に似ています。A社経営者が行った＜第８段落＞の組織内の改革について，バーナードの「組織の３要素（共通意識・貢献意欲・コミュニケーション）」の視点から，与件のキーワードをうまく用いて解答を作成しています。

設問２　難易度（やや難しい），文字数：100字

設問	今後，どのような事業を展開していくべきか。競争戦略や成長戦略の観点から100字以内で助言せよ。
解答	①X社の高品質な地元産原材料仕入れとA社の接客力・開発力を活かしたオリジナルメニューの共同開発で差別化し，②SNSの口コミやX社の立地を活かし，外国人観光客や若者の食べ歩き需要を取込み，新市場を開拓する。 （100字）

第４問（設問２）では統合後の戦略が問われています。「競争戦略や成長戦略の観点」とあるため，それぞれの戦略の方向性を解答に盛り込む必要があります。第１問と第２問で抽出したA社が取り組んできたことで強化，獲得した強みや差別化のポイントを戦略に活かす方向性が考えられます。一方で，第１問で抽出したA社の弱みには，未だ対応ができていませんのでこの第４問（設問２）で解決することが求められています。また，第３問で抽出したX社側の対応も求められます。これらは別々に考えるのではなく，A社とX社が統合することで生まれる相補効果・相乗効果を戦略にどのように活かすかも考えて解答を作成することが望ましいといえます。

現在のA社とX社の外部環境としては脅威の記述が＜第12段落＞に，機会の記述が＜第13段落＞にあります。競争戦略の観点では，＜第12段落＞の競合との差別化に対応し，成長戦略の観点では，＜第13段落＞の新たな事業機会に対応する形で解答を作成することが素直な対応といえるでしょう。解答は，まず①として，ポーターの３つの基本戦略の観点から差別化集中戦略を提示して作成しています。つぎに②として，アンゾフの成長ベクトルから新市場開拓戦略を採用しています。A社とX社の内部環境と外部環境をクロスSWOT（「O（機会）」に「S（強み）」を活かす）し，「誰に」「何を」「どのように」を意識して解答を作成しています。第１問から第４問（設問１）までの解答を踏まえることを強く意識することで，全体として解答の一貫性を保っています。

COLUMN ⑭

転職，独立

寺嶋直史(2)

中小企業診断士合格の年に，15年勤務した大手総合電機メーカーT社を退職しました。そして，半導体開発メーカー，コンサル会社への転職を経由して，T社退職3年後に独立してコンサル会社を立ち上げました。会社を退社して独立しようと思ったのは，今の仕事は非常に限られた世界であり，この場所でより多くの経験を積むのは難しく，これ以上成長できないと思ったからです。もっと幅広い視野で，質の高い仕事をしながら，いろいろな経験を積んでいき，自身の成長につなげ，より充実した仕事ができるようになりたい気持ちが高まっていました。

独立前に2回転職を経験したのですが，これはT社退職当時，独立後の仕事の方向性が見つかっておらず，どうやって仕事を獲得していいのかもわからなかったからです。そのため，まずは転職して数年間は独立の準備をしようと思いました。そして，最初の転職で，大手ではない「中小企業」を自身で実体験したいと思い，小さな半導体開発メーカーを選びました。その後，独立を目指す人を募集していたコンサル会社に転職して，本格的な独立について真剣に考えました。

独立を決意したのは，「事業再生コンサルタント」として生きていくことを決心し，事業再生コンサルティング会社数社とパートナー契約を締結できたからです。当時は事業再生コンサルタントとしてのスキルが足りなかったため，独立後は自身の経験と成長にすべての時間を費やしたいと思い，ただ生活のために仕事を取る営業はしないと決めていました。

事業再生コンサルタントを選んだのは，経営・組織・営業・製造など企業全体を診ることができ，コンサルタントとして総合的なスキルが磨けるだけでなく，さまざまな経験を積むことができ，一気に成長できると思ったからです。さらに，困った人を支援できるため，「人の役に立っている」と実感できそうなのでやりがいがあり，おせっかいやきの私に相性のいい仕事だと思いました。

事業再生コンサルティングの仕事は，主に①「事業デューデリジェンス（企業からヒアリングを行って『事業調査報告書』と『経営改善計画書』を作成），そして②「実行支援（相手企業の現場に入ってのコンサル）」の，大きく2つがあります。未経験の仕事ばかりなので，最初はわからないことだらけであり，1冊の報告書を作成するのに1か月以上かかっていました。ストレスで白髪が一気に増えたりもしました。ただ，いい先輩にも恵まれて，その先輩からノウハウを学ぶことができ，また，さまざまな業種のコンサルティングという，今までにない環境で仕事ができ，新しい発見ばかりで，とてもやりがいがありました。

Chapter 7

事例Ⅱ
マーケティング・流通

①Ｂ社は資本金500万円，従業者数は２代目社長を含めて８名（うちパート３名）で，スポーツ用品の加工・販売を行っている。現在の事業所は，小売１店舗（ユニフォームなどの加工，刺しゅうを行う作業場併設）である。取扱商品は野球，サッカー，バスケットボールやバレーボールなどの球技用品，陸上用品，各種ユニフォーム，ジャージーなどのトレーニング用品，テーピングやサポーターなどのスポーツ関連用品などである。また，近隣のⓈ公立小中学校の体操服や運動靴も扱っている。

②Ｂ社はＸ県の都市部近郊に立地する。付近にはJRと大手私鉄が乗り入れている駅があり，◎交通の便がよいため，住宅街が広がり，戸建てやアパート，マンションなどから構成されている。駅前は商店が多く，スーパーを中心に各種専門店や飲食店などがあり，買い物も便利で◎にぎわっている。

③また，Ｂ社のある町の中には幹線道路が通っていて，◎自動車での移動も便利である。すぐ近くには大きな河川があり，河川敷がスポーツ施設として整備され，野球場，サッカー場，多目的広場などがある。近隣の強豪社会人野球チームがここを借りて練習しているということで◎地域住民の野球熱が高く，◎野球場の数も通常の河川敷に比べるとかなり多い。

④Ｂ社は1955年にこの地で衣料品店として，初代社長である，現社長の父が開業した。1960年代から付近の宅地開発が始まり，居住者が急激に増えた。同時に子どもの数も増えてきたため，公立小中学校が新たに開校し，公立小中学校の体操服や運動靴を納品するⓈ業者として指定を受けた。この際，Ⓢ体操服に校章をプリントしたり，刺しゅうでネームを入れたりする加工技術を初代社長が身に付けて，この技術が２代目社長にも継承されている。

⑤◎子どもの数が増えてきたことと，河川敷に野球場が整備されたこと，さらにはプロ野球の人気が高まってきたことなどがあり，1970年代初頭から少年野球チームがこの地域で相次いで設立された。初代社長の知り合いも少年野球チームを設立し，Ｂ社はユニフォームや野球用品の注文について相談を受けた。ユニフォームについては衣料品のⓈ仕入れルートから紹介を受けて調達し，自店舗の作業場でチーム名や背番号の切り文字の切り抜き，Ⓢ貼り付け加工をすることができた。また，ユニフォームの調達を通じてⓈ野球用品の調達ルートも確保できた。1970年代初頭，まだ付近にはスポーツ用品を扱う店舗がなかったため，複数の少年野球チームから◎野球用品の調達について問い合わせを受けるようになり，ちょうど事業を承継した２代目社長はビジネスチャンスを感じ，思い切って衣料品店をスポーツ用品店に事業転換することとした。

⑥◎1970年代から1980年代までは少年野球が大変盛んであり，子どもの数も多く，毎年多くの小学生が各少年野球チームに加入したため，４月と５月には新規のユニフォームや野球用品の注文が殺到した。

⑦低学年から野球を始めた子どもは，成長に伴って何度か，ユニフォーム，バット，グラブ，スパイクといった野球用品を買い替えることになる。Ｂ社はⓈ各少年野球チームから指定業者となっていたので，こうした◎買い替え需要を取り込むことに成功しており，また，チームを通さなくても個別に買い物に来る顧客を囲い込んでいた。さらに，◎年間を通じて，

各チームに対してボール，スコア表，グラウンドマーカー（ラインを引く白い粉）などの納入もあった。

⑧1990年代初頭にはⓄＪリーグが開幕し，河川敷にサッカー場も整備され，今度は急激に少年サッカーチームが増えたため，Ｂ社はⓈサッカー用品の品揃えも充実させ，各少年サッカーチームとも取引を行うように事業の幅を広げていった。

⑨子どもたちのⓄスポーツ活動が多様化してきたので，バスケットボールやバレーボールなどの球技用品，陸上用品などの扱いにも着手し，Ⓢ中学校の部活動にも対応できるように取扱商品を増やしていった。

⑩しかし，2000年代に入ると，付近にⓉサッカーやバスケットボール用品の専門店が相次いで開業し，過当競争になった。これらの専門店と比べると，Ｂ社はⓌ品揃えの点で見劣りがしている。また，数年前には自動車で15分ほどの場所に，大型駐車場を備えてチェーン展開をしているⓉ大型スポーツ用品量販店が出店した。その量販店では，Ⓣかなり低価格で販売されているため，Ｂ社はⓌ価格面で太刀打ちができない。

⑪そこでＢ社は，Ⓢ品揃えと提案力に自信のある野球用品をより専門的に取り扱っていくこととした。

⑫古くから取引がある各少年野球チームは，Ｂ社のⓈ各種有名スポーツブランド用品の取り揃え，Ⓢユニフォーム加工技術や納品の確かさ，Ⓢオリジナルバッグなどのオリジナル用品への対応力，Ⓢ子どもたちの体格や技術に応じた野球用品の提案力などについて高く評価しており，チームのメンバーや保護者には，引き続きＢ社からの購入を薦めてくれている。

⑬ユニフォームやオリジナル用品などは，各チームにⓈ一括納品できる。しかし，メンバーの保護者から，価格面でのメリットなどを理由に，大型スポーツ用品量販店でⓌ汎用品の個別購入を希望された場合，各チームの監督ともＢ社で購入することをなかなか強く言えなくなっている。

⑭また，Ⓞ成長に伴う買い替えや，より良い用品への買い替えも保護者には金銭的な負担となっていて，他の習い事もあり，買い替えの負担を理由にⓉ野球をやめてしまう子どもたちもいるということでＢ社は相談を受けていた。

⑮さらに，Ⓞ野球をやりたいという子どもの確保も各チームの課題となっている。従来のようにポスターを貼ったりチラシを配布したりするといった募集活動に加え，SNSを用いた募集活動への対応がある。また，女子の軟式野球が盛んになってはいるものの，まだまだ少ない女子の参加希望者を増やしていくことも課題である。Ⓞどのチームも女子のメンバー獲得に苦しんでいる。

⑯他には，Ⓞチームやそのメンバーのさまざまなデータ管理についても，たとえばスマートフォンを使って何かできないかとＢ社は相談を受けていた。

⑰２代目社長は，ⓈICT企業に勤めている30代の長男がＢ社を事業承継する決意をして戻ってくるのを機に，次のような事業内容の見直しをすることとした。

⑱第１に，総合的なスポーツ用品を扱いながらも，1970年代に事業転換したときからの強

みである，Ⓢ野球用品の強化をさらに進める。特に子どもたち一人一人の体格や技術，特性に応じた商品カスタマイズの提案力をより強化することで，大型スポーツ用品量販店との差別化を図る。

⑲第２に，各少年野球チームの監督とのより密接なコミュニケーションを図り，各チームのデータ管理，メンバーや保護者の要望の情報把握，および相談を受けた際のアドバイスへの対応を進める。また，用品に関する買い替えなどの多様なニーズに応えるいくつかの販売方法を導入する。

⑳第３に，Ⓞ女子の軟式野球が盛んになってきたことに着目し，女子メンバー獲得に苦しんでいるチームを支援し，女子向けの野球用品の提案力を高め，新規顧客としての女子チームの開拓を行う。

㉑第４に，インターネットの活用の見直しである。現在はⓌ店舗紹介のホームページを設けている程度である。今後，このホームページにどのような情報や機能を搭載すべきか，また，SNSやスマートフォンアプリの活用方法についても検討し，顧客との関係性強化を考えている。

㉒Ｂ社社長は，自社の強みを生かせる新たな事業展開ができるよう，中小企業診断士に助言を求めた。

第１問（配点30点）

B社の現状について，３C（Customer：顧客，Competitor：競合，Company：自社）分析の観点から150字以内で述べよ。

顧客
①公立小中学校
⑫少年野球チームのメンバーや保護者

競合
⑩大型スポーツ用品量販店

自社（強み）⑫取り揃え、提案力，加工技術，納品体制，オリジナル用品対応力
（弱み）⑩価格，㉑HP発信力

第２問（配点20点）

低学年から野球を始めた子どもは，成長やより良い用品への願望によって，ユニフォーム，バット，グラブ，スパイクといった野球用品を何度か買い替えることになるため，金銭的負担を減らしたいという保護者のニーズが存在する。

B社は，こうしたニーズにどのような販売方法で対応すべきか，プライシングの新しい流れを考慮して，100字以内で助言せよ（ただし，割賦販売による取得は除く）。

価格（４P）：
サブスク→定額制

⑱体格や技術、特性に応じて提案
⑭金銭的負担

サブスクで、（ア）買い替え（イ）金銭的負担軽減のニーズに対応

第３問（配点20点）

女子の軟式野球チームはメンバーの獲得に苦しんでいる。B社はメンバーの増員のために協力することになった。そのためにB社が取るべきプロモーションやイベントについて，100字以内で助言せよ。

プロモーション（４P）：ポスター，チラシ，SNS
イベント：体験教室、相談会

③社会人チーム，河川敷の野球場
⑮ポスター，チラシ，SNSの募集活動
⑳女子向け野球用品の提案力

社会人チームと連携して
（ア）河川敷で野球教室
（イ）提案力（強み）を生かした相談会

第４問（配点30点）

B社社長は，長期的な売上げを高めるために，ホームページ，SNS，スマートフォンアプリの開発などによるオンライン・コミュニケーションを活用し，関係性の強化を図ろうと考えている。誰にどのような対応をとるべきか，150字以内で助言せよ。

⑰長男のICT技術の知見

差別化集中戦略，ターゲットマーケティング，オンライン・コミュニケーション，ニーズ収集，関係性強化，顧客生涯価値（LTV）の最大化

『ダ（誰に）ナ（何を）ド（どのように）コ（効果）』
監督に→アプリ（データ管理）→長男ICT技術の知見を生かして少年野球チームのメンバーや保護者に→HP（品揃え、提案），SNS（要望，相談）→野球用品の取り揃えと提案力で
【効果：長期的な関係性強化】

※ダナドコとは，「誰に」「何を」「どのように」「効果」の頭文字である。戦略を考える際の基本のフレームワークであり，「誰に」にターゲット，「何を」に商品やサービスといった対象物，「どのように」に方法，「効果」に達成すべきことを書くことにより，方向性を示すことができる。

（実線枠）：「与件」のメモ
（二重線枠）：「第１次試験・コンサルティング実務の知識」のメモ
（点線枠）：「解答組立」のメモ

解答

第１問（配点30点）

顧客は公立小中学校や少年野球チームのメンバー，保護者である。競合は汎用品を低価格で販売する大型スポーツ用品量販店である。自社の強みは，野球用品の取り揃えと体格や技術に応じた提案力，ユニフォーム加工技術や納品体制，オリジナル用品への対応力である。弱みは，価格競争力やＨＰでの情報発信力が劣ることである。

（150字）

第２問（配点20点）

助言はサブスクリプションの導入である。契約期間内定額制で体格や技術，特性に合わせて野球用品を自由に取り替えできるようにすることで，保護者の金銭的負担を減らしつつより良い用品への買い替えニーズを満たす。

（100字）

第３問（配点20点）

プロモーションは，女子チームのメンバー募集を学校でのチラシ配布やＳＮＳ発信にて行う。イベントは，社会人チームと連携し河川敷野球場で女子向けの野球体験教室や提案力を生かした野球用品の相談会を開催する。

（99字）

第４問（配点30点）

Ｂ社は，①少年野球チームの監督に対し，長男のＩＣＴ技術の知見を生かしスマートフォンアプリを使ったチームのデータ管理サービスを提供する，②少年野球チームのメンバーや保護者に対し，ＨＰで野球用品の取り揃えと提案力を訴求し，ＳＮＳで要望や相談を受け双方向にやり取りする。以上により顧客との関係性強化を図る。

（150字）

手順	種類	設問	段落	メモの内容 チェック箇所	理由
2	○付け	1	―	現状	制約要件
			―	３Ｃ分析	題意
		2	―	低学年から野球を始めた子ども	制約要件
			―	販売方法	題意
			―	プライシングの新しい流れを考慮	制約要件
			―	割賦販売による取得は除く	制約要件
		3	―	女子	制約要件
			―	メンバーの獲得	制約要件
			―	プロモーションやイベント	題意
		4	―	長期的な売上げ	制約要件
			―	オンライン・コミュニケーション	制約要件
			―	関係性の強化	制約要件
			―	誰にどのような対応	題意
3	SWOT	―	1	Ⓢ公立小中学校の体操服や運動靴	取扱い商品の強み
		―	2	Ⓞ交通の便がよい	B社の立地の機会
		―	2	Ⓞにぎわっている	B社の立地の機会
		―	3	Ⓞ自動車での移動も便利	B社の立地の機会
		―	3	Ⓞ地域住民の野球熱が高く	B社の周辺環境の機会
		―	3	Ⓞ野球場の数も～多い	B社の周辺環境の機会
		―	4	Ⓢ業者として指定・体操服～加工技術	指定業者・加工技術力の強み
		―	5	Ⓞ子どもの数～相談を受けた	少年野球チームの設立， 強みにつながる機会
		―	5	Ⓢ仕入れルート，野球用品の調達	仕入ルートの強み
		―	5	Ⓢ貼り付け加工	加工技術力の強み
		―	5	Ⓞ野球用品の調達について問い合わせ	野球用品の調達問い合わせ， 強みにつながる機会
		―	6	Ⓞ1970年代～加入した	1970年代の機会
		―	7	Ⓢ各少年野球チームから指定業者	指定業者という強み
		―	7	Ⓞ買い替え需要	買い替え需要の機会
		―	7	Ⓞ年間を通じて～納入もあった	チームからの野球用品の需要
		―	8	ⓄＪリーグ～チームが増えた	1990年代の機会
		―	8	Ⓢサッカー用品の品揃え～事業の幅を広げていった	サッカー用品品揃え，サッカーチームとの取引の強み（1990年代）

		—	9	Ⓞスポーツ活動が多様化	需要獲得の機会
		—	9	Ⓢ中学校の部活動にも対応	対応力の強み
		—	10	Ⓣサッカーやバスケットボール用品の専門店	競合他社による脅威
		—	10	Ⓦ品揃えの点で見劣り	サッカー用品の品揃えの弱み
		—	10	Ⓣ大型スポーツ用品量販店～かなり低価格で販売	競合の低価格の脅威
		—	10	Ⓦ価格面で太刀打ちができない	価格面の弱み
		—	11	Ⓢ品揃えと提案力に自信のある野球用品	野球用品品揃え，提案力の強み
		—	12	Ⓢ各種～取り揃え	品揃えの強み
		—	12	Ⓢユニフォーム加工技術や納品の確かさ，～野球用品の提案力	加工技術，納品体制，オリジナル用品対応力，提案力の強み
		—	13	Ⓢ一括納品	一括納品体制の強み
		—	13	Ⓦ汎用品の個別購入～強く言えなくなっている	価格競争力の弱み
		—	14	Ⓞ成長に伴う買い替えや，より良い用品への買い替え	買い替え需要の機会
		—	14	Ⓣ野球をやめてしまう子どもたち	ターゲット顧客減少という脅威
		—	15	Ⓞ野球をやりたいという子どもの確保	顧客として取り込めていない野球の需要という機会
		—	15	Ⓞどのチームも女子のメンバー獲得に苦しんでいる	克服可能な女子需要の機会
		—	16	Ⓞチーム～相談を受けていた	新規問合せ，需要取込の機会
		—	17	ⓈICT企業に勤めている30代の長男	ICT技術の知見の強み
		—	18	Ⓢ野球用品の強化～提案力	野球用品カスタマイズ提案力の強み
		—	20	Ⓞ女子の軟式野球が盛んになってきた	女子軟式野球需要拡大の機会
		—	21	Ⓦ店舗紹介のホームページを設けている程度	情報発信力の弱み
4	蛍光ペン	1	—	B社の現状	現在の状況
			—	３C分析	環境分析
			—	顧客，競合，自社	顧客，競合，自社の強みと弱み
		2	—	低学年から野球を始めた子ども	成長を考慮，制約条件
			—	成長やより良い用品への願望	成長，より良い用品を求めるニーズ
			—	野球用品	主力商品
			—	買い替える	機会
			—	金銭的負担	制約条件

			−	保護者のニーズ	制約条件
		3	−	女子の軟式野球チーム	機会
		3	−	メンバーの獲得	新規顧客獲得
		3	−	メンバーの増員	新規顧客獲得
		4	−	ホームページ，SNS，スマートフォンアプリの開発	オンラインのコミュニケーションツール
5	蛍光ペン	1	1	公立小中学校の～扱っている	自社の強み
5	蛍光ペン	1	12	B社の～薦めてくれている	自社の強み
5	蛍光ペン	1	13	ユニフォーム～言えなくなっている	競合，自社の弱み
5	蛍光ペン	1	21	インターネットの～設けている程度である	自社の弱み
5	蛍光ペン	2	7	低学年～買い替えることになる	買い替え需要
5	蛍光ペン	2	7	こうした～顧客を囲い込んでいた	個人の買替え顧客囲い込み
5	蛍光ペン	2	14	成長～野球をやめてしまう子どもたちもいる	買い替え負担を理由に野球をやめる子どもの存在
5	蛍光ペン	2	18	子どもたち一人一人の体格や技術，～商品カスタマイズの提案力	今後強化すべきこと
5	蛍光ペン	2	19	用品に関する買い替えなどの多様なニーズ～販売方法	今後導入すべき販売方法
5	蛍光ペン	2	22	自社の強みを生かせる新たな事業展開	今後の方向性
5	蛍光ペン	3	3	河川敷が～かなり多い	イベントの候補
5	蛍光ペン	3	15	従来の～募集活動への対応がある	プロモーション
5	蛍光ペン	3	15	女子の軟式野球～課題	課題
5	蛍光ペン	3	18	子どもたち一人一人の体格や技術，～商品カスタマイズの提案力	今後強化すべきこと
5	蛍光ペン	3	20	女子の軟式野球が盛ん～開拓を行う	機会に対して，強みの提案力で顧客獲得を行う
5	蛍光ペン	3	22	自社の強みを生かせる新たな事業展開	今後の方向性
5	蛍光ペン	4	16	チーム～たとえばスマートフォンを使って何かできないか	顧客からの要望
5	蛍光ペン	4	17	ICT企業に勤めている30代の長男	長男のICT技術の知見を生かす
5	蛍光ペン	4	19	各少年野球チームの監督～アドバイス	監督とのコミュニケーション メンバー・保護者への相談対応

			21	ホームページ～顧客との関係性強化	オンラインツールを使って関係性強化を図る
			22	自社の強みを生かせる新たな事業展開	今後の方向性
6・7	メモ	1	―	顧客	与件のメモ
			―	①公立小中学校	与件のメモ
			―	⑫少年野球メンバーや保護者	与件のメモ
			―	競合	与件のメモ
			―	⑩大型スポーツ用品量販店	与件のメモ
			―	自社（強み）	与件のメモ
			―	⑫取り揃え，提案力，加工技術，納品体制，オリジナル用品対応力	与件のメモ
			―	自社（弱み）	与件のメモ
			―	⑩価格	与件のメモ
			―	㉑HP発信力	与件のメモ
		2	―	価格（４Ｐ）：サブスクリプション →定額制	第１次試験・コンサルティング実務の知識
			―	⑱体格や技術，特性に応じて提案	与件のメモ
			―	⑭金銭的負担	与件のメモ
			―	サブスクで，～ニーズに対応	解答組立のメモ
		3	―	プロモーション（４Ｐ）：ポスター，チラシ，SNS	第１次試験・コンサルティング実務の知識
			―	イベント：体験教室，相談会	第１次試験・コンサルティング実務の知識
			―	③社会人チーム	与件のメモ
			―	③河川敷の野球場	与件のメモ
			―	⑮ポスター，チラシ～の募集活動	与件のメモ
			―	⑳女子向け野球用品の提案力	与件のメモ
			―	社会人チームと連携して（ア）河川敷で野球教室	解答組立のメモ
			―	（イ）提案力を生かした相談会	解答組立のメモ
		4	―	⑰長男のICT技術の知見	与件のメモ
			―	差別化集中戦略	第１次試験・コンサルティング実務の知識
			―	ターゲットマーケティング	第１次試験・コンサルティング実務の知識
			―	オンライン・コミュニケーション	第１次試験・コンサルティング実務の知識

			―	ニーズ収集	第1次試験・コンサルティング実務の知識
			―	関係性強化	第1次試験・コンサルティング実務の知識
			―	顧客生涯価値（LTV）の最大化	第1次試験・コンサルティング実務の知識
			―	監督に→アプリ（データ管理）→長男ICT技術の知見を生かして	解答組立のメモ
			―	少年野球チームのメンバーや保護者に→HP，SNS→野球用品の取り揃えと提案力で	解答組立のメモ
			―	【効果：長期的な関係性強化】	解答組立のメモ

１．事例の概要

⑴　事例の構成要素

<table>
<tr><th>全体の難易度</th><th colspan="4">標準</th></tr>
<tr><td>与件のボリューム</td><td colspan="4">４ページ。計91行。
図表無し。</td></tr>
<tr><td>問題・設問数</td><td colspan="4">問題数：４　設問数：４</td></tr>
<tr><td rowspan="5">難易度，配点と文字数</td><td>問題・設問</td><td>難易度</td><td>配点</td><td>文字数</td></tr>
<tr><td>第１問</td><td>標準</td><td>30点</td><td>150字</td></tr>
<tr><td>第２問</td><td>難しい</td><td>20点</td><td>100字</td></tr>
<tr><td>第３問</td><td>標準</td><td>20点</td><td>100字</td></tr>
<tr><td>第４問</td><td>やや難しい</td><td>30点</td><td>150字</td></tr>
<tr><td rowspan="4">設問内容</td><td>第１問</td><td colspan="3">３Ｃ分析</td></tr>
<tr><td>第２問</td><td colspan="3">プライシングの新しい流れを考慮した販売方法についての助言問題</td></tr>
<tr><td>第３問</td><td colspan="3">Ｂ社が取るべきプロモーションやイベントについての助言問題</td></tr>
<tr><td>第４問</td><td colspan="3">長期的な売上げを高めるため，顧客との関係性を強化するコミュニケーション戦略に関する助言問題</td></tr>
</table>

⑵　与件全体のテーマ

「スポーツ用品の加工・販売を行っている企業が，３代目社長として見据える長男への事業承継を前にして，自社の強みを生かした新たな事業展開を図る。」

⑶　令和５年度の問題の特徴，例年との比較

2023（令和５）年度は小売業のＢtoＣの事例です。商材が野球を中心としたスポーツ用品という身近な事例で，イメージしやすかったと思います。与件の分量は３ページ超となり，昨年の２ページ半に比べ分量が増えていますので，情報整理を短時間で行える能力が問われています。

昨年，一昨年は，新型コロナウイルスの影響を受けている事業者についての事例でしたが，今年はコロナについての記述はありませんでした。

解答文字数は，第１問が150字，第２問・第３問が100字，第４問が150字，合計500文字

で昨年と同様です。与件文が例年より多いため，情報整理に加え解答を記入する時間も考慮しないと，マス目を埋めきれないまま提出するおそれもありました。

第１問は，昨年同様SWOT分析です。2018（平成30）年度，2022（令和４）年度に引き続き３回目の３Ｃ（顧客・競合・自社）分析が出題されました。過去問を対策されていた受験生も多かったのではないでしょうか。

第２問以降は助言問題で構成されており，2023（令和５）年度も同様の傾向でした。第２問は価格戦略，第３問はプロモーション戦略が問われています。いずれも，「４Ｐ（商品：Product，価格：Price，販売促進：Promotion，場所：Place）＋強み」という解答を組み立てることがポイントとなります。

第４問は，顧客との関係性強化のためのオンライン・コミュニケーション戦略が問われています。設問文に「誰にどのような対応」とあることから，ターゲットを明らかにして解答を組み立てることがポイントとなります。「助言せよ」という問われ方は，2019（令和元）年度から毎年されており，定番になりつつあることから，過去問で確認しておきましょう。

⑷　難易度とその理由，ポイント

第１問の難易度は「標準」としました。３Ｃ分析の問題は，2018（平成30）年度，2022（令和４）年度にも出題されています。与件から抜き出しができるため，確実に得点したい問題です。

第２問の難易度は「難しい」としました。プライシングの新しい流れを考慮した販売方法についての助言問題で，サブスクリプションといった与件文にないプライシング提案を求められており，2023（令和５）年度の事例Ⅱの設問の中では最も対応が難しかったと思われます。

第３問の難易度は「標準」としました。プロモーションやイベントの実施についての助言問題でしたが，過去問でもたびたび問われており，新規顧客への周知手段をオーソドックスに提案することで，ある程度の対応はできたのではないかと考えられます。

第４問の難易度は「やや難しい」としました。重要な顧客との関係性強化のためのオンライン・コミュニケーションについて助言する問題でした。与件文の情報量が多く，制限時間内で適切に整理できるかどうかの点でやや難しかったと思われます。今年度の問題は，与件文の後半にすでに戦略の方向性が明示されており，それに沿った形で，顧客ごとにオンライン・コミュニケーション施策を提示できたかがポイントです。与件文から，顧客との関係性強化につながりそうな機会をしっかり読み取り，Ｂ社の強みやリソースを投下する記述により，なんとか解答したい問題です。

⑸　必要な知識

本事例において必要な知識は，競争戦略（STP＝セグメンテーション・ターゲティング・ポジショニング)，セグメント分析（ジオグラフィック，デモグラフィック，サイコグラフィック)，４Ｐ戦略，SWOT分析，３Ｃ分析，マーケティングミックス，インターネット・マーケティング，顧客生涯価値（LTV）の最大化などです。これらの知識を活用し，与件情報を整理し問いに答えることが大切です。

事例Ⅱでは，SNSやサブスクリプションといった時代の流れに応じた用語がでてきます。ふだんから，自分自身で利用してみることや，新聞，テレビ，インターネットなどで，最新の動向や流行をチェックするとともに，中小企業白書の事例研究も目を通しておくとよいでしょう。コミュニケーション戦略は，2021（令和３）年度の第４問で「主婦層とのコミュニケーション戦略」を問われるなど，近年の出題傾向となっています。顧客ニーズの把握，活用方法の知識習得が必要不可欠です。

2．B社の概要，沿革等

概要

業種	スポーツ用品の小売業
売上高	不明
資本金	500万円
従業者数	8名（うちパート3名）
創業・設立	1955年（昭和30年）
事業内容	・スポーツ用品店での小売販売事業（1店舗） ・併設作業場でのユニフォームなどの加工，刺しゅう

沿革

＜1955年＞
・X県の都市部近郊の立地に，初代社長である現社長の父が衣料品店として開業

＜1960年代＞
・付近の宅地開発が始まり，居住者が急激に増加。同時に子どもの数も増えてきたため，公立小中学校が新たに開校し，公立小中学校の体操服や運動靴を納品する業者として指定を受ける
・体操服に校章をプリントしたり，刺しゅうでネームを入れたりする加工技術を初代社長が身に付ける（この技術は2代目社長にも継承されている）

＜1970年代初頭＞
・少年野球チームが相次いで設立され，ユニフォームや野球用品の注文にも対応
・2代目社長が事業承継。思い切って衣料品店をスポーツ用品店に事業転換

＜1970年代～1980年代＞
・少年野球が大変盛んな時代。毎年多くの小学生が各少年野球チームに加入したため，4月と5月には新規のユニフォームや野球用品の注文が殺到

＜1990年代＞
・Jリーグが開幕。今度は急激に少年サッカーチームが増加。サッカー用品の品揃えも充実させる
・子どもたちのスポーツ活動が多様化。バスケットボールやバレーボールなどの球技用品，陸上用品などの扱いにも着手し，中学校の部活動にも対応

＜2000年代＞
・付近にサッカーやバスケットボール用品の専門店が相次いで開業し，過当競争に
・数年前には自動車で15分ほどの場所に，大型駐車場を備えてチェーン展開をしている大型スポーツ用品量販店が出店
・そこでB社は，品揃えと提案力に自信のある野球用品をより専門的に扱っていくこととした

＜将来の方向性＞
・強みである野球用品において商品カスタマイズの提案力をより強化することで，大型スポーツ用品量販店と差別化
・各少年野球チームの監督とのより密接なコミュニケーションを図り，各チームのデータ管理，メンバーや保護者の要望の情報把握，および相談を受けた際のアドバイスへの対応。また，用品に関する買い替えなどの多様なニーズに応えるいくつかの販売方法の導入
・女子向けの野球用品の提案力を高め，新規顧客としての女子チームの開拓
・インターネット活用の見直し

ビジネスモデル俯瞰図

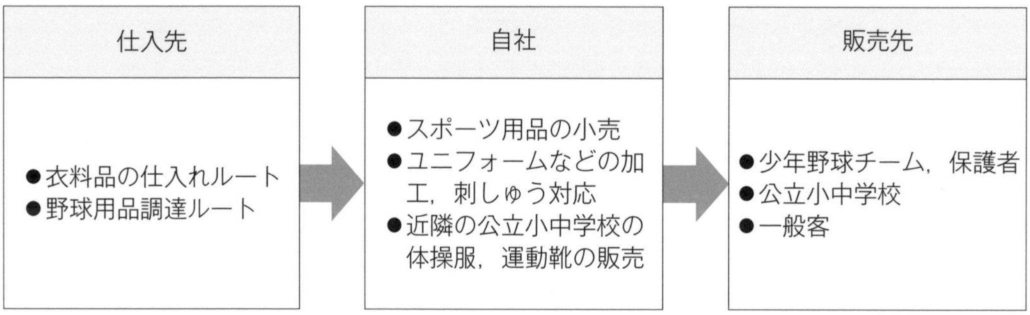

組織図

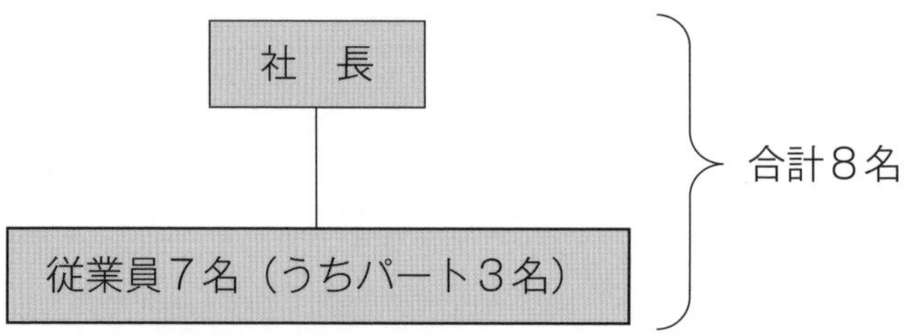

小売店（作業場併設）

【B社の特徴】

B社は，地域住民の野球熱が高いX県の都市部近郊に立地する，スポーツ用品の加工・販売を行っている企業です。

近年は，総合的なスポーツ用品を扱いながらも，大型スポーツ用品量販店との差別化を

図るために，主なターゲットを少年野球チームに絞りこみ，野球用品の取り揃えや提案力の強化を行いながら，新規顧客として女子軟式野球チームの開拓も進めています。

3代目社長として見据える長男への事業承継を前にして，現社長は自社の強みを生かした新たな事業展開を検討しています。

3．SWOT分析，３C分析

SWOT分析

SWOT	内容
強み	・野球用品の取り揃え
	・体格や技術に応じた提案力
	・ユニフォーム加工技術や納品の確かさ
	・オリジナル用品への対応力
	・公立小中学校の指定業者
弱み	・大型スポーツ用品量販店に価格面で太刀打ちができない
	・インターネットは店舗紹介のホームページを設けている程度
機会	・交通の便がよく，にぎわっている
	・地域住民の野球熱が高く，河川敷に野球場が多い
	・少年野球チームのデータ管理についての相談を受けている
	・野球用品の買い替え需要
	・女子の軟式野球が盛んになってきた
脅威	・低価格販売の大型スポーツ用品量販店
	・成長やより良い用品への買い替えが保護者の金銭的負担となっている
	・他の習い事や，買い替え負担で野球をやめてしまう子どもたち

３C分析

３C		内容
自社	強み	・【SWOT分析】の強みと同じ
	弱み	・【SWOT分析】の弱みと同じ
競合	強み	・低価格で販売
	弱み	・与件に記載なし
顧客	ニーズ ウォンツ	・学校指定の体操服や運動靴⇒公立小中学校
		・成長やより良い用品への願望，買い替え時の金銭的負担の軽減⇒少年野球チームのメンバーや保護者

4．各設問のポイント

【第１問】難易度（標準），配点：30点，文字数：150字

設問	Ｂ社の現状について，３Ｃ（Customer：顧客，Competitor：競合，Company：自社）分析の観点から150字以内で述べよ。
解答	顧客は公立小中学校や少年野球チームのメンバー，保護者である。競合は汎用品を低価格で販売する大型スポーツ用品量販店である。自社の強みは，野球用品の取り揃えと体格や技術に応じた提案力，ユニフォーム加工技術や納品体制，オリジナル用品への対応力である。弱みは，価格競争力やHPでの情報発信力が劣ることである。（150字）

Ｂ社を取り巻く顧客，競合，自社の現状を問われています。

手順３で行ったSWOT分析から，時制に気をつけて現状のＢ社の部分を抜き出し，３Ｃ分析にそれぞれ当てはめていきます。

顧客は，Ｂ社が近隣の公立小中学校の体操服や運動靴を扱っていることにより「公立小中学校」，少年野球チームのメンバーや保護者から，成長やより良い用品への買い替えニーズがあることにより「少年野球チームのメンバー，保護者」としました。

競合は，価格面で太刀打ちができないため，「大型スポーツ用品量販店」としました。

自社は，強みと弱みを抽出します。強みは，第12段落の「各種有名スポーツブランド用品の取り揃え，ユニフォーム加工技術や納品の確かさ，オリジナルバッグなどのオリジナル用品への対応力，子どもたちの体格や技術に応じた野球用品の提案力」を引用し，字数に収まるようにまとめます。弱みは，第10段落の「大型スポーツ用品量販店」に「価格面で太刀打ちができない」ことや，第21段落の「インターネット」は「店舗紹介のホームページを設けている程度」より，「価格競争力やHPでの情報発信力が劣る」としました。

【第２問】難易度（難しい），配点：20点，文字数：100字

設問	低学年から野球を始めた子どもは，成長やより良い用品への願望によって，ユニフォーム，バット，グラブ，スパイクといった野球用品を何度か買い替えることになるため，金銭的負担を減らしたいという保護者のニーズが存在する。 Ｂ社は，こうしたニーズにどのような販売方法で対応すべきか，プライシングの新しい流れを考慮して，100字以内で助言せよ（ただし，割賦販売による取得は除く）。
解答	助言はサブスクリプションの導入である。契約期間内定額制で体格や技術，特性に合わせて野球用品を自由に取り替えできるようにすることで，保護者の金銭的負担を減らしつつより良い用品への買い替えニーズを満たす。（100字）

顧客のニーズに対応した販売方法について，プライシングの観点からＢ社に助言する能力を問う問題です。

設問文から，保護者側にとって，子どもたちの成長や，より良い用品への願望から，野球用品を何度か買い替えることが金銭面の負担になっていることが読み取れます。Ｂ社の強みは，子どもたち一人一人の体格や技術，特性に応じてカスタマイズ提案できることですが，保護者の金銭面の負担を減らしたいというニーズを満たしながら実現できる販売手法の内容が問われています。

「プライシングの新しい流れを考慮して（ただし，割賦販売による取得は除く）」という制約条件があることから，第1次試験の知識であるサブスクリプションの導入を冒頭に提示しました。そして，具体的内容として，「期間内の定額制で自由に野球用品の取り替えができる」ことを記述し，最後に，効果として保護者の金銭的負担の低減と，より良い用品への買い替えニーズを満たすことができる点を記述しました。

サブスクリプション自体は，試験中にキーワードとして思いつくかどうか次第だったでしょう。ただし，サブスクリプションは，2021（令和３）年度の第１次試験「企業経営理論」第32問（設問１）で出題されていることや，また，Apple Music（音楽），Amazon Prime Video・Hulu・Netflix（動画）などで，多くの方が利用していることもあり，プライシングの新しい流れの１つとして知っておくとよい知識であったともいえます。

事例Ⅱの攻略にあたっては，第１次試験をしっかり復習することに加え，ふだんから，最新のビジネスモデルや流行のビジネスサービスを押さえておくとよいでしょう。

【第３問】 難易度（標準），配点：20点，文字数：100字

設問	女子の軟式野球チームはメンバーの獲得に苦しんでいる。Ｂ社はメンバーの増員のために協力することになった。そのためにＢ社が取るべきプロモーションやイベントについて，100字以内で助言せよ。
解答	プロモーションは，女子チームのメンバー募集を学校でのチラシ配布やSNS発信にて行う。イベントは，社会人チームと連携し河川敷野球場で女子向けの野球体験教室や提案力を生かした野球用品の相談会を開催する。（99字）

女子の軟式野球チームのメンバー獲得に向けて，プロモーション戦略を助言する問題です。プロモーションやイベントを提案するにあたっては，機会に対してＢ社の強みを生かせないか（Ｓ（強み）×Ｏ（機会））を考えます。

プロモーションは，４Ｐ（商品：Product，価格：Price，販売促進：Promotion，場所：Place）のうちの１つです。販売促進として，第15段落に「従来のようにポスターを貼ったりチラシを配布したりするといった募集活動に加え，SNSを用いた募集活動への対応がある。」とあります。そこで，「女子の軟式野球が盛んになってきた」という機会に対して「公立小中学校の指定業者」である強みを生かし，「学校でのチラシ配布やSNS発信」としました。

イベントとしては，体験教室やセミナー，試着会や相談会などが考えられます。Ｂ社の

周辺環境として，第３段落に「社会人野球チームが練習しており，地域住民の野球熱が高いこと」「河川敷の野球場の数が多いこと」があげられます。この機会を活用して，「女子向けの野球体験教室」を提案します。もう１つは，第20段落に「女子向けの野球用品の提案力を高め，新規顧客としての女子チームの開拓を行う」とあることから，強みである「野球用品の提案力」を生かして「相談会」を提案します。

【第４問】難易度（やや難しい），配点：30点，文字数：150字

設問	B社社長は，長期的な売上げを高めるために，ホームページ，SNS，スマートフォンアプリの開発などによるオンライン・コミュニケーションを活用し，関係性の強化を図ろうと考えている。誰にどのような対応をとるべきか，150字以内で助言せよ。
解答	B社は，①少年野球チームの監督に対し，長男のICT技術の知見を生かしスマートフォンアプリを使ったチームのデータ管理サービスを提供する，②少年野球チームのメンバーや保護者に対し，HPで野球用品の取り揃えと提案力を訴求し，SNSで要望や相談を受け双方向にやり取りする。以上により顧客との関係性強化を図る。（150字）

重要な顧客との関係性を強化するためのオンライン・コミュニケーション戦略について，助言する能力を問う問題です。

この問題では，「誰にどのような対応をとるべきか」を助言するよう明示されています。時間が限られる中で，まずは与件文の情報をしっかり整理します。次に，いわゆるダナドコ（誰に・何を・どのように・効果）のフレークワークで，指定したターゲットごとに，メディア（伝達する媒体）を選定した上でニーズに応える提案を盛り込みます。

与件文から，少年野球チームの監督とメンバーや保護者ではそれぞれニーズがあることが読み取れますので，ターゲットを①監督と②メンバーや保護者に分けます。

①監督に関しては，「チームやそのメンバーのさまざまなデータ管理についても，たとえばスマートフォンを使って何かできないかとB社は相談を受けていた」（第16段落）とあり，「各少年野球チームの監督とのより密接なコミュニケーションを図り，各チームのデータ管理」（第19段落）を行いたいこと，「スマートフォンアプリの活用方法についても検討し」（第21段落）といった文章も参考に，①監督にスマートフォンアプリを使ってのデータ管理を提案します。その際，「ICT企業に勤めている30代の長男」（第17段落）が戻ってくるという点が重要な機会であり新たなB社の強みとなりますので，その長男の知見を手段として記述できるとよいでしょう。

次に②メンバーや保護者については，成長やより良い用品への願望による買い替えニーズがあることが第２問でわかっています。そのニーズに対して，B社の強みである「商品カスタマイズの提案力」（第18段落）を生かすべきですが，そこに至るオンライン・コミュニケーション手段として，「今後，このホームページにどのような情報や機能を搭載すべきか」（第21段落）検討したい意向があることと，SNSについても「活用方法につい

ても検討し」（第21段落）とあることを与件文から拾い，それらを施策として結びつけるとよいでしょう。

なお，関係性強化につながる施策として「双方向コミュニケーション」は第２次試験で頻出の内容ですので，要素として盛り込めるとよいかと思います。「顧客と直接コミュニケーションを取る」というような内容でもかまいません。

最後に，得られる効果として，顧客との関係性強化を図る旨を入れました。助言問題に効果の言及は不可欠で，なぜその施策をやるべきなのか，社長への一押しとなる説得材料ですので，ぜひ盛り込むことをおすすめします。

５．その他

事例Ⅱは第１問がSWOTや３Ｃなどの現状分析問題，第２問以降は助言問題となる傾向があります。第２問以降の助言問題では，出題者の意図する解答に導くよう，制約条件を付けてきます。この制約条件を無視した，自らの経験や独自性のみを追求した施策を解答すると，加点が期待できませんので，注意が必要です。

また，事例Ⅱは，第１問から最後の問題まで解答の一貫性が求められる傾向がありますので，テクニックの１つとして，第２問以降から解き，最後に第１問を解答する方法もあります。第２問以降の解答と整合するように第１問を作成することができるからです。解答の一貫性に苦労されている方は，第２問以降から着手してみるのも一手です。

また，今回のように与件文の分量が多い場合に備え，先に最初と最後の段落だけを読んでおくなどの工夫も取り入れてみましょう。

Chapter 7

事例Ⅲ

生産・技術

【企業概要】

①Ｃ社は資本金3,000万円，従業員60名（うちパート従業員40名）の業務用食品製造業である。現在の組織は，総務部４名，Ⓦ配送業務を兼務する営業部６名，最近新設した製品開発部２名，製造部48名で構成されている。パート従業員は全て製造部に配置されている。

②Ｃ社は地方都市に立地し，温泉リゾート地にあるⓌ高級ホテルと高級旅館５軒を主な販売先として，販売先の厨房の管理を担う料理長（以下，販売先料理長という）を通じて依頼がある和食や洋食の総菜，菓子，パン類などのⓈ多品種で少量の食品を受託製造している。

Ⓢ③高級ホテルの料理人を経験し，ホテル調理場の作業内容などのマネジメントに熟知した現経営者が，ホテル内レストランメニューの品揃えの支援を行う調理工場を標ぼうして1990年にＣ社を創業した。近年，販売先のホテルや旅館では，Ⓞ増加する訪日外国人観光客の集客を狙って，Ⓞ地元食材を使った特色のあるメニューを提供する傾向が強まっているが，その一方で材料調達や在庫管理の簡素化などによるⓄコスト低減も目指している。そのためもあり，Ｃ社のⓈ受注量は年々増加してきた。

④2020年からの新型コロナウイルスのⓉパンデミックの影響を受け，Ｃ社のⓌ受注量は激減していたが，最近ではⓄ新型コロナウイルス感染も落ち着き，観光客の増加によって販売先のホテルや旅館の稼働率が高くなり，Ⓢ受注量も回復してきている。

【生産の現状】

⑤Ｃ社の製造部は，生産管理課，総菜製造課，菓子製造課，資材管理課で構成されている。総菜製造課には５つの総菜製造班，菓子製造課には菓子製造とパン製造の２つの班があり，総菜製造班は販売先ごとに製造を行っている。各製造班にはベテランのパートリーダーが各１名，その下にはパート従業員が配置されている。Ⓢ製造部長，総菜製造課長，菓子製造課長（以下，工場管理者という）は，ホテルや旅館での料理人の経験がある。

⑥Ｃ社の工場は，製造班ごとの加工室に分離され，食品衛生管理上交差汚染を防ぐようゾーニングされているが，各加工室の設備機器のⓌレイアウトはホテルや旅館の厨房と同様なつくりとなっている。

⑦受注量が最も多い総菜の製造工程は，食材の不用部トリミングや洗浄を行う前処理，食材の計量とカットや調味料の計量を行う計量・カット，調味料を入れ加熱処理する調理があり，鍋やボウル，包丁など汎用調理器具を使ってⓌ手作業で進められている。

⑧Ｃ社の製造は，販売先から指示がある製品仕様に沿って，工場管理者３名と各製造班のパートリーダーがパート従業員に直接作業方法を指導，監督して行われている。

⑨Ｃ社が受託する製品は，販売先のホテルや旅館が季節ごとに計画する料理メニューの中から，その販売先料理長が選定する食品で，その食材，使用量，作業手順などの製品仕様は販売先料理長がＣ社に来社し，口頭で直接指示を受けて試作し決定する。また納入期間中も販売先料理長が来社し，製品の出来栄えのチェックをし，必要があれば食材，製造方法などの変更指示がある。その際には工場管理者が立ち会い，受託製品の製品仕様や変更

図　主な総菜のフローダイアグラム

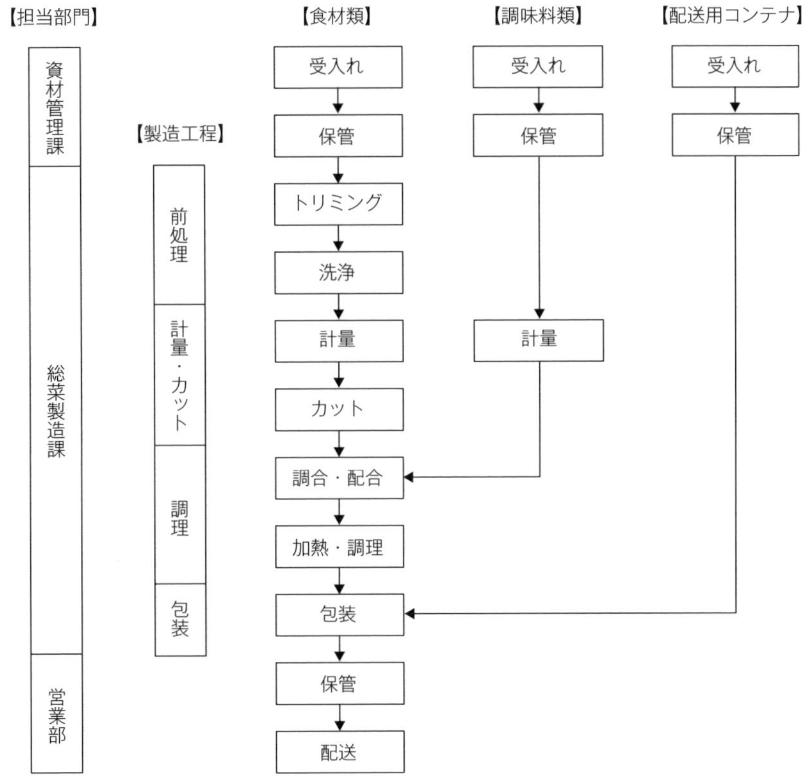

の確認を行っている。毎日の生産指示や加工方法の指導などは両課長が加工室で直接行う。
⑩Ⓦ販売先料理長から口頭で指示される各製品の食材，使用量，作業手順などの製品仕様は，工場管理者が必要によってメモ程度のレシピ（レシピとは必要な食材，その使用量，料理方法を記述した文書）を作成し活用していたが，整理されずにいる。
⑪受託する製品の仕様が決定した後は，C社の営業部員が担当する販売先料理長から翌月の月度納品予定を受け，製造部生産管理課に情報を伝達，生産管理課でⓌ月度生産計画を作成し，総菜製造課長，菓子製造課長に生産指示する。両製造課長は月度生産計画に基づき製造日ごとの作業計画を作成しパートリーダーに指示する。Ⓦパートリーダーは，月度生産計画に必要な食材や調味料の必要量を経験値で見積り，長年取引がある食品商社に月末に定期発注する。食品商社は，C社の月度生産計画と食材や調味料の消費期限を考慮して納品する。食材や調味料の受入れと，常温，冷蔵，冷凍による在庫の保管管理は資材管理課が行っているが，Ⓦ入出庫記録がなく，食材や調味料の在庫量は増える傾向にあり，廃棄も生じる。また製造日に必要な食材や調味料は前日準備するが，その時点でⓌ納品遅れが判明し，販売先に迷惑をかけたこともある。
⑫販売先への日ごとの納品は，宿泊予約数の変動によって週初めに修正し確定する。朝食用製品については販売先消費日の前日午後に製造し当日早朝に納品する。夕食用製品については販売先消費日の当日14：00までに製造し納品する。

【新規事業】

⑬現在，Ｃ社所在地周辺で多店舗展開する中堅食品スーパーX社と総菜商品の企画開発を共同で行っている。X社では，各店舗の売上金額は増加しているが，総菜コーナーの売上伸び率が低く，X社店舗のバックヤードでの調理品の他に，中食需要に対応する総菜の商品企画を求めている。Ｃ社では，季節性があり高級感のある和食や洋食の総菜などで，X社の既存の総菜商品との差別化が可能な商品企画を提案している。Ｃ社の製品開発部は，このために外部人材を採用し最近新設された。この採用された外部人材は，中堅食品製造業で製品開発の実務や管理の経験がある。

⑭この新規事業では，季節ごとにX社の商品企画担当者とＣ社で商品を企画し，X社が各月販売計画を作成する。納品数量は納品日の２日前に確定する。納品は商品の鮮度を保つため最低午前と午後の配送となる。X社としては，当初は客単価の高い数店舗から始め，10数店舗まで徐々に拡大したい考えである。

⑮Ｃ社社長は，この新規事業に積極的に取り組む方針であるが，現在の生産能力では対応が難しく，工場増築などによって生産能力を確保する必要があると考えている。

第１問（配点10点）

Ｃ社の生産面の強みを２つ40字以内で述べよ。

②多品種少量の受託製造
③現経営者の料理人経験
　＋マネジメント能力
⑤工場管理者も料理人の経験

・SWOT分析
・４M(Man・Machine・Material・Method)

・Man：現経営者・工場管理者の料理人経験
・Method：多品種少量製造の体制と技術

第２問（配点20点）

Ｃ社の製造部では，コロナ禍で受注量が減少した2020年以降の工場稼働の低下による出勤日数調整の影響で，高齢のパート従業員も退職し，最近の増加する受注量の対応に苦慮している。生産面でどのような対応策が必要なのか，100字以内で述べよ。

⑦総菜の製造は手作業
⑨製品仕様は口頭指示
⑩レシピのメモは未整理

・４M(Man・Machine・Material・Method)
・設備導入による自動化
・標準化・マニュアル化，教育訓練

・製品仕様・レシピを整理・標準化・マニュアル化＋従業員への教育訓練
・手作業の工程を自動化
・効果：生産性向上により増産可能

第３問（配点20点）

Ｃ社では，最近の材料価格高騰の影響が大きく，付加価値が高い製品を販売しているものの，収益性の低下が生じている。どのような対応策が必要なのか，120字以内で述べよ。

⑪月度で生産計画策定
⑪経験値で定期発注
⑪入出庫記録なく在庫増

・生産計画立案の短サイクル化
・発注管理

・生産計画は月次→短縮
・資材管理課で一元管理
・効果：在庫量・廃棄の低減，収益性向上

第４問（配点20点）

Ｃ社社長は受注量が低迷した数年前から，既存の販売先との関係を一層密接にするとともに，他のホテルや旅館への販路拡大を図るため，自社企画製品の製造販売を実現したいと思っていた。また，食品スーパーＸ社との新規事業でも総菜の商品企画が必要となっている。創業から受託品の製造に特化してきたＣ社は，どのように製品の企画開発を進めるべきなのか，120字以内で述べよ。

①配送業務を兼務する営業部
⑤工場管理者の料理人経験
⑬開発経験者のいる製品開発部

・自社製品のメリット
・顧客ニーズの把握

・料理人経験を活かす
・製品開発部で企画開発
・営業部が販売先・Ｘ社との関係性強化
　→顧客ニーズの情報収集

第5問（配点30点）

食品スーパーX社と共同で行っている総菜製品の新規事業について，C社社長は現在の生産能力では対応が難しいと考えており，工場敷地内に工場を増築し，専用生産設備を導入し，新規採用者を中心とした生産体制の構築を目指そうとしている。このC社社長の構想について，その妥当性とその理由，またその際の留意点をどのように助言するか，140字以内で述べよ。

①配送業務を兼務する営業部
②高級ホテルと高級旅館5軒が顧客
②多品種で少量の食品を受託製造
⑭納品は最低1日2回で10数店舗まで拡大
⑮社長は積極的に取り組む方針
⑮現在の生産能力では困難

・アンゾフの成長ベクトル（新市場開拓戦略）
・競争戦略（差別化戦略）
・OJT
・QCD
・クロスSWOT分析（「S（強み）」→「O（機会）」），経営リスク分散，自社製品のメリット

・社長は積極的に取り組みたい　→妥当性あり
・理　由：多品種少量製造の体制・ノウハウ（強み）を活かす
新規取引先（X社）の増加による経営リスクの分散
自社企画製品の製造ノウハウの習得・蓄積
・留意点：新規採用者の教育→OJT
多頻度配送への対応

（枠）：「与件」のメモ
（二重枠）：「第1次試験・コンサルティング実務の知識」のメモ
（点線枠）：「解答組立」のメモ

解答

第1問（配点10点）

強みは①現経営者と工場管理者の料理人経験②多品種少量製造に対応できる体制と技術。

（40字）

第2問（配点20点）

対応策は，①販売先料理長の指示や工場管理者のレシピを整理し標準化・マニュアル化し，パート従業員に教育訓練を実施，②総菜の製造工程で自動化や省力化が可能な工程に専用設備を導入して生産性を向上させること。

（99字）

第3問（配点20点）

対応策は，①在庫の入出庫記録を作成し，資材管理課が在庫量と使用実績及び食材の消費期限に基づき発注基準を策定し食品商社にまとめて発注②月度生産計画を短サイクル化して実需に合わせた在庫管理を行うことで，在庫量や廃棄を低減し収益性の向上を図ること。

（120字）

第4問（配点20点）

工場管理者のホテルや旅館での料理人経験を活かし，製品開発部を中心に季節性に富んだ高級感のある製品を企画開発する。営業部が販売先及びX社との関係性を深めることで顧客のニーズやトレンドを把握できる仕組みを構築し，製品の企画開発に反映させる。

（118字）

第5問（配点30点）

妥	当	性	が	あ	る	。	理	由	は	①	C	社	の	多	品	種	少	量	製
造	が	可	能	な	体	制	と	ノ	ウ	ハ	ウ	を	活	か	せ	る	，	②	新
規	取	引	先	を	増	加	さ	せ	経	営	リ	ス	ク	を	分	散	で	き	る，
③	自	社	企	画	製	品	の	製	造	販	売	に	よ	り	ノ	ウ	ハ	ウ	の
習	得	・	蓄	積	が	で	き	る	た	め	で	あ	る	。	留	意	点	は	①
新	規	採	用	者	を	O	J	T	で	育	成	す	る	，	②	多	頻	度	配
送	に	対	応	で	き	る	体	制	を	整	備	す	る	点	で	あ	る	。	

（139字）

手順	種類	設問	段落	メモの内容 チェック箇所	理由
2	○付け	1	―	生産面	制約条件
		2	―	高齢のパート従業員も退職	制約条件
			―	増加する受注量の対応に苦慮	制約条件
			―	生産面	制約条件
		3	―	材料価格高騰の影響	制約条件
			―	付加価値が高い製品を販売	制約条件
			―	収益性の低下	制約条件
		4	―	既存の販売先との関係を一層密接	制約条件
			―	他のホテルや旅館への販路拡大を図る	制約条件
			―	自社企画製品の製造販売を実現	制約条件
			―	食品スーパーX社との新規事業	制約条件
			―	創業から受託品の製造に特化してきた	制約条件
		5	―	工場を増築	制約条件
			―	専用生産設備を導入	制約条件
			―	新規採用者を中心	制約条件
3	SWOT	―	1	Ⓦ配送業務を兼務する営業部	配送に特化した専門部隊がないという弱み
		―	2	Ⓦ高級ホテルと高級旅館5軒を主な販売先	販売先の業種が単一という弱み
		―	2	Ⓢ多品種で少量の食品を受託製造	多品種少量製造に対応できるという強み
		―	3	Ⓢ高級ホテルの料理人を経験し，～マネジメントに熟知した現経営者	現経営者に技術・ノウハウがあるという強み
		―	3	Ⓞ増加する訪日外国人観光客	新規顧客の増加という機会
		―	3	Ⓞ地元食材を使った～メニューを提供する傾向	顧客ニーズの変化という機会
		―	3	Ⓞコスト低減も目指して	コスト低減の顧客ニーズという機会
		―	3	Ⓢ受注量は年々増加	受注量の増加という強み
		―	4	Ⓣパンデミックの影響	観光需要の減少という脅威
		―	4	Ⓦ受注量は激減	売上減という弱み
		―	4	Ⓞ新型コロナウイルス感染も落ち着き	観光需要の回復という機会
		―	4	Ⓢ受注量も回復	受注量の回復という強み

		—	5	Ⓢ製造部長，総菜製造課長，菓子製造課長～料理人の経験がある	工場管理者に技術・ノウハウがあるという強み
		—	6	Ⓦレイアウトはホテルや旅館の厨房と同様	製造工程のレイアウトが非効率という弱み
		—	7	Ⓦ手作業で進められている	生産性が低いという弱み
		—	10	Ⓦ販売先料理長から口頭で指示される～整理されずにいる	標準化・マニュアル化の仕組みがなく生産性が低いという弱み
		—	11	Ⓦ月度生産計画を作成	週次，日次計画未作成で生産計画の修正頻度が少ないという弱み
		—	11	Ⓦパートリーダーは～食材や調味料の必要量を経験値で見積り～定期発注	業務が属人化しており，発注量に定量的，合理的根拠がないという弱み
		—	11	Ⓦ入出庫記録がなく～在庫量は増える傾向にあり，廃棄も生じる	管理レベルが低く過剰在庫，廃棄ロスが発生しているという弱み
		—	11	Ⓦ納品遅れが判明し，販売先に迷惑をかけた	納期遅延が発生しているという弱み
		—	13	Ⓞ総菜商品の企画開発を共同で行っている	製品を新規に企画開発するという機会
		—	13	Ⓞ中食需要に対応する総菜の商品企画を求め～	新規事業の機会
		—	13	Ⓢ季節性があり高級感のある～総菜などで，～差別化が可能な商品企画を提案	差別化可能な商品の企画力・提案力があるという強み
		—	13	Ⓢ外部人材は，中堅食品製造業で製品開発の実務や管理の経験がある	製品開発力があるという強み
		—	14	Ⓞ納品は～最低午前と午後	多頻度配送のニーズがあるという機会
		—	15	Ⓦ現在の生産能力では対応が難しく	生産能力に制約があるという弱み
4	蛍光ペン	1	—	生産面の強み	題意
		2	—	生産面でどのような対応策	題意
		3	—	収益性の低下	制約条件
			—	どのような対応策	題意
		4	—	どのように製品の企画開発	題意
		5	—	生産体制の構築	制約条件
			—	その妥当性とその理由，またその際の留意点	題意

5	蛍光ペン	1	2	多品種で少量の食品を受託製造	C社の強み
			3	高級ホテルの料理人を経験し，～	C社の強み
			5	製造部長，総菜製造課長，菓子製造課長～	C社の強み
		2	7	受注量が最も多い総菜～	C社の製造工程の特徴
			9	販売先のホテルや旅館が季節ごとに計画する～	受注から製造までの流れ
			10	販売先料理長から口頭で指示される各製品の～	情報の標準化についての問題点
		3	11	生産管理課で月度生産計画を作成	生産計画は月度で作成
			11	両製造課長は月度生産計画に基づき～	月度生産計画に基づき製造日ごとの作業計画を作成
			11	パートリーダーは，～	必要量を経験値で見積り発注
			11	食材や調味料の受入れ～	資材管理課が受入れと保管管理
			11	入出庫記録がなく～	入出庫記録がない
			11	在庫量は増える傾向に～	在庫が増え廃棄も生じている
			11	その時点で納品遅れが判明	納期遅れあり
		4	3	高級ホテルの料理人を経験し，～	C社の強みを活かす
			5	製造部長，総菜製造課長，菓子製造課長～	C社の強みを活かす
			13	C社の製品開発部は，～	開発に特化した部門の記述
		5	1	配送業務を兼務する営業部	配送に特化した専門部隊がないという弱み
			2	温泉リゾート地にある～	取引先は宿泊業のみで依存度が高い
			2	和食や洋食の総菜～	多品種少量生産の受託製造という強み
			13	C社の製品開発部は，～	即戦力の外部人材を中途採用
			14	納品は商品の鮮度を～	配送頻度の増加
			15	C社社長は，～現在の生産能力では対応が難しく	生産能力の不足
6・7	メモ	1	―	②多品種少量の受託製造	与件のメモ
			―	③現経営者の料理人経験＋マネジメント能力	与件のメモ
			―	⑤工場管理者も料理人の経験	与件のメモ
			―	SWOT分析	第１次試験・コンサルティング実務の知識
			―	４M（Man･Machine･Material･Method）	第１次試験・コンサルティング実務の知識
			―	Man：現経営者・工場管理者の料理人経験	解答組立のメモ
			―	Method：多品種少量製造の体制と技術	解答組立のメモ

		2	―	⑦総菜の製造は手作業	与件のメモ
			―	⑨製品仕様は口頭指示	与件のメモ
			―	⑩レシピのメモは未整理	与件のメモ
			―	４Ｍ（Man·Machine·Material·Method）	第１次試験・コンサルティング実務の知識
			―	設備導入による自動化	第１次試験・コンサルティング実務の知識
			―	標準化・マニュアル化，教育訓練	第１次試験・コンサルティング実務の知識
			―	製品仕様・レシピを整理・標準化・マニュアル化＋従業員への教育訓練	解答組立のメモ
			―	手作業の工程を自動化	解答組立のメモ
			―	効果：生産性向上により増産可能	解答組立のメモ
		3	―	⑪月度で生産計画策定	与件のメモ
			―	⑪経験値で定期発注	与件のメモ
			―	⑪入出庫記録なく在庫増	与件のメモ
			―	生産計画立案の短サイクル化	第１次試験・コンサルティング実務の知識
			―	発注管理	第１次試験・コンサルティング実務の知識
			―	生産計画は月次→短縮	解答組立のメモ
			―	資材管理課で一元管理	解答組立のメモ
			―	効果：在庫量・廃棄の低減，収益性向上	解答組立のメモ
		4	―	①配送業務を兼務する営業部	与件のメモ
			―	⑤工場管理者の料理人経験	与件のメモ
			―	⑬開発経験者のいる製品開発部	与件のメモ
			―	自社製品のメリット	第１次試験・コンサルティング実務の知識
			―	顧客ニーズの把握	第１次試験・コンサルティング実務の知識
			―	料理人経験を活かす	解答組立のメモ
			―	製品開発部で企画開発	解答組立のメモ
			―	営業部が販売先・Ｘ社との関係性強化 →顧客ニーズの情報収集	解答組立のメモ
		5	―	①配送業務を兼務する営業部	与件のメモ
			―	②高級ホテルと高級旅館５軒が顧客	与件のメモ
			―	②多品種で少量の食品を受託製造	与件のメモ
			―	⑭納品は最低１日２回で10数店舗まで拡大	与件のメモ

			—	⑮社長は積極的に取り組む方針	与件のメモ
			—	⑮現在の生産能力では困難	与件のメモ
			—	アンゾフの成長ベクトル（新市場開拓戦略）	第１次試験・コンサルティング実務の知識
			—	競争戦略（差別化戦略）	第１次試験・コンサルティング実務の知識
			—	OJT	第１次試験・コンサルティング実務の知識
			—	QCD	第１次試験・コンサルティング実務の知識
			—	クロスSWOT分析（「S（強み）」→「O（機会）」），経営リスク分散，自社製品のメリット	第１次試験・コンサルティング実務の知識
			—	社長は積極的に取り組みたい→妥当性あり	解答組立のメモ
			—	理由：多品種少量製造の体制・ノウハウ（強み）を活かす，新規取引先の増による経営リスクの分散，自社企画製品の製造ノウハウの習得・蓄積	解答組立のメモ
			—	留意点：新規採用者の教育→OJT，多頻度配送への対応	解答組立のメモ

1．事例の概要

(1) 事例の構成要素

全体の難易度	**難しい**			
与件のボリューム	３ページ。計67行。 図表有り。			
問題・設問数	問題数：５，設問数：５			
難易度，配点と文字数	問題・設問	難易度	配点	文字数
	第１問	やや容易	10点	40字
	第２問	難しい	20点	100字
	第３問	難しい	20点	120字
	第４問	標準	20点	120字
	第５問	難しい	30点	140字
設問内容	第１問	Ｃ社の生産面の強み		
	第２問	増加する受注に対する生産面の対応策		
	第３問	収益性低下に対する対応策		
	第４問	自社企画製品の開発戦略		
	第５問	Ｘ社との共同事業のための投資判断とその理由および留意点		

(2) 与件全体のテーマ

「高級ホテル・旅館から総菜・菓子を受託製造している企業が，生産性の向上を図る一方，自社企画製品の製造販売によって経営リスクの分散と売上・利益の増加を図る。」

(3) 令和５年度の問題の特徴，例年との比較

2023（令和５）年度は，2016（平成28）年度以来７年ぶりの食品製造業でした。問題数は昨年度と同様，５問となっており，問題文の中にも重要な情報が追加されています。解答文字数は全５問で520字と，例年に比べ少なくなりました（令和４・令和３年度540字，令和２・令和元年度560字）。昨年度に引き続き，図もありました。

第１問は「強み」１点のみを40字で問うており，過去３年間の２点80字から減りました（令和４年度は「販売面・生産面の課題」，令和３・２年度は「強みと弱み」）。

第２問は「生産面の対応策」，第３問は「収益性向上の対応策」，第４問は「製品の企画

開発の進め方」を問うていますが，レイヤー（階層）としては，全体戦略の下層の個別戦略（生産戦略）に関する問題です。第２問，第３問で「生産戦略」を問う構成は，昨年度と同じで，また，第３問は，「収益改善の早急な対応策」を求めた2016（平成28）年度の第３問とほぼ同じ出題の趣旨でした。

第５問は，今後のＣ社の方向性を決める「全体戦略」に関する問題でした。中堅食品スーパーＸ社と新たに取り引きするため，これまで受託製造，つまり下請けだったＣ社が，第１問で解答した「Ｃ社の強み」を活かしながら，自ら商品を企画開発し，製造，配送までの課題を解決していく方法を考えます。事例Ⅲで戦略の「妥当性」判断を求められたのは，過去にさかのぼれた2003（平成15）年度から21年間で初めてでした。

⑷　難易度とその理由，ポイント

令和５年度の事例Ⅲは，本年度の事例Ⅰ・Ⅱに比べても難しく，また昨年度の事例Ⅲより難化しており，事例Ⅲの出来不出来が合否を分けたと言っても過言ではありません。

本年度の事例Ⅲが難しかった理由は，【生産の現状】が非常にわかりにくかったということに尽きます。疲れと緊張，焦り，プレッシャー，事例Ⅰ・Ⅱの出来栄えが気になり平常心ではいられない中，短時間で理解するのはかなり困難だったでしょう。

【生産の現状】がわかりにくかった主な理由は以下のとおりです。

- 登場人物・組織が多い（製造部長・総菜製造課長・菓子製造課長・パートリーダー・販売先料理長・営業部・生産管理課・資材管理課・食品商社など）
- 表現の不統一，まぎらわしい記述が多く混乱する（例：「両課長」（９段落）と「両製造課長」（11段落），食材・調味料の「納品」・「納品」遅れ（11段落），販売先への日ごとの「納品」（12段落），「生産計画」と「作業計画」（11段落）など）
- ５・６段落は「総菜」と「菓子」共通の記述であるのに対し，７段落で突然「総菜」のみの説明となり，８段落以降再び「総菜」と「菓子」に関する記述に戻る。
- 図「主な総菜のフローダイアグラム」に解答のヒントがあるのではないかと気になるが，与件文に，製造工程に関する記述がほとんどなく，解答作成にまったく影響がなかった。むしろ生産計画立案と発注のプロセスを時系列で追う必要があった。

【生産の現状】が明確にイメージできない中，第２問と第３問で解答をいかに切り分けるか悩みます。ここで時間をロスすると，第５問の140字，配点30点の“大物”を逃す（書き切れないまま時間切れになる）恐れがありました。第２問と第３問の切り分けで失敗したあげく，時間をロスし，さらに第５問で時間切れになった場合，“最悪の大事故”を起こすところでした。

⑸　必要な知識

本年度の事例ⅠではPMI，事例Ⅱではサブスクリプションといった，近年の新しいテーマ，論点が問われましたが，事例Ⅲではありませんでした。

必要な知識は，4M（Man·Machine·Material·Method），QCD（Quality, Cost, Delivery），生産管理＝生産計画＋生産統制，受注生産と見込生産の違いとそのメリット・デメリット，材料の発注管理などの1次知識，基礎基本です。事例企業の課題，問題とその解決策を1次知識に置き換えて読み解く能力が問われています。

2．C社の概要，沿革等

概要

業種	業務用食品製造業
創業	1990年
資本金	3,000万円
従業員数	60名（うちパート従業員40名）
事業内容	和食や洋食の総菜，菓子，パン類の多品種少量食品の受託製造

沿革

＜創業期と発展期＞
- ホテル内レストランメニューの品揃え支援を行う調理工場を創業
- 地方都市の温泉リゾート地にある高級ホテルと高級旅館５軒が主な販売先
- 料理長から依頼のある和食や洋食の総菜などの多品種で少量の食品を受託製造
- 販売先の訪日外国人観光客集客の影響によって，受注量は年々増加

＜2020年～現在＞
- 2020年から新型コロナパンデミックの影響で受注量が激減したが，最近は観光客の増加によって受注量は回復傾向
- 中堅食品スーパーX社と総菜商品の企画開発を共同で実施

＜将来の方向性＞
- X社に季節性，高級感のある総菜を企画・製造して納品する
- X社と共同で総菜商品を企画開発する新規事業に積極的に取り組む方針

ビジネスモデル俯瞰図

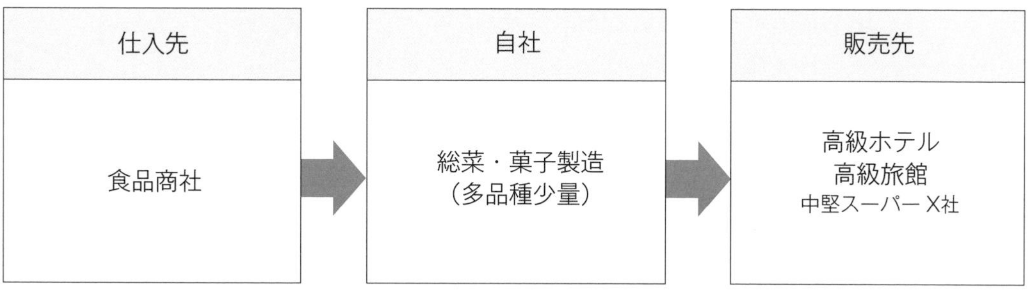

組織図

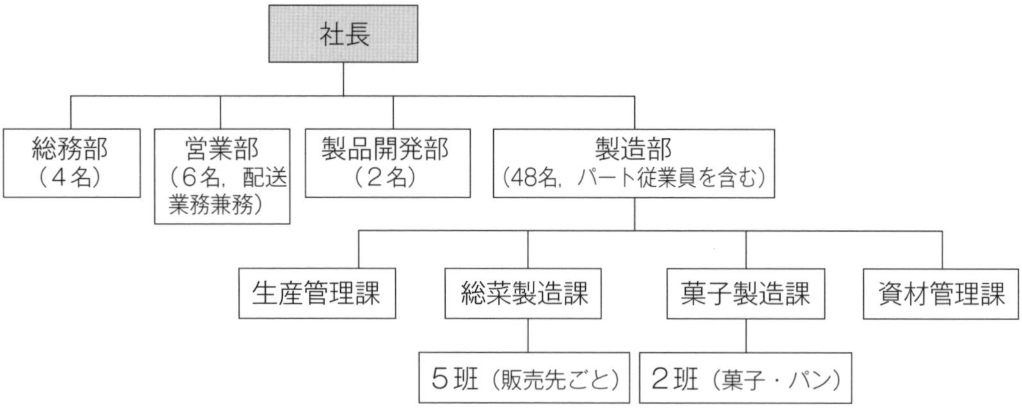

【仕様指示から納品までの時系列の流れ】※与件文より類推

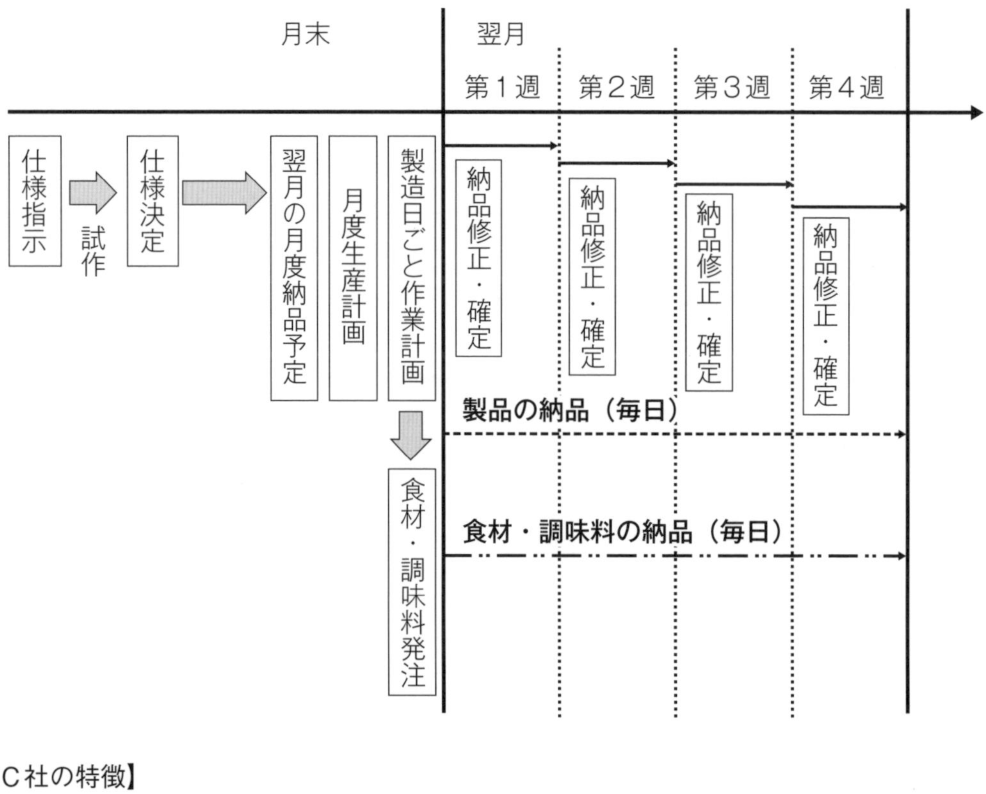

【C社の特徴】

C社は，高級ホテルの料理人を経験し，ホテル調理場の作業内容などを熟知した現経営者によって創業された，高級ホテル・旅館を販売先とし，総菜と菓子を多品種少量で受託製造する企業です。新型コロナの影響も落ち着き，受注量も回復傾向ですが，製造現場では機会逸失，過剰在庫，廃棄ロス，納期遅延などの問題が発生しています。現在，中堅食品スーパーX社と共同で総菜商品の企画開発を進めており，C社は，この新規事業に積極的に取り組む方針です。

3．SWOT分析，３Ｃ分析

SWOT分析

SWOT	内容
強み	・多品種少量生産の受託製造の経験とノウハウがある
	・現経営者の料理人経験，調理場の作業内容などのマネジメント能力
	・工場管理者も料理人の経験あり
	・季節性があり高級感のある総菜で既存商品との差別化できる商品企画を提案可能
弱み	・販売先が宿泊業のみ
	・総菜の製造工程が手作業
	・加工室のレイアウトがホテルや旅館の厨房と同様
	・製品仕様・レシピの情報が整理されていない
	・生産計画は月度で作成
	・パートリーダーの経験値で定期発注
	・在庫の入出庫記録がない
	・食材や調味料の在庫が増え廃棄も生じている
	・納期遅れが生じている
	・新規事業に取り組む生産能力がない
機会	・顧客が特色あるメニューを求めている
	・顧客がコスト低減を目指している
	・新規事業における配送頻度の増加
脅威	—

３C分析

３C		内容
自社	強み	・【SWOT分析】の強みと同じ
	弱み	・【SWOT分析】の弱みと同じ
競合	強み	・具体的な記述なし
	弱み	・具体的な記述なし
顧客	ニーズ ウォンツ	・地元食材を使った特色あるメニューを求めている
		・顧客のコスト低減志向
		・新規事業における鮮度確保のための午前と午後の配送
		・新規事業における既存の総菜商品と差別化可能な商品の開発

4．各設問のポイント

【第１問】難易度（やや容易），配点：10点，文字数：40字

設問	Ｃ社の生産面の強みを２つ40字以内で述べよ。
解答	強みは①現経営者と工場管理者の料理人経験②多品種少量製造に対応できる体制と技術。（40字）

第１問は，文字数が少なく「強み」１点のみ問われていること，与件文の前半から該当部分が見つかるため，「やや容易」と評価しました。絶対落としたくない問題です。

生産面は「４Ｍ（Man･Machine･Material･Method）」の観点から分析します。Machine（機械）について，与件文に記述はなく，むしろ７段落に「手作業で進められている」とあるので論外です。Material（材料）についても，与件文に該当する記述はありません。

Man（人）については，３段落に「高級ホテルの料理人を経験し，ホテル調理場の作業内容などのマネジメントに熟知した現経営者」，５段落に「製造部長，総菜製造課長，菓子製造課長…は，ホテルや旅館での料理人の経験がある」とあり，経営幹部に料理人経験があることが「強み」と言えます。

Method（方法）は，２段落に「和食や洋食の総菜，菓子，パン類などの多品種で少量の食品を受託製造している」とあり，中小企業経営のセオリーとして「多品種少量製造」に対応できることが「強み」としてあげられます。

Man・Methodの２点を40字にまとめますが，ここで選んだ「強み」を後続の問題で「活かし，一貫性を持たせる必要があるのではないか」と意識しておくことが必要です。

【第２問】難易度（難しい），配点：20点，文字数：100字

設問	Ｃ社の製造部では，コロナ禍で受注量が減少した2020年以降の工場稼働の低下による出勤日数調整の影響で，高齢のパート従業員も退職し，最近の増加する受注量の対応に苦慮している。生産面でどのような対応策が必要なのか，100字以内で述べよ。
解答	対応策は，①販売先料理長の指示や工場管理者のレシピを整理し標準化・マニュアル化し，パート従業員に教育訓練を実施，②総菜の製造工程で自動化や省力化が可能な工程に専用設備を導入して生産性を向上させること。（99字）

第２問と第３問は，制約条件の捉え方と解答の切り分けに悩む「難しい」問題です。

問題文に「高齢のパート従業員も退職」とあるので，人手不足であることがわかります。また「最近の増加する受注量の対応に苦慮」とあるので，「機会逸失」していることもわかります。したがって，少ない人数でも増産できる対応策を，「生産面＝４Ｍ（Man･Machine･Material･Method）」の観点から解答する必要があります。

●Man（人）・Method（方法）

「パートリーダーがパート従業員に直接作業方法を指導，監督して」（8段落）いますが，「各製品の食材，使用量，作業手順などの製品仕様」は，販売先料理長から口頭で指示されています（9段落）。メモ程度のレシピも，工場管理者が必要によって作成，活用するだけで，しかも，そのレシピすら未整理の状態です（10段落）。そのため，製品仕様や作業手順を標準化・マニュアル化し教育訓練することで，パート従業員のスキルアップと生産性の向上を図ることができます。

●Machine（機械）

受注量の増加に対応するには，受注量が多い総菜の工程の生産性を上げることが有効です。7段落に「受注量が最も多い総菜の製造工程は，～汎用調理器具を使って手作業で進められている」とあり，ボトルネックとなっている製造工程の一部を，機械設備の導入によって自動化することで生産性の向上が図れます。

【第3問】 難易度（難しい）配点：20点，文字数：120字

設問	C社では，最近の材料価格高騰の影響が大きく，付加価値が高い製品を販売しているものの，収益性の低下が生じている。どのような対応策が必要なのか，120字以内で述べよ。
解答	対応策は，①在庫の入出庫記録を作成し，資材管理課が在庫量と使用実績及び食材の消費期限に基づき発注基準を策定し食品商社にまとめて発注②月度生産計画を短サイクル化して実需に合わせた在庫管理を行うことで，在庫量や廃棄を低減し収益性の向上を図ること。（120字）

第2問と解答の切り分けが「難しい」問題でした。

問題文の「最近の材料価格高騰の影響が大きく」という不可抗力の制約条件から，材料費のカットという選択肢はありません。また「付加価値が高い製品を販売している」という制約条件から，これ以上の値上げも難しいことがわかります。その中で「収益性を上げる」には，食材や調味料の在庫を適正化し，廃棄ロスをなくすとともに，納期の順守により，取引先の信用を得て「機会逸失」を防ぐことが必要です。つまり第3問の題意は，「生産管理」と「発注管理」であると気づけたかがポイントでした。

●生産管理

11段落に「両製造課長は月度生産計画に基づき～」とあり，月度生産計画では在庫量増加等の問題が生じています。そのため，生産計画の短サイクル化により，生産計画を修正する頻度を増やすことで発注量を適正化し，過剰在庫を防ぎます。

●発注管理

11段落に「食材や調味料の受入れと～入出庫記録がなく」とあり，実在庫の把握のため入出庫記録を付け，在庫管理や発注業務に利用します。発注は，パートリーダーが必要量

を経験値で見積り食品商社に行っていますが，在庫量が増え廃棄も生じ，納期遅延も起きる事態となっています。

そのため，食材や調味料の受入れと在庫管理を行っている資材管理課が，発注から在庫管理まで一元管理するとともに，在庫量と使用実績，食材の消費期限に基づいた発注基準を策定することで，全体最適による業務効率化に繋げます。

【第4問】難易度（標準）配点：20点，文字数：120字

設問	C社社長は受注量が低迷した数年前から，既存の販売先との関係を一層密接にするとともに，他のホテルや旅館への販路拡大を図るため，自社企画製品の製造販売を実現したいと思っていた。また，食品スーパーX社との新規事業でも総菜の商品企画が必要となっている。創業から受託品の製造に特化してきたC社は，どのように製品の企画開発を進めるべきなのか，120字以内で述べよ。
解答	工場管理者のホテルや旅館での料理人経験を活かし，製品開発部を中心に季節性に富んだ高級感のある製品を企画開発する。営業部が販売先及びX社との関係性を深めることで顧客のニーズやトレンドを把握できる仕組みを構築し，製品の企画開発に反映させる。（118字）

第4問は，120字と文字数が多いものの，問題文に解答のヒントが書かれており，与件文から該当する部分を抜き出しやすいことから，難易度は「標準」としました。

問題文に「創業から受託品の製造に特化してきたC社」とあり，C社は，これまで指示された発注仕様どおり製造してきた組織文化です。しかし，新しいホテルや旅館を開拓し，また中堅食品スーパーX社と共同して企画開発していくには，C社自ら商品を考えていく必要があります。

そのためには，まず第1問で解答したC社の「強み①」，すなわち「現経営者と工場管理者の料理人経験（Man）」を活用します。さらに，既存販売先との関係性を強化するとともに，共同企画開発するX社を通じて，顧客のニーズやトレンドを直接収集します。そして，収集した情報を，新設した製品開発部で具現化していきます。もちろん顧客ニーズの情報収集は，営業部の本来業務です。

【第５問】難易度（難しい）配点：30点，文字数：140字

設問	食品スーパーX社と共同で行っている総菜製品の新規事業について，C社社長は現在の生産能力では対応が難しいと考えており，工場敷地内に工場を増築し，専用生産設備を導入し，新規採用者を中心とした生産体制の構築を目指そうとしている。このC社社長の構想について，その妥当性とその理由，またその際の留意点をどのように助言するか，140字以内で述べよ。
解答	妥当性がある。理由は①C社の多品種少量製造が可能な体制とノウハウを活かせる，②新規取引先を増加させ経営リスクを分散できる，③自社企画製品の製造販売によりノウハウの習得・蓄積ができるためである。留意点は①新規採用者をOJTで育成する，②多頻度配送に対応できる体制を整備する点である。（139字）

第５問は，140字と文字数が多く，理由と留意点を漏らさず，かつバランスよく解答する必要があるため，「難しい」と評価しました。

新規事業の妥当性判断については，15段落に「C社社長は，この新規事業に積極的に取り組む方針である」，第４問に「C社社長は～自社企画製品の製造販売を実現したいと思っていた」とあり，「妥当性がある」一択だったでしょう。反対に「妥当性がない」とした場合，「留意点」もなく，問題として成立しません。

妥当性がある理由の１つ目は，第１問で解答したC社の「強み②」，すなわち「多品種少量製造の体制とノウハウ（Method）」を活かせることです。２つ目は，ホテルや旅館以外に，異業種の新規取引先が加わることで，既存の取引先への売上依存度を下げ，経営リスクの分散が図れます。

留意点では，問題文に新規事業については「新規採用者を中心とした生産体制」とあり，早く戦力になるようOJTでしっかり教育訓練する必要があります。

また，14段落に，新規事業は「納品は商品の鮮度を保つため最低午前と午後の配送となる」とあり，配送回数が増えることが予想されます。社運をかける新規事業を「配送業務を兼務する営業部」（１段落）が片手間にできるはずもなく，独立した体制の整備が求められます。「留意点＝心に留めておくこと，気をつけること」ですので，具体的な方策まで書く必要はなかったでしょう。

5．その他

本年度の事例Ⅲには，６段落に「各加工室の設備機器のレイアウトはホテルや旅館の厨房と同様なつくり」という記述がありました。「ホテルや旅館の厨房」がどんなレイアウトなのかイメージできず，「W（弱み）」なのか，Wなら改善する必要があるのか，それとも解答に影響がないのか判断に迷った受験生もいたと思います（結局，与件文に，レイアウトが製造工程に支障を生じさせているとの記述はなく，影響はありませんでした）。

また，７年ぶりに食品製造業の事例だったこと，同趣旨の問題が出題されたことを考えると，10年分ぐらいの過去問に目を通すことに加え，NHKの「探検ファクトリー」・「有吉のお金発見　突撃！カネオくん」やTBSの「がっちりマンデー!!」，テレビ東京の「カンブリア宮殿」などを見て，様々な業種業態，生産現場を知っておいたほうがよいでしょう。

近年の事例Ⅲでは，新しい知識，論点は問われないものの，製造工程の課題，問題が非常に理解しにくく，また設問間の切り分けが難しくなっています。疲れ，焦り，緊張，プレッシャーの中でも，落ち着いて冷静に，そして集中して与件文と問題文を読み解けるよう，『黄金手順』で何度も訓練して，体得していただきたいと思います。

COLUMN ⑮

多くのコンサル経験と手法の体系化

寺嶋直史(3)

独立して数年後，膨大な数の再生案件を行う機会がおとずれました。東日本大震災によって被災した企業の事業デューデリジェンスです。日本を代表する税理士法人とのパートナー契約を締結することになり，その税理士法人が受けた東日本大震災の案件の事業デューデリジェンスを，ほとんど私１人で実施することになったのです。その時から，事業デューデリジェンスの「1,000本ノック状態」になりました。多い時で，年間28件の事業デューデリジェンスを実施しました。このように多くの案件をこなしながら，報告書作成の効率化を図るための様々なしくみ構築，フォーマット作成も同時並行に進めていきました。その結果，報告書作成の質とスピードが格段に上がっていきました。最初は「経験したことのない業種で，本当に報告書が作成できるのだろうか」と，常に不安でしたが，経験を積むにつれ，「どんな業界でもベースは同じ，違いの特性を捉えれば専門コンサル以上の報告書が作れる」という自信がついていきました。

また，実行支援でも，さまざまな業種の支援を行う機会がありました。そしてその中で，大企業と中小零細企業の大きな差を実感しました。というのは，中小零細企業は，大企業と比べて「ヒト・モノ・カネ」の経営資源が圧倒的に足りないのです。例えば，パソコンを使えない従業員の方も多く，ちょっとしたフォーマットの作成や変更でも，企業側に任せると膨大な時間がかかってしまい，現場が止まってしまいます。私自身，企業の問題を改善する具体的施策を構築することは得意だったので，「とにかく現場を動かす」ことに重点を置き，企業に任せるのではなく，私が何でも首を突っ込んで，フォーマットや各種たたき台などの作成を実施しました。それと合わせて，再生会社が自立できるよう，経営のしくみの構築方法も体系化しました。

さらに，中小零細企業の再生には，問題解決だけでなく，売上アップも必要です。しかも，ヒト・モノ・カネがないので，お金をかけず，今いる人材で，短期間で売上アップを実現しなければなりません。そのためには，自身で経験してきた営業だけでは不十分で，それ以外に，徹底的に，販促・マーケティング・ブランディングを学びました。その結果，営業・販促・マーケティング・ブランディングを融合し，売上アップをしくみ化し，売上アップをルーチン化することに成功しました。

このように，事業デューデリジェンス，実行支援，経営のしくみ化，売上アップの手法などにより，さまざまな中小零細企業の再生を実現することができるようになりました。

Chapter 7

事例Ⅳ

財務・会計

1．事例Ⅳの黄金手順

事例Ⅳの効果的な勉強方法

事例Ⅰ～Ⅲが文章問題であるのに対し，事例Ⅳは，計算問題が主体であるため両者は全く異なります。受験生の中には事例Ⅳを苦手にしている人が多く，特に計算問題を苦手にしている人にとっては，事例Ⅳは極めて難易度が高く感じられることでしょう。

事例Ⅳも，事例Ⅰ～Ⅲと同様に，ただやみくもに演習をこなすだけではなかなか得点は伸ばせません。しかしその特徴を捉え，戦略的に正しい勉強方法で取り組めば，**計算が苦手な人でも短期間で得点を伸ばすことが可能です。**

そこで，事例Ⅳの特徴（事例Ⅰ～Ⅲとの違い）と，多くの受験生が事例Ⅳを苦手とする要因を探りながら，その勉強方法についてお伝えします。

【事例Ⅳの特徴（事例Ⅰ～Ⅲとの違い）】

①　計算問題が中心である

事例Ⅰ～Ⅲは「文章問題」であるのに対し，事例Ⅳは「計算問題」が中心である。

②　各設問で解き方の手順が異なる

事例Ⅰ～Ⅲの文章問題は，本書の「黄金手順」のひと通りを習得すれば適切な答えを導き出せる。しかし事例Ⅳの計算問題は，各設問で解き方の手順が異なっている。

③　各設問の解き方の手順を「記憶」する必要がある

事例Ⅰ～Ⅲでは，本書の黄金手順を習得すればいいのに対し，事例Ⅳでは，さまざまなパターンの設問の解き方の手順を予め身に付けておく必要がある。

④　設問のパターンは限定的

事例Ⅳの設問の種類は多いが，そのパターンは限定的であり，さまざまな問題集などを活用し，その解法を習得しておけば，本試験の問題は概ね網羅できる。

⑤　多くの問題を解けるようになるための勉強方法の「手順化」がポイント

事例Ⅰ～Ⅲは，各設問を与件に合わせて都度解答を導くという「応用力」が必要であるのに対し，事例Ⅳは，計算が複雑なだけであって，実際にはパターンどおりに解答するという「基礎力の積み重ね」である。

つまり，事例Ⅳの本試験で高得点を取るためのポイントは，より**多くのパターンの問題を解き，それらの手順を習得（記憶）すること**である。そのため，それらを**効率的に習得するための勉強方法を「手順化」することが重要**であるといえる。

【事例Ⅳで得点が伸びない要因】

・問題を解き，その後解説を読み，その内容を理解して解けるようになっても，何日か経つと解き方を忘れてしまって全く解けなくなっている。
・何度同じ問題を繰り返し説いても，数日経つと解き方を忘れてしまうため，なかなか先に進まない。
・その結果「何度も繰り返し同じ問題を解く」ことに多大な時間と労力がかかってしまい，多くのパターンの問題を解くことができず，事例Ⅳの解答スキルの習得が進まないため，苦手意識を克服できない。

以上のような状況に陥るのは，さまざまな問題の「解き方の手順を確立して記憶する」ことができていないことが原因です。

そこで，前述の「事例Ⅳの特徴」と「事例Ⅳで得点できない要因」を踏まえ，事例Ⅳの効果的な勉強方法の手順とその効果を以下にまとめます。

なお事例Ⅳでは，日々の勉強の中で，**「作業と思考の分離」**（Chapter４ Method１）と**「情報の整理，見える化」**（Chapter４ Method２）の法則を活用します。

【事例Ⅳの勉強方法の手順】

①　問題を解き，解説を読んで理解する（思考） ・問題演習の後，解けても解けなくても，解説を読んで確実に理解する。 ・「理解する」とは，この問題の答えがなぜこの答えになるのかの「根拠」と，その答えを導き出すための「手順（プロセス）」を明確にすることである。
②　解答を導き出すための「手順（プロセス）」を組み立てる（思考） ・解答を導くためにいくつかの手順（プロセス）が発生する問題は，その１つ１つの手順（プロセス）を組み立てて「見える化」する。つまり「手順（プロセス）の見える化」を行う。なぜならこの手順を「記憶」する必要があるためである。 ・「手順（プロセス）」とは，答えを導き出すための途中の「数式」や「図表」などのことである。
③　一度解いた問題を「復習ノート」に整理する（作業／情報の整理，見える化） ・復習ノートに「問題文」，②で組み立てた「解答の手順（プロセス）」「解答」，そして「(注意事項などの）補足説明」を記入する。間違いやすい箇所は注意事項として赤ペンなどで強調し，今後のミス防止につなげる。 ・ノートを整理するポイントは，解答までの手順（プロセス）を省略せず，実際に自身で問題を解く時の手順（プロセス）を１つ１つ詳細に書き出すことである。 ・問題集の解説は，解答までの途中の手順（プロセス）を省略しているケースが多いため，解説をそのまま写すのはNG。 ・なお，解答を問題文から直接導き出す（途中のプロセスを必要としない）問題は，「問題文」「解答」「補足説明」のみを記入する。 ・これらの情報は「思考（理解と記憶)」に必要な最低限の情報である。そしてこれらの情報を復習ノートに丁寧に整理することで，復習ノートを「見るだけ」で，実際に問題を解く時と同じ「問題を読み，解くための手順（プロセス）を経て，注意事項を踏まえて解答を導き出す」という効果が得られる。
④　さまざまな問題で①～③を繰り返し「復習ノート」を充実させる ・問題集や過去問，その他演習など，さまざまな問題で上記①～③を繰り返し，復習ノートを充実させていく。 ・事例Ⅳではより多くの問題を解けるようになることがポイントになるため，問題集や過去問などで，さまざまな問題を解くようにする。

⑤ 「復習ノート」を繰り返し見て記憶する（思考）

・復習ノートを定期的に繰り返し見ることで，ノートに整理した内容を「短期記憶」から「長期記憶」に落とし込む。
・ポイントは，すべての問題の手順を「短期記憶」の状態から「長期記憶」の状態にすること。そのためには「繰り返し」しか方法はない。
・復習ノートは「情報の整理，見える化」で整理されており，「思考（記憶と理解）」に必要な箇所だけが抜き出されているため，効率的に長期記憶化できる。

【上記勉強方法の手順の効果】

- 復習ノートを繰り返し見るだけで１度解いた問題は確実に解けるようになるため，２度目を解く必要はない。
- 同じ問題を解く必要がないため，次々に新たな問題を解くこと（①～④）を進めることができる。
- ①～④は机上で実施する必要があるのに対し，⑤はノートを見るだけなので，通勤電車の中や休憩の時など，日常的に気軽に行うことができる。
- その結果，事例Ⅳが苦手な人でも短期間でレベルアップが可能となる。

復習ノートの例

(問) 損益分岐点売上高，損益分岐点比率，安全余裕率，営業レバレッジを求めよ

	(百万円)
売上高	1.000
変動費	600
限界利益	400
固定費	300
営業利益	100

(答)・損益分岐点売上高 $= \frac{固定費}{1-変動費率} = \frac{300}{1-0.6} = 750$百万円

・変動費率 $= \frac{変動費}{売上高} \times 100 = \frac{600}{1.000} \times 100 = 60\%$

・損益分岐点比率 $= \frac{損益分岐点売上高}{売上高} \times 100 = \frac{750}{1.000} \times 100 = 75\%$
※100%未満：黒字

・安全余裕率 $= 100\% -$ 損益分岐点比率 $= 100-75 = 25\%$

・営業レバレッジ $= \frac{限界利益}{営業利益} = \frac{400}{100} = 4.0$倍

出題の傾向

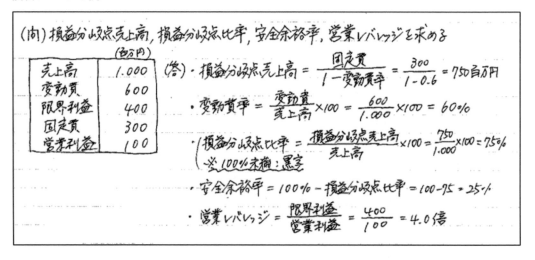

事例Ⅳの過去10年間の出題テーマを表にまとめました。

表の右側には，計算以外の記述文字数を併記してあります。

（記述文字数）

出題年度	第1問	第2問	第3問	第4問	第1問	第2問	第3問	第4問	合計
令和5年	経営分析	損益分岐点分析	意思決定会計	OEM生産の財務的利点 新たな分野への進出に対する財務的利点	80	20 80	50	50 50	330
令和4年	経営分析	セールスミックス	内外製分析 キャッシュフロー計算 意思決定会計	財務的観点からのリスクとマネジメント	80			100	180
令和3年	経営分析	キャッシュフロー計算 意思決定会計	損益分岐点分析	事業一本化の短期的メリット・企業価値	80			80	160
令和2年	経営分析	損益分岐点分析 意思決定会計	連結会計 （負ののれん・買収のリスク）	当期と設備投資後の投資利益率計算 ・業績評価方法の問題点と改善策	60		100	40	200
令和元年	経営分析	損益分岐点分析	キャッシュフロー計算 意思決定会計	連結会計 ・電子データ交換導入による財務的効果	50	30		120	200
平成30年	経営分析	意思決定会計 キャッシュフロー計算	損益分岐点分析 投資規模と費用構造の特徴 投資が成長性に及ぼす影響と見通し	業務委託の影響，悪影響を及ぼす可能性と防止策	50	70	120	70	310
平成29年	経営分析	損益分岐点分析	キャッシュフロー計算 意思決定会計	連結会計	40			120	160
平成28年	経営分析	キャッシュフロー計算 意思決定会計（設備投資）	閉店すべきかどうかの意思決定	ネット予約システム利用の収益と費用 ・同システム利用時の損益分岐点分析	70		50	60	180
平成27年	経営分析	損益分岐点分析	キャッシュフロー計算 意思決定会計 プロジェクトの評価指標計算	大口取引先の存在のデメリット ・デメリット解消策	60	100		60	220
平成26年	経営分析	キャッシュフロー計算 意思決定会計	限界利益率・営業利益を最大化する生産量構成比・最適な生産量構成比	為替リスク軽減策と円高・円安になった場合のメリット・デメリット	90				90

表中の出題頻度の高いテーマについては，下線と色分けで区別しました。

・損益分岐点分析（限界利益，貢献利益）	8回
・意思決定会計（正味現在価値法，回収期間法）	10回
・キャッシュフロー計算	8回
・連結会計	3回

第1問は経営分析です。毎年出題されていますので，本年も出題されると見てよいでしょう。また，第2問以降は様々なテーマから出題されますが，出題頻度の高いテーマを中心に学習するとよいでしょう。

なお，事例Ⅳは計算問題主体ではありますが，記述問題も一定割合で出題されます。設問ごとの配点や部分点の基準は不明ですが，記述問題は，毎年平均で30～40点の配点があると推測されます。出題範囲や難易度の幅は広いですが，**手順に沿って情報を整理**すれば，与件からの抜き出しで解答できる問題や，2択，3択で答えられる問題もあります。これらは必ず解答できる問題ですので，白紙にしないできちんと解答する必要があります。試験本番では，時間内に解答ができる問題，難しそうな問題を見極め，解答ができる問題については，日々の勉強で確立した手順を用いて解答を作成していくことが大切です。把握している情報を時間内に整理し答案に反映することで，少しでも**部分点を確保**していきましょう。白紙では1点も得点できませんが，部分点を積み上げることで他の受験生に差をつけることができます。

出題テーマごとの傾向

(1) 経営分析

経営分析は，設問１で特徴のある経営指標を３つ指摘し，設問２でその特徴を説明するという傾向が続いています。経営指標は**<u>収益性・効率性・安全性からそれぞれ１つずつ</u>**指摘する頻度が高いです。また，与件に損益計算書の記載がない年（平成25年）や，長所・短所を合わせて３つ指摘する年（平成21，22年）もありました。また，令和４年度のように，「生産性の指標を少なくとも入れる」といった制約条件が課されたこともありますので，経営指標は，その持つ意味をしっかりと理解しておくことが必要です。比較対象については，同業他社と比べる場合とＤ社の前期と比べる場合がありますが，どちらでも対応できるように練習しておくことが大切です。なお，受験予備校・参考書の模範解答が異なるケースは少なくありませんが，逆に言えば，複数の経営指標が正解である可能性があります。したがって，タイムマネジメントの観点からも，指標の選択に必要以上に悩まず，第１問のみに**<u>時間をかけすぎないようにする</u>**ことが大切です。

<table>
<tr><th>出題年度</th><th>配点</th><th>比較対象</th><th colspan="2">設問１　経営指標</th><th>設問２　記述</th></tr>
<tr><td>令和５年</td><td>20点</td><td>前期/当期</td><td>改善しているもの１つ</td><td>悪化しているもの２つ</td><td>80字</td></tr>
<tr><td rowspan="2">令和４年</td><td rowspan="2">25点</td><td rowspan="2">同業他社</td><td>優れているもの２つ</td><td>課題を示すもの１つ</td><td rowspan="2">80字</td></tr>
<tr><td colspan="2">生産性に関する指標を少なくとも１つ入れる</td></tr>
<tr><td>令和３年</td><td>30点</td><td>同業他社</td><td>優れているもの２つ</td><td>課題を示すもの２つ</td><td>80字</td></tr>
<tr><td>令和２年</td><td>25点</td><td>同業他社</td><td>優れているもの１つ</td><td>劣っているもの２つ</td><td>60字</td></tr>
<tr><td>令和元年</td><td>25点</td><td>前期/当期</td><td>改善しているもの１つ</td><td>悪化しているもの２つ</td><td>50字</td></tr>
<tr><td>平成30年</td><td>24点</td><td>同業他社</td><td>優れているもの１つ</td><td>課題を示すもの２つ</td><td>50字</td></tr>
<tr><td>平成29年</td><td>25点</td><td>同業他社</td><td>優れているもの１つ</td><td>課題を示すもの２つ</td><td>40字</td></tr>
<tr><td>平成28年</td><td>25点</td><td>前期/当期</td><td colspan="2">課題を示すもの３つ</td><td>70字</td></tr>
<tr><td>平成27年</td><td>28点</td><td>同業他社</td><td>優れているもの１つ</td><td>課題を示すもの２つ</td><td>60字</td></tr>
<tr><td>平成26年</td><td>24点</td><td>同業他社</td><td>優れているもの１つ</td><td>課題を示すもの２つ</td><td>３×30字</td></tr>
</table>

(2) 損益分岐点分析

損益分岐点分析は，目標利益達成販売数量計算と合わせて以下の通りほぼ毎回出題されており，出題頻度は高いと言えます。出題内容は，標準的な難易度の変動費率や損益分岐点売上高を求めるものから，条件提示の解釈が難しく各予備校の模範解答が割れるものまで難易度の幅は広いです。しかしながら基本的な算出式は多くはありませんので，しっかりと対応していきたいテーマです。

出題年度		出題内容	難易度
令和５年	第２問　設問１	損益分岐点分析（前期との変動状況）	やや難しい
	設問２	製品別損益計算による特定製品の販売中止有無	標準
	設問３	会計処理の妥当性（共通費の売上高基準による配賦）	標準
令和４年	第２問　設問１	セールスミックス（１つの制約条件）	標準
	設問２	セールスミックス（２つの制約条件）	難しい
	第３問　設問１	内外製分析	標準
令和３年	第３問　設問１	目標利益達成販売数量	標準
	設問２	販売計画下での目標利益達成販売数量	やや難しい
令和２年	第２問　設問１	損益分岐点売上高	やや難しい
令和元年	第２問　設問１	変動費率	標準
	設問２	損益分岐点売上高	標準
	設問３	変動費率（目標利益達成売上高）	やや難しい
平成30年	第３問　設問１	変動費率	難しい
	設問２	投資規模と費用構造の特徴	難しい
	設問３	成長性の将来的な見通し	難しい
平成29年	第２問　設問１	予測損益計算書	標準
	設問２	予想営業利益	標準
	設問３	損益分岐点分析（販売単価）	やや難しい
平成28年	第４問　設問２	損益分岐点売上高と変動額	やや難しい
平成27年	第２問　設問３	目標利益達成販売数量売上高，損益分岐点売上高	やや難しい

(3)　意思決定会計，キャッシュフロー計算

意思決定会計は，平成22年以降の全ての年度で出題されている頻度の高い出題テーマです。そして意思決定会計の問題を解くためには，基本となるキャッシュフロー計算を理解する必要があります。

しかしながら，覚えるべき算出式や，整理しなければならない条件が多く，比較的難易度の高い問題が出題される傾向にあります。１回１回の演習問題への取り組みで手順を身に付けて得意分野にすることが出来れば，間違いなく他の受験生と差をつけることができるでしょう。意思決定会計の過去問を見ると，平成23年度にディシジョンツリーを使って投資案の妥当性を判断する問題が出題されたことがあります。出題された場合に対応できるように，ディシジョンツリーの使い方について学習しておくとよいでしょう。

ただし，どうしても苦手な人は，基本的な部分を押さえるに留めて，他のテーマの習得に時間を使うようにしてください。

中小企業診断士試験は，満点を目指す試験ではありません。事例Ⅰ～Ⅳ合計で６割以上を得点し，受験生の上位約２割に入れば合格できる試験であることを常に念頭に置き，効率よい学習を心掛けましょう。

出題年度		出題内容	難易度
令和５年	第３問　設問１	正味現在価値と意思決定（投資の可否）	標準
	設問２	正味現在価値と意思決定（投資の実行時期）	やや難しい
令和４年	第３問　設問２	キャッシュフロー計算，投資の回収期間	やや難しい
	設問３	投資の正味現在価値	かなり難しい
令和３年	第２問　設問１	キャッシュフロー計算	標準
	設問２	取替投資案の正味現在価値と採否	やや難しい
	設問３	取替投資案が有利となる条件	難しい
令和２年	第２問　設問２	正味現在価値と意思決定	難しい
令和元年	第３問　設問１	各期のキャッシュフロー計算	標準
	設問２	プロジェクト回収期間と正味現在価値	やや難しい
	設問３	原材料費と労務費の削減率	難しい
平成30年	第２問　設問１	加重平均資本コストと要求キャッシュフロー	やや難しい
	設問２	増加キャッシュフローの計算	やや難しい
	設問３	定率成長モデル	難しい
平成29年	第３問　設問１	差額キャッシュフローと設備投資採否の判断	難しい
	設問２	回収期間と正味現在価値	やや難しい
平成28年	第２問　設問１	営業キャッシュフロー計算	標準
	設問２	設備投資の意思決定	やや難しい
平成27年	第３問　設問１	各期のキャッシュフロー計算	やや難しい
	設問２	正味現在価値	難しい
	設問３	回収期間法と意思決定	難しい
平成26年	第２問　設問１	予想税引後キャッシュフロー計算	やや難しい
	設問２	正味現在価値と改装の意思決定	難しい

(4) 連結会計

近年，中小企業でもM&Aを行う動きが増えてきています。

また平成29年に日商簿記２級試験の出題範囲に「連結会計」が加わってから３回の出題がありました。これを踏まえ，のれん，M&A，連結財務諸表の作成など１次試験の知識を押さえておいた方がよいでしょう。

出題年度		出題内容	難易度
令和２年	第３問　設問１	負ののれん	やや難しい
	設問２	買収のリスク	やや難しい
令和元年	第４問　設問１	連結子会社のメリット・デメリット	やや難しい
平成29年	第４問　設問１	親会社単体の損益状況	難しい
	設問２	関連会社を子会社化する財務諸表上の影響	難しい
	設問３	同じく財務諸表以外の影響	やや難しい

⑸　知識問題

⑴～⑷の基本的な設問に解答できれば，合格点に到達できます。もし余力があれば，知識問題についても学習しておくことをお勧めします。

為替リスクの回避手段（オプション，為替先物予約）については，平成21年度，平成26年度，令和４年度と複数回出題されていますから，解答を書くために必要とされる基礎知識を押さえておきましょう。また，中小企業白書で取り上げられたトピックが出題されることがあります。例えば，平成30年度は，外部の事業者に業務委託を行うリスクと防止策，令和元年度は，事業を分離し子会社化するメリットとデメリットについて問われています。

日頃から中小企業診断士が知っておくべきトピックに触れておくことをお勧めします。ただし，過度な深入りは禁物です。

2．令和５年度本試験問題

Ｄ社は，資本金１億円，総資産約30億円，売上高約45億円，従業員31名の，化粧品を製造する創業20年の企業である。Ｄ社は独自開発の原料を配合した基礎化粧品，サプリメントなどの企画・開発・販売を行っており，製品の生産はOEM生産によっている。

同社は大都市圏の顧客をメインとしており，基本的に，卸売会社を通さずに，百貨店やドラッグストアなどの取り扱い店に直接製品を卸している。また，自社ECサイトを通じて美容液の定期購買サービスも開始している。

直近では，実店舗やネット上での同業他社との競争激化により販売が低迷してきており，このままでは売上高がさらに減少する可能性が高いと予想される。また，今後は，輸送コストが高騰し，原材料等の仕入原価が上昇すると予想される。しかし，Ｄ社では，将来の成長を見込んで，当面は人件費等の削減は行わない方針である。

Ｄ社の主力製品である基礎化粧品は，従来，製品のライフサイクルが長く，新製品開発の必要性もそれほど高くなかった。しかし，高齢化社会の到来とともに，近年では，顧客の健康志向，アンチエイジング志向が強まったため，他のメーカーが次々に新製品を市場に投入してきており，競争が激化している。

こうした状況に対応するため，Ｄ社では男性向けアンチエイジング製品を新たな挑戦として開発し販売することを検討している。男性向けアンチエイジング製品は，これまでＤ社では扱ってこなかった製品分野であるが，バイオテクノロジーを用いて，同製品の基礎研究を進めてきた。

化粧品業界を取り巻く環境は，新型コロナウイルスの感染拡大などにより厳しい状況にあったが，中長期的には市場の拡大が見込まれている。しかし，当該男性向けアンチエイジング製品は，今までにない画期的な製品であり，市場の状況が見通せない状況であるため，慎重な検討を要すると考えている。

Ｄ社では，この新製品については，技術上の問題からOEM生産ではなく自社生産を行う予定であり，現在，そのための資金の確保を進めている。Ｄ社社長は，同業他社との競争が激化していることもあり，早急にこの設備投資に関する意思決定を行うことが求められている。

Ｄ社の直近２期分の財務諸表は以下のとおりである（令和３年度，令和４年度財務諸表)。Ｄ社社長は，自社が直面しているさまざまな経営課題について，特に財務的な観点から中小企業診断士に診断・助言を依頼してきた。

貸借対照表

（単位：千円）

	令和３年度	令和４年度		令和３年度	令和４年度
<資産の部>			<負債の部>		
流動資産	2,676,193	2,777,545	流動負債	851,394	640,513
現金等	593,256	1,133,270	買掛金	191,034	197,162
売掛金・受取手形	1,085,840	864,915	短期借入金	120,000	70,000
製品・原材料等	948,537	740,810	未払金	197,262	104,341
その他の流動資産	48,560	38,550	未払法人税等	250,114	184,887
固定資産	186,973	197,354	その他の流動負債	92,984	84,123
建物・工具等	64,524	63,256	固定負債	22,500	27,153
無形固定資産	37,492	34,683	長期借入金	22,500	24,360
投資その他の資産	84,957	99,415	リース債務	−	2,793
			負債合計	873,894	667,666
			<純資産の部>		
			資本金	100,000	100,000
			資本剰余金	−	−
			利益剰余金	1,889,272	2,207,233
			純資産合計	1,989,272	2,307,233
資産合計	2,863,166	2,974,899	負債・純資産合計	2,863,166	2,974,899

損益計算書

（単位：千円）

	令和３年度	令和４年度
売上高	5,796,105	4,547,908
売上原価	2,185,856	1,743,821
売上総利益	3,610,249	2,804,087
販売費及び一般管理費	2,625,222	2,277,050
営業利益	985,027	527,037
営業外収益	368	11,608
営業外費用	2,676	1,613
経常利益	982,719	537,032
特別利益	−	−
特別損失	−	−
税引前当期純利益	982,719	537,032
法人税等	331,059	169,072
当期純利益	651,660	367,960

第1問（配点20点）

（設問1）

D社の2期間の財務諸表を用いて経営分析を行い，令和3年度と比較して悪化したと考えられる財務指標を2つ（①②），改善したと考えられる財務指標を1つ（③）取り上げ，それぞれについて，名称を(a)欄に，令和4年度の財務指標の値を(b)欄に記入せよ。解答に当たっては，(b)欄の値は小数点第3位を四捨五入して，小数点第2位まで表示すること。また，(b)欄のカッコ内に単位を明記すること。

（設問2）

設問1で解答した悪化したと考えられる2つの財務指標のうちの1つを取り上げ，悪化した原因を80字以内で述べよ。

第2問（配点30点）

（設問1）

D社の2期間の財務データからCVP分析を行い，D社の収益性の分析を行う。原価予測は営業利益の段階まで行い，2期間で変動費率は一定と仮定する。

以上の仮定に基づいてD社の2期間の財務データを用いて，(1)変動費率および(2)固定費を求め，(3)令和4年度の損益分岐点売上高を計算せよ。また，(4)求めた損益分岐点売上高を前提に，令和3年度と令和4年度で損益分岐点比率がどれだけ変動したかを計算せよ。損益分岐点比率が低下した場合は，△を数値の前に付けること。

解答に当たっては，変動費率は小数点第3位を四捨五入して，小数点第2位まで表示すること。また，固定費および損益分岐点売上高は，小数点第2位まで表示した変動費率で計算し，千円未満を四捨五入して表示すること。

（設問2）

D社のサプリメントの製品系列では，W製品，X製品，Y製品の3種類の製品を扱っている。各製品別の損益状況を損益計算書の形式で示すと，次のとおりである。ここで，この3製品のうち，X製品は営業利益が赤字に陥っているので，その販売を中止すべきかどうか検討している。

製品別損益計算書

（単位：万円）

	W製品	X製品	Y製品	合計
売上高	80,000	100,000	10,000	190,000
変動費	56,000	80,000	6,000	142,000
限界利益	24,000	20,000	4,000	48,000
固定費				
個別固定費	10,000	15,000	1,500	26,500
共通費	8,000	10,000	1,000	19,000
計	18,000	25,000	2,500	45,500
営業利益	6,000	△5,000	1,500	2,500

X製品の販売を中止してもX製品に代わる有利な取り扱い製品はないが，その場合にはX製品の販売によるX製品の個別固定費の80％が回避可能であるとともに，X製品と部分的に重複した効能を有するY製品に一部の需要が移動すると予想される。

(1)需要の移動がないとき，X製品の販売を中止すべきか否かについて，カッコ内の「ある」か「ない」に○を付して答えるとともに，20字以内で理由を説明せよ。さらに，(2)X製品の販売を中止した場合に，現状の営業利益合計2,500万円を下回らないためには，需要の移動によるY製品の売上高の増加額は最低いくら必要か。計算過程を示して答えよ。なお，割り切れない場合には，万円未満を四捨五入すること。

（設問３）

D社では，売上高を基準に共通費を製品別に配賦している。この会計処理の妥当性について，あなたの考えを80字以内で述べよ。

第３問（配点30点）

D社は，研究開発を行ってきた男性向けアンチエイジング製品の生産に関わる設備投資を行うか否かについて検討している。

以下の資料に基づいて各設問に答えよ。解答に当たっては，計算途中では端数処理は行わず，解答の最終段階で万円未満を四捨五入すること。また，計算結果がマイナスの場合は，△を数値の前に付けること。

〔資料〕

１．新製品の製造・販売に関するデータ

現在の男性向けアンチエイジング市場の状況から，新製品の販売価格は１万円であり，初年度年間販売量は，0.7の確率で10,000個，0.3の確率で5,000個の販売が予想される。また，同製品に対する需要は５年間を見込み，２年度から５年度の年間販売量は，初年度の実績販売量と同数とする。

単位当たり変動費は0.4万円であり，毎年度の現金支出を伴う年間固定費は2,200万円と予想される。減価償却費については，次の「2．設備投資に関するデータ」に基づいて計算する。

初年度年間販売量ごとの正味運転資本の残高は，次のように推移すると予測している。運転資本は，５年度末に全額回収するため，５年度末の残高は「なし」となっている。なお，初年度期首における正味運転資本はない。

初年度販売量	初年度から４年度の各年度末残高	５年度末残高
10,000個	800万円	なし
5,000個	400万円	なし

２．設備投資に関するデータ

設備投資額は11,000万円であり，初年度期首に支出される。減価償却は，耐用年数５年で，残存価額をゼロとする定額法による。また，５年度末の処分価額は取得原価の10%である。

３．法人税等，キャッシュフロー，割引率に関するデータ

法人税等の税率は30%であり，D社は将来にわたって黒字を確保することが見込まれている。なお，初期投資以外のキャッシュフローは年度末に生じるものとする。

本プロジェクトでは，最低要求収益率は８%と想定し，これを割引率とする。利子率８%の複利現価係数と年金現価係数は次のとおりであり，割引計算にはこの係数を適用する。

	１年	２年	３年	４年	５年
複利現価係数	0.926	0.857	0.794	0.735	0.681
年金現価係数	0.926	1.783	2.577	3.312	3.993

（設問１）

年間販売量が⑴10,000個の場合と，⑵5,000個の場合の正味現在価値を求めよ。⑴については，計算過程も示すこと。そのうえで，⑶当該設備投資の正味現在価値の期待値を計算し，投資の可否について，カッコ内の「ある」か「ない」に○を付して答えよ。

（設問２）

⑴　初年度末に２年度以降の販売量が10,000個になるか5,000個になるかが明らかになると予想される。このとき，設備投資の実行タイミングを１年遅らせる場合の当該設備投資

の正味現在価値はいくらか。計算過程を示して答えよ。１年遅らせる場合，初年度の固定費は回避可能である。また，２年度期首の正味運転資本の残高はゼロであり，その後は資料における残高と同様である。なお，１年遅らせる場合，設備の耐用年数は４年になるが，その残存価額および処分価額は変化しないものとする。

(2) 上記(1)の計算結果により，当該設備投資を初年度期首に実行すべきか，２年度期首に実行すべきかについて，根拠となる数値を示しながら50字以内で説明せよ。

第４問（配点20点）

（設問１）

Ｄ社は，基礎化粧品などの企画・開発・販売に特化しており，OEM生産によって委託先に製品の生産を委託している。OEM生産の財務的利点について50字以内で述べよ。

（設問２）

Ｄ社が新たな製品分野として男性向けアンチエイジング製品を開発し販売することは，財務的にどのような利点があるかについて50字以内で述べよ。

[問題文の誤記訂正]

試験当日，および後日に発表された，次の誤記訂正の内容を問題文に反映済み

①令和５年10月29日試験当日に配布された正誤表

②令和６年１月11日「令和５年度中小企業診断士第２次試験の筆記試験における 試験問題の誤記およびその取り扱いについて」（一般社団法人 中小企業診断協会 Webサイト）にて公表された誤記

解答

第１問（配点20点）

（設問１）

	(a)	(b)
①	売上高営業利益率	11.59（　%　）
②	有形固定資産回転率	71.90（　回　）
③	流動比率	433.64（　%　）

（設問２）

売上高営業利益率が悪化した原因は，同業他社との競争激化により売上が減少し，開発中の新製品向けの基礎研究費用が負担となり，人件費の削減も行なっていないため。

(77字)

第２問（配点30点）

（設問１）

(1)	63.31%
(2)	1,141,590千円
(3)	3,111,447千円
(4)	14.73%

（設問２）

<table>
<tr><td rowspan="2">(1)</td><td>X製品の販売を中止すべきで（　ある　・　(ない)　）</td></tr>
<tr><td>中止により貢献利益が８千万円減少するため。
(20字)</td></tr>
<tr><td>(2)</td><td>(1)よりX製品の販売を中止した場合，貢献利益が8,000万円減少する。
したがって，需要の移動によりY製品の貢献利益が8,000万円増加することが必要となる。
Y製品の個別固定費は売上高の変動にかかわらず一定であるから，
8,000万円＝Y製品の売上増加額×(100－Y製品の変動費率)（%）
を満たすY製品の売上増加額を計算すればよい。
Y製品の変動費率（%）＝6,000万円÷10,000万円×100＝60%　より，
Y製品の必要売上増加額＝8,000万円÷(100－60)%＝20,000　万円</td></tr>
</table>

（設問３）

D社では製品ごとの利益構造が異なるため，売上高基準による共通費の配賦は製品ごとの営業利益の算出方法として妥当ではなく，貢献利益を基準とした配賦方法が望ましい。

（79字）

第３問（配点30点）

（設問１）

(1)	2,585　万円
	（計算過程） ・減価償却費　11,000÷５年＝2,200万円／年 ・税引前利益 　１～４年度：１万円×10,000個×（1－0.4）－2,200－2,200＝1,600万円 　５年度　　：1,600万円＋11,000×0.1＝2,700万円 ・キャッシュフロー 　初年度　　：1,600×（1－0.3）＋2,200－800＝2,520万円 　２～４年度：1,600×（1－0.3）＋2,200＝3,320万円 　５年度　　：2,700×（1－0.3）＋2,200＋800＝4,890万円 ・NPV 　－11,000＋2,520×0.926＋3,320×（0.857＋0.794＋0.735）＋4,890×0.681 　＝2,585.13≒2,585万円
(2)	△5,702　万円
(3)	99　万円 　投資を行うべきで（ （ある）・　ない　）

（設問２）

(1)	620　万円
	（計算過程） ・減価償却費　11,000÷４年＝2,750万円／年 ＜10,000個の場合＞ ・税引前利益 　２～４年度：１万円×10,000個×（1－0.4）－2,200－2,750＝1,050万円 　５年度　　：1,050＋11,000×0.1＝2,150万円 ・キャッシュフロー 　２年度　　：1,050×（1－0.3）＋2,750－800＝2,685万円 　３～４年度：1,050×（1－0.3）＋2,750＝3,485万円 　５年度　　：2,150×（1－0.3）＋2,750＋800＝5,055万円

	・NPV $-11{,}000\times0.926+2{,}685\times0.857+3{,}485\times(0.794+0.735)+5{,}055\times0.681$ $=886.065\fallingdotseq886$万円 NPVがプラスであるため，投資を実行する。 ＜5,000個の場合＞ ・税引前利益： 2～4年度：1万円×5,000個×(1－0.4)－2,200－2,750＝△1,950万円 5年度　　：△1,950＋11,000×0.1＝△850万円 ・キャッシュフロー 2年度　　：△1,950×(1－0.3)＋2,750－400＝985万円 3～4年度：△1,950×(1－0.3)＋2,750＝1,385万円 5年度　　：△850×(1－0.3)＋2,750＋400＝2,555万円 ・NPV $-11{,}000\times0.926+985\times0.857+1{,}385\times(0.794+0.735)+2{,}555\times0.681$ $=\triangle5{,}484.235\fallingdotseq\triangle5{,}484$万円 NPVがマイナスであるため，投資を実行しない。 以上から，設備投資のNPVは886×0.7＋0×0.3＝620.2≒620万円となる。
(2)	2年度期首に投資すると正味現在価値は620万円で初年度期首の99万円を上回るため，2年度期首に投資すべき。 (50字)

第4問（配点20点）

（設問1）

OEM生産を委託することにより，設備投資負担がなく，生産コストを削減し，在庫リスクを削減できる。

(48字)

（設問2）

新市場への新製品の販売により売上が純増し，自社生産による余剰人員の活用により生産性向上を見込める。

(48字)

1．事例の概要

(1) 事例の構成要素

全体の難易度	標準				
与件のボリューム	２ページ。計30行。 図表有（貸借対照表，損益計算書）				
問題・設問数	問題数：４，設問数：９				
難易度，配点と文字数	**問題**	**設問**	**難易度**	**配点**	**文字数**
	第１問	（設問１）	標準	20点	ー
		（設問２）	標準		80字
	第２問	（設問１）	やや難しい	30点	ー
		（設問２）	標準		20字
		（設問３）	標準		80字
	第３問	（設問１）	標準	30点	ー
		（設問２）	やや難しい		50字
	第４問	（設問１）	標準	20点	50字
		（設問２）	標準		50字
設問内容	第１問	（設問１）	経営分析		
		（設問２）	悪化した財務指標の要因		
	第２問	（設問１）	CVP分析		
		（設問２）	製品別損益計算		
		（設問３）	会計処理の妥当性（共通費の配賦方法）		
	第３問	（設問１）	投資の意思決定（投資の可否）		
		（設問２）	投資の意思決定（投資の実行時期）		
	第４問	（設問１）	OEM生産の財務的利点		
		（設問２）	新製品の財務的利点		

(2) 与件全体のテーマ

「基礎化粧品，サプリメントなどの企画・開発・販売のOEM生産を行い，新たな事業展開として，『男性向けアンチエイジング製品』の開発と販売により市場環境の変化への対応と競合他社との差別化を図っている。」

(3) 令和５年度の問題の特徴，例年との比較，難易度とその理由，ポイント

令和５年度事例Ⅳの設問数は９問です。計算問題は，全般的に令和４年度本試験に比べると難易度がやや易化した印象です。一方，計算過程を書く問題が少なかったため，計算過程での部分点を狙いづらい問題構成でした。また，令和５年度本試験では計算問題の結果をもとに論述させる問題が多いことが特徴的でした。計算問題の結果が誤っていると論述問題も連鎖的に誤答するおそれがあるため，計算ミスに注意して正確な解答が出来たかどうかが合否を分けるポイントになった可能性があります。

なお，今年度の経営分析には生産性に関する指標については問われず，全体的に奇抜な問題が少ない構成でした。一方，令和５年度の記述分量は330字となり令和４年度より増加しましたが，１次試験の知識が整理されていれば十分に解答できる内容であると思われます。

ただし，限られた80分の試験時間の中では，比較的容易に解答できるものから取り組むなど，解答する順番を工夫するマネジメントが重要と言えます。

問題の内容は，第１問は経営分析，第２問はCVP分析と貢献利益分析，第３問はNPV分析，第４問は事業構造の財務特性に関する記述問題でした。標準的な難易度の問題が多く，十分に対策し正答できた受験生とそうでない受験生との間で差がつきやすい問題であったと思われます。

続いて各問題の設問について見ていきます。第１問は例年通り経営分析についての設問でした。設問１は財務指標分析で，財務指標のうち悪化したものを２つ，改善したものを１つ取り上げ，数値を計算する問題でした。設問２では悪化した財務指標の要因について問われており，設問１や与件文との整合性をとることが必要です。

第２問はCVP分析，貢献利益，共通費の配賦方法の妥当性についての設問でした。設問１は２期間比較によるCVP分析が問われました。公式通りに固定費と変動費を分解する計算ができれば正答できたと思われます。設問２は貢献利益の計算問題でした。近年の事例Ⅳの中では易しい問題であり，確実に正答しておきたいところです。設問３は共通固定費の配賦方法の妥当性についての論述問題でした。売上高を基準とする配賦方法にどのような問題点があるか，１次試験の知識をもとに製品ごとの費用構造を踏まえて解答することが求められています。

第３問はNPV分析についての設問でした。設問１は２パターンの販売量での正味現在価値を検討する問題で，減価償却費，運転資本の増減，設備売却によるキャッシュフロー

への影響を考慮する必要があります。重複する計算をまとめるなどの工夫で素早く解答することが重要です。設問２では販売量が事前に明らかになるという前提が追加されましたが，キャッシュフロー計算の基礎となる数値は設問１から流用できるものが多く，NPV分析の最終問題としては比較的取り組みやすかったと思われます。

第４問は事業構造ごとの財務的な利点に関する記述問題でした。基本的な知識があれば一定の点数が確保できるものと思われます。一方で知識が抜け落ちていると適切な解答ができず，得点するのが難しかったと言えるでしょう。

事例Ⅳは，時間をかければ個々の設問への対応が可能な場合がほとんどです。しかし，試験時間制約の中で全問に解答することは難しく，設問を取捨選択し確実に解答できる設問をいかに正解に結び付けるかの判断が重要となります。普段から基本論点は確実に得点できるように練習をするなどの地道な取り組みが必要となります。また，難問が出題された場合であっても，決して諦めずに設問を解き続けましょう。白紙の解答では０点にしかなりませんが，計算過程を記述することで部分点獲得のチャンスが生まれます。事例Ⅳにおいて最低科目合格点の40点をまずはクリアし，少しでも得点を上積みすることで，事例Ⅰ～Ⅲの得点により総得点を補完できれば２次試験の合格に大きく近づきます。

(4) 必要な知識

本事例で要求される１次知識は，財務指標，CVP分析，限界利益，貢献利益，正味現在価値法，OEM生産と自社生産の財務的利点となります。

2．D社の概要と沿革

概要

業種	化粧品製造業
売上高	約45億円
資本金	1億円
従業員数	31名
創業・設立	2000年代前半
事業内容	基礎化粧品，サプリメントなどの企画・開発・販売 男性向けアンチエイジング製品の開発・販売

沿革

＜創業（2000年代前半）～＞
OEM生産により独自開発の原料を配合した基礎化粧品，サプリメントなどの企画・開発・販売を行う。
大都市圏の顧客を中心とし，基本的に百貨店やドラッグストアなどの取扱店に直接製品を卸している。
主力製品である基礎化粧品は，従来，製品のライフサイクルが長く，新製品開発の必要性がそれほど高くなかった。

＜現在＞
自社ECサイトを通じた美容液の定期購買サービスを開始している。
直近では，実店舗やネット上での同業他社との競争激化により販売が低迷してきており，このままでは売上高がさらに減少する可能性が高いと予想される。
今後は，輸送コストが高騰し，原材料等の仕入原価が上昇すると予想されるが，将来の成長を見込んで，当面は人件費等の削減は行わない方針である。
近年では，顧客の健康志向，アンチエイジング志向が強まり，他のメーカーが新製品を市場に投入してきており，競争が激化している。

＜将来の方向性＞
バイオテクノロジーを用いた男性向けアンチエイジング製品の基礎研究を進めており，同製品を開発し販売することを検討している。
化粧品業界を取り巻く環境は，新型コロナウイルスの感染拡大などにより厳しい状況にあったが，中長期的には市場の拡大が見込まれている一方，男性向けアンチエイジング製品は市場の状況が見通せない状況である。
新製品については，OEM生産ではなく自社生産を行う予定である。

3．各設問のポイント

【第１問】 配点：20点

設問１　難易度（標準）

設問	Ｄ社の２期間の財務諸表を用いて経営分析を行い，令和３年度と比較して悪化したと考えられる財務指標を２つ（①②），改善したと考えられる財務指標を１つ（③）取り上げ，それぞれについて，名称を(a)欄に，令和４年度の財務指標の値を(b)欄に記入せよ。解答に当たっては，(b)欄の値は小数点第３位を四捨五入して，小数点第２位まで表示すること。また，(b)欄のカッコ内に単位を明記すること。
解答	①　(a)　売上高営業利益率　(b)　11.59（％） ②　(a)　有形固定資産回転率　(b)　71.90（回） ③　(a)　流動比率　(b)　433.64（％）

財務諸表による比率分析から改善された点（優れた点）と悪化した点（課題）を読み解く問題です。

例年の出題傾向では，収益性，効率性，安全性の合計３つの指標から１つずつ良否を判断します。どの指標を取り上げるべきか，与件と財務諸表からの読み取りが求められます。また，設問１と設問２との関係性も考慮した解答が期待されています。

例年と同様の出題形式であったことから，難易度は「標準」としました。

与件から読み取れるＤ社をSWOT分析すると，以下の通りです。これらの記述から一般的に予想される財務指標を併せて記載しておきます。

「強み」と考えられるのは，以下の記述です。

(1)　＜第１段落＞「Ｄ社は独自開発の原料を配合した基礎化粧品，サプリメントなどの企画・開発・販売を行っており，製品の生産はOEM生産によっている。」

(2)　＜第２段落＞「同社は大都市圏の顧客をメインとしており，基本的に，卸売会社を通さずに，百貨店やドラッグストアなどの取り扱い店に直接製品を卸している。また，自社ECサイトを通じて美容液の定期購買サービスも開始している。」

(3)　＜第５段落＞「男性向けアンチエイジング製品は，これまでＤ社では扱ってこなかった製品分野であるが，バイオテクノロジーを用いて，同製品の基礎研究を進めてきた。」

⇒売上高営業利益率の減少　＝研究開発費負担により一般管理費が高い。

「弱み」と考えられるのは，以下の記述です。

(1)　＜第３段落＞「Ｄ社では，将来の成長を見込んで，当面は人件費等の削減は行わない方針である。」

⇒売上高営業利益率の減少　＝人件費の削減が無く，一般管理費が高止まり。

「機会」と考えられるのは，以下の記述です。

(1)　＜第４段落＞「高齢化社会の到来とともに，近年では，顧客の健康志向，アンチエイジング志向が強まった」

(2)　＜第６段落＞「化粧品業界を取り巻く環境は，新型コロナウイルスの感染拡大などにより厳しい状況にあったが，中長期的には市場の拡大が見込まれている。」

「脅威」と考えられるのは，以下の記述です。

(1)　＜第３段落＞「直近では，実店舗やネット上での同業他社との競争激化により販売が低迷してきており，このままでは売上高がさらに減少する可能性が高いと予想される。また，今後は，輸送コストが高騰し，原材料等の仕入原価が上昇すると予想される。」

⇒売上高総利益率の減少　＝売上高の減少，仕入原価および経費の増加のため。

(2)　＜第４段落＞「他のメーカーが次々に新製品を市場に投入してきており，競争が激化している。」

また財務諸表から読み取れる３つの主要指標を前年度と比較すると，以下のことが分かります。

(1)　収益性

売上高総利益率が悪化	＝収益性が悪化
売上高営業利益率が悪化	＝収益性が悪化
売上高経常利益率が悪化	＝収益性が悪化
売上高販管費比率が悪化	＝経費が増加

(2)　効率性

売上債権回転率が悪化	＝効率性が悪化
棚卸資産回転率が改善	＝効率性が改善
有形固定資産回転率が悪化	＝効率性が悪化

(3)　安全性

流動比率が改善	＝安全性が改善
固定比率が改善	＝安全性が改善
自己資本比率が改善	＝安全性が改善

本問の場合，まずは悪化した指標を２つ要求されていることから，与件文と財務分析の両方から読み取れる指標がないか考えてみます。そうすると，「弱み」にある「当面は人件費等の削減は行わない」点や，「脅威」にある「競争激化により販売が低迷」している点から「売上高営業利益率」（収益性）と，販売の低迷に対して在庫が減少していること

から「棚卸資産回転率」ではなく，「有形固定資産回転率」（効率性）が有力な候補となります。

また，改善された指標については，同様に与件文と財務分析の両方から読み取れる指標がないか考えてみます。そうすると，現金の増加や売掛金の減少，棚卸資産の減少，および借入金や未払金の減少などから「流動比率」（安全性）が有力な候補となります。

①② 悪化した点

・売上高営業利益率 ＝営業利益÷売上高×100 ★収益性

令和３年度（前年度）

985,027千円÷5,796,105千円×100＝16.994％…≒16.99％
（小数点第３位四捨五入）

令和４年度（当年度）

527,037千円÷4,547,908千円×100＝11.588％…≒11.59％（同）

・有形固定資産回転率 ＝売上高÷有形固定資産 ★効率性

令和３年度（前年度）

5,796,105千円÷64,524千円＝89.828回…≒89.83回（小数点第３位四捨五入）

令和４年度（当年度）

4,547,908千円÷63,256千円＝71.896回…≒71.90回（同）

③ 改善した点

・流動比率 ＝流動資産÷流動負債×100 ★安全性

令和３年度（前年度）

2,676,193千円÷851,394千円×100＝314.330％…≒314.33％（小数点第３位四捨五入）

令和４年度（当年度）

2,777,545千円÷640,513千円×100＝433.643％…≒433.64％（同）

[別解例]

①② 悪化した点

・売上高販管費比率 ＝販売費及び一般管理費÷売上高×100 ★収益性

令和３年度（前年度）

2,625,222千円÷5,796,105千円×100＝45.292％…≒45.29％（小数点第３位四捨五入）

令和４年度（当年度）

2,277,050千円÷4,547,908千円×100＝50.068％…≒50.07％（同）

売上高販管費比率は，与件文で明示されている売上原価率の悪化の観点が考慮されていないため，売上高営業利益率よりは解答候補としての優先度は下がると思われます。

③　改善した点

・当座比率　　　　　　　＝当座資産÷流動負債　　　　　　　　　　　★安全性

令和３年度（前年度）

(593,256千円＋1,085,840千円)÷851,394千円×100＝197.217%…≒197.22%（小数点第３位四捨五入）

令和４年度（当年度）

(1,133,270千円＋854,915千円)÷640,513千円×100＝311.966%…≒311.97%（同）

当座比率は，与件文で明記のある棚卸資産の減少が考慮されていないため，先に示した流動比率に比べると解答優先度は下がると思われます。

設問２　難易度（標準），文字数：80字

設問	設問１で解答した悪化したと考えられる２つの財務指標のうちの１つを取り上げ，悪化した原因を80字以内で述べよ。
解答	売上高営業利益率が悪化した原因は，同業他社との競争激化により売上が減少し，開発中の新製品向けの基礎研究費用が負担となり，人件費の削減も行なっていないため。 (77字)

設問２の出題形式は例年通りでしたが，設問１でどの指標を採用したかによって，与件の当てはめ方に工夫が必要になります。また採用した指標と合致している内容である必要があります。難易度は「標準」としました。

Ｄ社の直面している問題は，販売低迷と利益の大幅減少ですので，それを的確に示す財務指標として「売上高営業利益率」を選択します。

販売低迷の原因は，同業他社との競争激化であり，利益が減少した原因は，新市場に向けた新製品である男性向けアンチエイジング製品の基礎研究費用の負担と，人件費削減を行わない方針によるものになります。これらを基に，指定文字数内で解答文を組み立てます。

【第２問】配点：30点

設問１　難易度（やや難しい）

設問	Ｄ社の２期間の財務データからCVP分析を行い，Ｄ社の収益性の分析を行う。原価予測は営業利益の段階まで行い，２期間で変動費率は一定と仮定する。 以上の仮定に基づいてＤ社の２期間の財務データを用いて，(1)変動費率および(2)固定費を求め，(3)令和４年度の損益分岐点売上高を計算せよ。また，(4)求めた損益分岐点売上高を前提に，令和３年度と令和４年度で損益分岐点比率がどれだけ変動したかを計算せよ。損益分岐点比率が低下した場合は，△を数値の前に付けること。 解答に当たっては，変動費率は小数点第３位を四捨五入して，小数点第２位まで表示すること。また，固定費および損益分岐点売上高は，小数点第２位まで表示した変動費率で計算し，千円未満を四捨五入して表示すること。
解答	(1)　63.31% (2)　1,141,590千円 (3)　3,111,447千円 (4)　14.73%

２期間の財務データからCVP分析を行う問題です。(1)の変動費率の計算を誤ると(2)以降も連鎖的に誤答となりますので丁寧に計算を行う必要があります。

(1)の解説

CVP分析における変動費率の求め方は，変動費率＝変動費÷売上高ですが，本問では変動費と固定費を自力で計算しなければなりません。このような場合，２期間の変動費率が一定であれば「高低点法」を用いて変動費率を算出することができます。

高低点法とは，２点間での変動費の動きが一定であるとみなして費用を変動費と固定費に分解する計算方法です。本問では変動費率が一定であると明示されていますので，高低点法を使用することについて設問の制約にも合致します。具体的には以下の式で変動費率を求めることができます。

$$\text{変動費率（\%）}=\frac{\text{高点の総費用}-\text{低点の総費用}}{\text{高点の売上高}-\text{低点の売上高}}\times 100$$

この式の意味は売上高の変動に対して費用がどれだけ変動したかの比率ですから，すなわち変動費率の定義そのものとなります。直感的に理解しづらい方は，変動費率が０%，50%，100%，となるような値を代入して考えると分かりやすくなるかと思います。

それでは具体的に変動費の計算をしていきましょう。

高点の売上高＝令和３年度の売上高5,796,105千円

低点の売上高＝令和４年度の売上高4,547,908千円

高点の総費用＝5,796,105－985,027＝4,811,078千円

低点の総費用＝4,547,908－527,037＝4,020,871千円

なお，総費用については，「原価予測は営業利益の段階まで行う」とありますので，売上高から差し引く利益は営業利益となります。

$$変動費率（\%）=\frac{4{,}811{,}078-4{,}020{,}871}{5{,}796{,}105-4{,}547{,}908}\times100=\frac{790{,}207}{1{,}248{,}197}\times100=63.307\cdots（\%）$$

以上より，小数点第3位を四捨五入して変動費率は63.31％となります。

⑵の解説

⑴より変動費率が求まりましたので，固定費についても計算することができます。設問には解答するべき固定費が令和3年度のものか令和4年度のものか指示がありませんが，⑶で令和4年度の損益分岐点売上高を問われていることを考慮すると，令和4年度の固定費を計算するものと判断して良いでしょう。

固定費＝総費用－変動費

　　　＝総費用－売上高×変動費率（％）より，

固定費＝4,020,871－4,547,908×63.31％

　　　＝4,020,871－2,879,280.55…

　　　＝1,141,590.44…

以上より，千円未満を四捨五入して固定費は1,141,590千円となります。

⑶の解説

令和4年度の損益分岐点売上高を計算しますが，ここで損益分岐点売上高の定義を確認しておきましょう。損益分岐点売上高は，売上高－総費用＝0となる売上高です。

売上高＝変動費＋固定費

固定費＝売上高－変動費

　　　＝売上高×(100－変動費率)（％）

よって，

$$損益分岐点売上高=\frac{固定費}{(100-変動費率)（\%）}$$

となります。なお，式中の売上高×（100－変動費率）（％）は限界利益を表します。すなわち，損益分岐点売上高とは，固定費＝限界利益となるような売上高であるとも言い換えることができます。さて，損益分岐点の式が分かりましたので値を代入します。

$$令和4年度の損益分岐点売上高=\frac{1{,}141{,}590}{（100-63.31）（\%）}=3{,}111{,}447.26\cdots$$

以上より，千円未満を四捨五入して損益分岐点売上高は3,111,447千円となります。

損益分岐点売上高の公式を忘れてしまう場合に備え，損益分岐点売上高では売上と費用がどのような状態であるのかを理解しておきましょう。そこから式を変形していくことで公式を導出でき，試験でも焦らずに対処することができます。

⑷の解説

令和３年度と令和４年度の損益分岐点比率を計算し，その変化を調べます。損益分岐点比率（％）＝損益分岐点売上高÷売上高×100ですから，令和４年度の損益分岐点比率は3,111,447÷4,547,908×100＝68.414…％となります。

損益分岐点比率については小数点以下の丸め処理について指示がありませんが，変動費率と同様に小数点第３位を四捨五入した値として問題ないでしょう。したがって，令和４年度の損益分岐点比率は68.41％となります。

続いて令和３年度の損益分岐点比率も同様に求めていきます。

令和３年度の固定費＝総費用－変動費
＝総費用－売上高×変動費率（％）
＝4,811,078－5,796,105×63.31％
＝1,141,563.92…

よって，1,141,564千円

$$令和3年度の損益分岐点売上高=\frac{固定費}{(100-変動費率)(\%)}$$
＝1,141,564÷（100－63.31）％
＝3,111,376.39…

よって，3,111,376千円

令和３年度の損益分岐点比率（％）＝損益分岐点売上高÷売上高×100
＝3,111,376÷5,796,105×100
＝53.680…

よって，53.68％（※１）

以上より，令和３年度の損益分岐点比率53.68％から令和４年度の損益分岐点比率68.41％に変動しましたので，68.41％－53.68％＝14.73％が解答となります。

なお，「損益分岐点比率がどれだけ変動したか」という設問の指示が曖昧なため，比率の変化率である（68.41％－53.68％）÷53.68％×100＝27.440…％≒27.44％も解答として考えられます。

※１：令和３年度の固定費および損益分岐点売上高は設問⑴～⑶と同じ段階で丸め処理を行っていますが，丸め処理を行わない値で計算を行っても損益分岐点比率は同じ値となります。

設問２　難易度（標準）

設問

D社のサプリメントの製品系列では，W製品，X製品，Y製品の３種類の製品を扱っている。各製品別の損益状況を損益計算書の形式で示すと，次のとおりである。ここで，この３製品のうち，X製品は営業利益が赤字に陥っているので，その販売を中止すべきかどうか検討している。

製品別損益計算書

（単位：万円）

	W製品	X製品	Y製品	合計
売上高	80,000	100,000	10,000	190,000
変動費	56,000	80,000	6,000	142,000
限界利益	24,000	20,000	4,000	48,000
固定費				
個別固定費	10,000	15,000	1,500	26,500
共通費	8,000	10,000	1,000	19,000
計	18,000	25,000	2,500	45,500
営業利益	6,000	△5,000	1,500	2,500

X製品の販売を中止してもX製品に代わる有利な取り扱い製品はないが，その場合にはX製品の販売によるX製品の個別固定費の80%が回避可能であるとともに，X製品と部分的に重複した効能を有するY製品に一部の需要が移動すると予想される。

(1)需要の移動がないとき，X製品の販売を中止すべきか否かについて，カッコ内の「ある」か「ない」に○を付して答えるとともに，20字以内で理由を説明せよ。さらに，(2)X製品の販売を中止した場合に，現状の営業利益合計2,500万円を下回らないためには，需要の移動によるY製品の売上高の増加額は最低いくら必要か。計算過程を示して答えよ。なお，割り切れない場合には，万円未満を四捨五入すること。

解答

(1)

X製品の販売を中止すべきで（　ある　・（ない））

中	止	に	よ	り	貢	献	利	益	が	8	千	万	円	減	少	す	る	た	め。

（20字）

(2)

(1)よりX製品の販売を中止した場合，貢献利益が8,000万円減少する。

したがって，需要の移動によりY製品の貢献利益が8,000万円増加することが必要となる。

Y製品の個別固定費は売上高の変動にかかわらず一定であるから，

8,000万円＝Y製品の売上増加額×（100－Y製品の変動費率）(%)

を満たすY製品の売上増加額を計算すればよい。

Y製品の変動費率（%）＝6,000万円÷10,000万円×100＝60%　より，

Y製品の必要売上増加額＝8,000万円÷（100－60）%＝20,000万円

⑴の解説

X製品の販売を中止するべきか否かを判断する設問です。X製品は現在営業利益が赤字のため，一見販売を中止したほうが良さそうに思われます。しかし，X製品に係る固定費を考慮しなければ販売中止をすべきかどうかは判断できません。なぜならば，個別固定費は80％のみ回避可能であるとともに，共通費は回避不能な固定費であるためです。よって，ここで検討するべき指標は，X製品の貢献利益となります。貢献利益＝製品の限界利益－製品の直接固定費と表され，製品単体での利益を計算する際に使用されます。

では，X製品の販売を中止する場合と中止しない場合での貢献利益を比較してみましょう。

①X製品の販売を中止する場合

X製品の販売を中止する場合，X製品の限界利益は0円となります。また，販売中止すると個別固定費の80％が回避可能となるため，個別固定費は15,000万円×（100－80）％＝3,000万円に減少します。したがって，このときの貢献利益は0円－3,000万円＝△3,000万円となります。

②X製品の販売を中止しない場合

X製品の販売を中止しない場合は設問中の製品別損益計算書より，限界利益＝20,000万円，個別固定費＝15,000万円であるため，貢献利益は20,000万円－15,000万円＝5,000万円となります。

①と②を比較すると，②の方がX製品の貢献利益は大きくなることが分かりますので，X製品の販売は中止すべきでないとの結論が導かれます。理由については，X製品の販売を中止すると貢献利益または営業利益が8,000万円減少することについて言及し20字以内でまとめれば得点が期待できるでしょう。

本問は製品別損益計算書にも限界利益との表記があり，貢献利益について検討すれば良いことに気づきやすかったと言えます。是非とも正答しておきたい問題です。

⑵の解説

X製品の販売を中止しY製品に需要が移動する場合を検討します。⑴よりX製品の販売を中止した場合，貢献利益が8,000万円減少することが明らかとなっています。したがって，需要の移動によりY製品の貢献利益が8,000万円増加すれば合計の営業利益2,500万円が維持されることとなります。ここで，Y製品の貢献利益が増加する際にY製品の個別固定費はY製品の売上高の変動にかかわらず一定であることを考慮すると，Y製品の貢献利益の増加額＝Y製品の限界利益の増加額となります。このことから，8,000万円＝Y製品の売上増加額×（100－Y製品の変動費率）（％）を満たすY製品の売上増加額を計算すればよいこととなります。

Y製品の変動費率（%）＝6,000万円÷10,000万円×100＝60%

Y製品の売上増加額＝8,000万円÷（100－60）%

＝20,000万円

よって，Y製品に要求される売上増加額は20,000万円が解答となります。

この設問も基本的な問題のため，取りこぼしのないようにしておきたいところです。

設問3　難易度（標準），文字数：80字

設問	D社では，売上高を基準に共通費を製品別に配賦している。この会計処理の妥当性について，あなたの考えを80字以内で述べよ。
解答	D社では製品ごとの利益構造が異なるため， 売上高基準による共通費の配賦は製品ごとの 営業利益の算出方法として妥当ではなく，貢 献利益を基準とした配賦方法が望ましい。 （79字）

共通費の配賦方法の妥当性について問われている設問です。共通費の配賦基準は様々で，会社オリジナルの配賦基準を設けている場合もありますが，一般的には①会計数値を基礎とした基準（売上高，売上総利益，営業利益，限界利益，貢献利益，直接費等），②会計数値以外の数値を基礎とした基準（従事員数，工数，操業時間，工場面積等）が考えられます。

売上高を基準として製造間接費の配賦を行うことが適切な条件としては，各製品にかかる収益およびコスト構造が同一であることが考えられます。極端な例で，A製品はコスト効率がよく，かつ，単価の高い製品であり，一方でB製品はコスト効率が悪く，かつ，単価の低い製品であるとします。すると，収益性や効率性の高いA製品に対して共通費が多く配賦され，低いB製品には共通費が少なく配賦されることとなり，A製品の利益が実態よりも低く，B製品の利益が実態よりも高く計算されることとなります。これでは適切な配賦方法とは言えません。

ここで，D社の製品群の場合に売上高を基準として配賦を行うことは適切な方法と言えるか製品別損益計算書を見てみましょう。すると，限界利益率や個別固定費の比率は製品間で一定ではなく，売上高を基準とする配賦方法は不適切であると考えられます。

よって，解答の軸としては，①売上高基準による共通費の配賦は不適切であること，②その理由，③採用するべき基準の例の提案が含まれていると得点が期待できると思われます。

【第３問】配点：30点

設問１　難易度（標準）

解答	
	⑴2,585　万円 （計算過程） ・減価償却費　11,000÷5年＝2,200万円／年 ・税引前利益 １～４年度：１万円×10,000個×（1－0.4）－2,200－2,200＝1,600万円 ５年度　　：1,600万円＋11,000×0.1＝2,700万円 ・キャッシュフロー 初年度　　：1,600×（1－0.3）＋2,200－800＝2,520万円 ２～４年度：1,600×（1－0.3）＋2,200＝3,320万円 ５年度　　：2,700×（1－0.3）＋2,200＋800＝4,890万円 ・NPV －11,000＋2,520×0.926＋3,320×（0.857＋0.794＋0.735）＋4,890×0.681＝2,585.13≒2,585万円 ⑵△5,702　万円 ⑶99　万円 投資を行うべきで（ある（○）・　ない　）

将来キャッシュフローの予測情報をもとにしたＤ社の新規の設備投資プロジェクトの評価と意思決定について，正味現在価値（NPV）の期待値に関する計算能力を問う問題です。計算に必要な数値は設問に提示されており，１次知識で計算が可能であるため，難易度は「標準」としました。

まず，問題に示された情報をもとに各年度の税引前利益を計算します。次に，各年度のキャッシュフローを計算します。そして最後に，正味現在価値（NPV）を求めます。

⑴の解説

初年度期首の設備投資11,000万円に対する１年当たりの減価償却費を算出します。５年度末の処分価額は取得原価の10％ですが，問題文には「残存価額をゼロとする定額法」という指示があるため，減価償却費を計算する際には，この点に留意してください。

・減価償却費：11,000÷５年＝2,200万円

販売価格１万円に対して単位当たり変動費は0.4万円であるため，売上高に（1－0.4）を乗じて粗利を計算し，そこから固定費と減価償却費を引きます。５年度については，１～４年度の税引前利益に処分価額を加えます。

・税引前利益：

1～4年度：1万円（販売単価）×10,000個×（1－0.4）

－2,200（固定費）－2,200（減価償却費）＝1,600万円

5年度　　：1,600＋11,000×0.1（処分価額）＝2,700万円

キャッシュフローを計算するには，税引前利益に（1－0.3）を乗じて税引後利益を計算し，減価償却費を足し戻します。そして，正味運転資本※の増減額を加味します。初年度は，初年度期首における正味運転資本※はゼロであるため，正味運転資本が800万円増加し，キャッシュが同じ金額だけ減少するため，キャッシュが800万円減少します。2～4年度は，正味運転資本の残高が4年度まで一定であるため，資金負担の変化がなく，運転資本の増減はゼロとなります。5年度については，運転資本が5年度末に全額回収されるため，正味運転資本が800万円減少し，キャッシュが同じ金額だけ増加します。

※正味運転資本とは，入金と出金のズレを補うための資金で，流動資産から流動負債を差し引いて求められます。商品を仕入れてから売上代金が入金されるまで，タイムラグがあり，資金を立て替える必要があるため，正味運転資本の増加はキャッシュの減少要因となります。

・キャッシュフロー

初年度　　：1,600×（1－0.3）＋2,200（減価償却費）

－800（運転資本増）＝2,520万円

2～4年度：1,600×（1－0.3）＋2,200（減価償却費）＝3,320万円

5年度　　：2,700×（1－0.3）＋2,200（減価償却費）

＋800（運転資本減）＝4,890万円

・NPV

－11,000（設備投資）＋2,520×0.926＋3,320×（0.857＋0.794＋0.735）

＋4,890×0.681＝2,585.13≒2,585万円

⑵の解説

⑴の計算結果をもとに，販売数量が5,000個の場合のNPVを計算します。

・税引前利益：

1～4年度：1×5,000個×（1－0.4）－2,200（固定費）－2,200（減価償却費）

＝△1,400万円

5年度　　：△1,400＋11,000×0.1（処分価額）＝△300万円

⑴と同じ要領でキャッシュフローを計算します。税引前利益はマイナスとなっています

が，D社が将来にわたって黒字を確保することが見込まれているため，赤字の節税効果を加味して税引後利益を計算します。運転資本については，(1)と同じ要領で初年度は運転資本の増加はキャッシュの減少要因であるため400を引きますが，５年度は運転資本の減少はキャッシュの増加要因であるため400を足します。

・キャッシュフロー

初年度　　：△1,400×(1－0.3)＋2,200(減価償却費)－400（運転資本増）
＝820万円

２～４年度：△1,400×(1－0.3)＋2,200(減価償却費)＝1,220万円

５年度　　：△300×(1－0.3)＋2,200(減価償却費)＋400（運転資本減）
＝2,390万円

・NPV

－11,000(設備投資)＋820×0.926＋1,220×(0.857＋0.794＋0.735)
＋2,390×0.681＝△5,702.17≒△5,702万円

(3)の解説

(1)(2)で求められた数字をもとに，それぞれの発生確率を乗じて，正味現在価値（NPV）を計算します。

・NPV＝2,585×0.7－5,702×0.3＝98.9≒99万円

投資の可否については，NPVがプラスであるため，「ある」を選択します。

設問２　難易度（やや難しい）

解答	(1)620　万円 (計算過程) ・減価償却費　11,000÷4年＝2,750万円／年 <10,000個の場合> ・税引前利益 ２～４年度：１万円×10,000個×(1－0.4)－2,200－2,750＝1,050万円 ５年度　　：1,050＋11,000×0.1＝2,150万円 ・キャッシュフロー ２年度　　：1,050×(1－0.3)＋2,750－800＝2,685万円 ３～４年度：1,050×(1－0.3)＋2,750＝3,485万円 ５年度　　：2,150×(1－0.3)＋2,750＋800＝5,055万円 ・NPV －11,000×0.926＋2,685×0.857＋3,485×(0.794＋0.735)＋5,055 ×0.681＝886.065≒886万円 NPVがプラスであるため，投資を実行する。

＜5,000個の場合＞

・税引前利益：

　2～4年度：1万円×5,000個×(1−0.4)−2,200−2,750＝△1,950万円

　5年度　　：△1,950＋11,000×0.1＝△850万円

・キャッシュフロー

　2年度　　：△1,950×(1−0.3)＋2,750−400＝985万円

　3～4年度：△1,950×(1−0.3)＋2,750＝1,385万円

　5年度　　：△850×(1−0.3)＋2,750＋400＝2,555万円

・NPV

　−11,000×0.926＋985×0.857＋1,385×（0.794＋0.735）＋2,555×0.681

　＝△5,484.235≒△5,484万円

　NPVがマイナスであるため，投資を実行しない。

以上から，設備投資のNPVは886×0.7＋0×0.3＝620.2≒620万円となる。

(2)

2年度期首に投資すると正味現在価値は620万円で初年度期首の99万円を上回るため，2年度期首に投資すべき。

(50字)

(1)の解説

設備投資の実行タイミングを1年遅らせる場合の当該設備の1年当たりの減価償却費を算出します。設問1と異なり，設備投資は2年度期首に行われるため，NPVを算出する際には，設備投資額を現在価値に換算する必要があることに留意が必要です。

・減価償却費：11,000÷4年＝2,750万円

＜販売数量10,000個の場合＞

・税引前利益

　2～4年度：1万円(販売単価)×10,000個×(1−0.4)−2,200(固定費)

　　　　　　−2,750(減価償却費)＝1,050万円

　5年度　　：1,050＋11,000×0.1(処分価額)＝2,150万円

・キャッシュフロー

　2年度　　：1,050×(1−0.3)＋2,750(減価償却費)−800(運転資本増)

　　　　　　＝2,685万円

　3～4年度：1,050×(1−0.3)＋2,750(減価償却費)＝3,485万円

　5年度　　：2,150×(1−0.3)＋2,750(減価償却費)＋800(運転資本減)

　　　　　　＝5,055万円

・NPV

　−11,000（設備投資）×0.926＋2,685×0.857＋3,485×(0.794＋0.735)

＋5,055×0.681＝886.065≒886万円

販売数量が10,000個の場合は，NPVがプラスであるため，投資を実行する。

<販売数量5,000個の場合>

・税引前利益

２～４年度：１万円（販売単価）×5,000個×（1－0.4）
－2,200（固定費）－2,750（減価償却費）＝△1,950万円

５年度　：△1,950＋11,000×0.1（処分価額）＝△850万円

・キャッシュフロー

２年度　：△1,950×（1－0.3）＋2,750（減価償却費）－400（運転資本増）
＝985万円

３～４年度：△1,950×（1－0.3）＋2,750（減価償却費）＝1,385万円

５年度　：△850×（1－0.3）＋2,750（減価償却費）＋400（運転資本減）
＝2,555万円

・NPV

－11,000（設備投資）×0.926＋985×0.857＋1,385×（0.794＋0.735）＋2,555×0.681
＝△5,484.235≒△5,484万円

販売数量が5,000個の場合は，NPVがマイナスであるため，投資を実行しない。

以上から，設備投資のNPVは886×0.7＋0×0.3＝620.2≒620万円となる。

⑵の解説

設問１より，初年度に投資した場合のNPVは99万円ですが，投資時期を２年度期首に遅らせた場合は，NPVは620万円となり初年度に投資した場合の値を上回ります。したがって，設備投資を2年度期首に実行すべきであることになります。解答を簡潔にまとめると，以下のようになります。

「２年度期首に投資すると正味現在価値は620万円で初年度期首の99万円を上回るため，２年度期首に投資すべき。」（50字）

本設問では，短時間で解答を求める必要があり，設備投資を現在価値に割り引くことに気づかなかった受験生もいると思われるため，難易度は「やや難しい」としました。

【第４問】配点：20点

設問１　難易度（標準），文字数：50字

設問	Ｄ社は，基礎化粧品などの企画・開発・販売に特化しており，OEM生産によって委託先に製品の生産を委託している。OEM生産の財務的利点について50字以内で述べよ。
解答	OEM生産を委託することにより，設備投資負担がなく，生産コストを削減し，在庫リスクを削減できる。 （48字）

Ｄ社では，製品の生産はOEM生産により行われています。１次試験における知識である「OEM生産」について，その財務的メリットを問われています。

委託側におけるOEM生産の主なメリットは，次のとおりです。

（メリット）

- 設備投資が不要，初期投資を抑えられる
- 専門技術者が不要，人的リソースの補充が不要
- 設備投資や人材投資をせずに増産できる，生産力を調整しやすい
- 生産コストを削減できる
- 在庫リスクを低減できる
- 自社では製造できない商品を開発できる
- 新商品の開発や販売などのコア業務に集中できる

これらの中から財務面におけるメリットを抽出すると，次のとおりになります。

（財務面のメリット）

- 設備投資が不要
- 生産コストを削減できる
- 在庫リスクを低減できる

対象となる財務的メリットのキーワードを漏らさずに制限文字数内で解答文をまとめます。

設問2　難易度（標準），文字数：50字

設問	D社が新たな製品分野として男性向けアンチエイジング製品を開発し販売することは，財務的にどのような利点があるかについて50字以内で述べよ。
解答	新市場への新製品の販売により売上が純増し，自社生産による余剰人員の活用により生産性向上を見込める。 （48字）

市場の状況が見通せない中，新製品分野進出に対する助言を求められています。

新規市場開拓として，新たな製品分野に向けて製品開発し販売を行うことは，「アンゾフの成長マトリクス」における「多角化戦略」に該当します。ここでは，この多角化戦略における財務面でのメリットを問われています。

新市場への販売による既存市場への影響は少なく，売れれば売上が純増します。

新製品は，技術上の問題から自社生産を行う予定です。人件費を削減しない方針ですから，生産部門へ人材転用が可能です。OEMのデメリットが自社生産のメリットです。

委託側におけるOEM生産の主なデメリットは，次のとおりです。

（デメリット）

- 生産面での収益がない
- 生産技術が委託先に流出する（将来に競合先となるリスク）
- 自社にノウハウが蓄積されない

前述のOEM生産のデメリットを自社生産におけるメリットとして整理します。

（メリット）

- 生産面での収益を得られる
- 生産技術が委託先に流出しない（将来に競合先となりにくい）
- 自社にノウハウが蓄積される
- 余剰人材を生産部門に転用できる

これらの中から，財務面のメリットを挙げると，次のとおりになります。

（財務面でのメリット）

- 生産面での収益を得られる
- 自社にノウハウが蓄積され，生産性が高まる
- 余剰人材を生産部門に転用できる

財務的メリットのキーワードを漏らさずに制限文字数内で解答文をまとめます。

COLUMN⑯

ノウハウの公開，コンサルタント育成

寺嶋直史(4)

事業デューデリジェンス，実行支援，問題解決，売上アップなど，さまざまな手法を体系化することで，誰でも短期間でレベルアップできるノウハウを蓄積してきました。

一方で，実際の現場では，事業調査報告書の作成や，現場の問題を解決できるコンサルタントは稀でした。報告書の内容や，実行支援での支援も「教科書レベル」の表面的なもので，具体性が欠けていました。これでは中小企業の再生は困難です。

そこで，より多くのコンサルタントが高品質の報告書を作成できるために，『再生コンサルティングの質を高める　事業デューデリジェンスの実務入門』（中央経済社）」を出版しました。本書は，事業デューデリジェンスの具体的な手法やノウハウを記したもので，本書の内容を，現場で即使えるように工夫しています。そのおかげで，今では多くの再生コンサルタントが本書を活用してくれています。なお同書は，第２次試験合格後に実施する「実務補習」でも大いに活用できるものです。

続いて，私がサラリーマン時代に身につけ，コンサルティングや本書の手順化のベースにもなった「問題解決力」の習得方法について示した『究極の問題解決力が身につく　瞬発思考』（文響社）」も出版しました。本書については真の問題解決力を習得できるノウハウを体系化したもので，多くのコンサルタントや経営者から好評を得ています。

また，ほとんどすべての中小企業の共通の悩みである「売上アップ」を，誰でも容易に実現することを目的に，営業・販促・マーケティング・ブランディングの売上アップの４手法を融合して，売上アップ，ブランド力向上を体系化した『儲かる中小企業になる　ブランディングの教科書』（日本実業出版社）も出版しました。

さらに，2015年には，「経営コンサルタント養成塾」を開講し，私が塾長として，１年間のカリキュラムすべての講師を務めています。こちらでは，１年間で，プロの経営コンサルタントのスキルを習得できる内容を公開しています。具体的には，事業調査報告書，経営分析，問題解決力，ヒアリング手法，事業計画策定，実行支援，売上アップなど，私が現場で活用するために体系化したさまざまなノウハウを伝授し，実際のフォーマットもすべて提供しています。こちらの養成塾は，プロを目指す志の高い診断士のほか，診断士資格を持っていない人も参加しています。

このように，より多くの診断士，コンサルタントが，中小零細企業向けに質の高いコンサルティングができるよう，さまざまなノウハウを公開し，プロの経営コンサルタントの育成にも力を注いでいます。これらの目的は1つ，１社でも多くの中小零細企業が，業績が良くなり，永続して経営ができるようにすることです。

Chapter

8

第２次試験合格後の道

Section

01 口述試験と実務補習

(1) 口述試験

第２次試験に合格したら，口述試験があります。口述試験は，面接試験のような形式で行われるのですが，面接官からの質問に対して，口頭で答えていくものです。質問は，第２次試験に関するものですが，事例Ｉ～Ⅲのいずれの事例を質問されるかは人によって異なります。そして質問内容は，本試験の設問とは異なる内容です。

なお，口述試験は，ほぼ全員が合格するため，それほど神経質になる必要はありません。しかし，過去には不合格になった人も存在する（何年かに１人？）ので油断は禁物です。以前，口述試験で不合格になった方のお話を聞いたことがありましたが，その方は「面接官の質問に対して何も答えられなかった」と言っていました。つまり，最も危険なことは，面接官の質問に「何も答えない」ことです。これは，筆記試験でいうと「白紙」の状態であるので，面接官としても評価ができません。そのため，口述試験で心がけることは，「正しいかどうかにこだわらず，必ず回答する」ことでしょう。

また，試験対策としては，事例Ｉ～Ⅲすべての与件の内容をある程度頭に入れておき，それに加え，SWOTの内容は押さえておいたほうがいいと思います。SWOTを押さえておけば，どのような質問でもある程度回答できると思います。

(2) 実務補習

口述試験に合格したら，次は実務補習です。実務補習は，３つの企業を各５日間，合計15日間の実習方式で診断を行います。実務補習はグループで実施するのですが，１グループは第２次試験合格者６名以内で編成されます。そして，中小企業診断士である指導員の指導を受けながら，実際に企業に対して経営診断・助言を行います。実施することは，社長等からのヒアリング，現場調査，資料分析を行って「診断報告書」を作成し，企業に対して報告会を行うことです。

３つの企業を診断するので，各人が，グループ長，経営・組織，営業，製造・小売，財務を持ち回りで担当します。診断報告書を完成させるのに実質１週間ほどしか時間がないので，徹夜で作業する人も珍しくありません。

なお，「診断報告書」は，とりあえず提出すればよいので，必須条件が満たされていれば必ず通ります。ただ，せっかくなので本格的に実施してみたいという方は，『再生コンサルティングの質を高める　事業デューデリジェンスの実務入門』（寺嶋直史著，中央経済社刊）を参照ください。「事業調査報告書」の作成ノウハウを詳細に紹介しています。

Section

02 中小企業診断士としての道

中小企業診断士資格を取得した後の進路としては，大きく「企業内診断士」と「独立診断士」に分かれます。中小企業診断士の７割が企業内といわれていますが，企業内の場合，従来の企業に引き続き従事するケースと転職するケースがあります。一方で，独立すれば，自分の好きな，さまざまな道を選択できます。

(1) 企業内診断士

❶ 従来の企業に従事

中小企業診断士資格を取得後も，引き続き同じ企業に従事するのが，最も多いパターンです。中小企業診断士資格取得の目的が，自身の企業内でのキャリアアップや出世，より充実した会社生活を送ることなどでしょう。仕事に慣れてきて，より高いレベルで仕事をしたくなれば，資格の勉強で専門知識を習得することが望ましいですが，その中で最も汎用的なのが中小企業診断士かもしれません。

例えば，管理職になれば，従来の現場のスキルだけでは不十分であり，一段階高いレベルに上がる必要が出てきます。自分自身のことだけでなく，組織全体，事業全体を考えて行動することが求められます。そのためには，組織の統制や，事業の戦略・戦術の構築，管理能力といったスキルが必要になってきます。これらを発揮するために，経営や組織運営，マーケティングなどの，中小企業診断士で学ぶ専門知識が役に立つでしょう。

しかし，企業側の，中小企業診断士に対する期待値はそれほど高くはないようです。もちろん，その企業の考え方によりますので一概にはいえませんが，結局は個人の力量こそが評価のポイントになるのです。そのため，中小企業診断士資格を取得したからといって，それだけで評価に大きな期待はしないほうがいいでしょう。それよりも，習得した知識を，企業内の活動に活かしていき，より良い結果を出していくことが重要です。

その他，働きながら副業を行って，二足のわらじを履く人も大勢います。補助金の申請や，自身で会社を立ち上げてネットで商売をする等です。あくまで副業のため規模は小さいですが，いい小遣い稼ぎにはなるでしょう。

❷ 転　職

続いて中小企業診断士資格取得後に転職するケースですが，転職といっても，目的や種類はさまざまです。まずは，自身のキャリアアップのための，本格的な転職です。自分の専門知識に中小企業診断士の資格を加えて転職し，より高いポジションでの仕事を狙っていくことです。ただし，この欧米の金融機関などで見られるような転職の方法は，中小企業診断士の場合あまり多くはないように思います。まだまだ世間では，弁護士や公認会計士・税理士と比べ，中小企業診断士の認知度や地位は高いとはいえないからです。

また，独立前提として転職するケースもあります。私（寺嶋）の場合，コラムで書きましたが，中小企業診断士合格の年に，15年勤務した大手総合電機メーカーT社を退職し，半導体開発メーカー，コンサル会社へ転職してから独立しました。独立前に２回転職を経験したのは，まだ独立後の仕事の方向性が見つかっておらず，どうやって仕事を獲得していいのかもわからなかったため，まずは転職して数年間は独立の準備をしようと思ったからです。最初に半導体開発メーカーに就職した理由は，大手ではない「中小企業」を自身で実体験したいと思ったからです。これから中小企業のコンサルティングを行うのに，恵まれた大企業での経験しかしていないと，意識にズレが生じて，本当に相手の気持ちに立って考えることができないかもしれません。そこで，業種を問わず，中小企業だけにこだわって転職しました。そして次にコンサル会社を選択したのは，独立に向けて本格的にコンサルティングの実務を経験したかったからです。

このように，独立を前提として転職する場合，転職先で従事するのは期間限定となり，目的も明確になります。

それ以外に多いのは，商工会議所などの公的機関への転職です。中小企業の支援に直接携わることができ，コンサルティングの経験も並行して行える場合もあるため，転職先としては人気があります。

⑵ 独立診断士

❶ コンサルタント

中小企業診断士として独立する典型例が，コンサルタントになることです。中小企業診断士として，多くの人が目指したいと思っているかもしれません。しかし，コンサルタントとして自立することは，実態としてはそれほど簡単なものではありません。

コンサルタントは，その種類や手法などさまざまありますので，この後詳しく説明します。

❷ 研修講師

次に多いのが研修講師です。研修講師は大きく２つのパターンがあります。１つは，決められたカリキュラムで行うタイプ，もう１つは，自身でテキストを作成するタイプです。

決められたカリキュラムで講師を担当する場合は，研修機関に登録して，そこから仕事を請け負います。自身でテキストを作成する必要がないため，その分負荷は小さく，参入障壁は比較的低いといえます。また，プロの研修講師を目指す人向けの研修も数多く存在するため，ノウハウを習得する機会は多いです。しかし，コンテンツは機関から提供されるため，差別化が困難で，一定のキャリアを積んだ人が優先されます。特に，「カリスマ」と呼ばれる，研修講師としてキャリアを積み，知名度の高い人もいるので，登録したからといって，必ずしも依頼が回ってくるとは限りません。また，そもそも，研修講師を目指す人は中小企業診断士以外にも非常に多いため，競争が激しく，単価も安価になります。

一方で，決められたコンテンツではなく，自身のオリジナルコンテンツでテキストを作成して研修を開催している人もいます。こちらは，自身の専門性を活かすことができ，さらに他にはないオリジナル性を発揮することができます。ただし，集客となると，他社との差別化を一般の人に浸透させ，自身のブランドを確立しておく必要があるため，ホームページはもちろんですが，FacebookやYouTube，SNS，メルマガなどで，日頃から発信力を高めておくことがポイントになるでしょう。

その他，自治体向けのさまざまな研修も，中小企業診断士が講師として参加するケースは多くあります。自治体から個人で仕事を受ける方法や，中小企業診断士で研究会を立ち上げ，その研究会単位で受注して個人に分配する方法があります。なお，自治体の研修では，受講生からの評判が良いとリピートにつながりやすくなるようです。

❸ 事業会社起業

その他，事業会社を立ち上げて，「プレイヤー」ではなく「経営者」として活動する人もいます。この場合で多いのは，コンサル会社を立ち上げるケースです。自身で営業を行って仕事を取ってきて，契約したパートナーに仕事を振る方法であり，比較的小規模で行っているケースが多いようです。一方で，コンサルティングや研修，セミナーなどを幅広く請け負う会社など，会社を比較的大きな規模に拡大している中小企業診断士もいます。

事業会社の経営者は，さまざまなコンテンツを開発し，幅広い人脈を形成して仕事を獲得することがポイントです。

❹ その他

その他，予備校の講師をしたり，補助金申請をメインに活動したりする人もいます。

予備校の講師は，各予備校に対し，中小企業診断士講座の講師を請け負うもので，科目単位で請け負うことが多いようです。

また，補助金申請について，特に「ものづくり・商業・サービス経営力向上支援補助金（通称，もの補助）」は，中小企業診断士が得意とするところです。これは，各県の中小企業団体中央会が公募するもので，例えば，中小企業診断士が，メーカーである中小企業から補助金の申請を請け負い，中小企業に代わって申請書を作成します。そして見事に申請が通れば，成功報酬として，補助金の金額の概ね１割程度を報酬として受け取る，というものです。

中小企業診断士の中には，この補助金申請をメインに事業展開する人もいれば，この補助金申請を切り口にコンサルティングにつなげている人もいます。

Section

03 コンサルタントの種類

一概にコンサルタントといっても，さまざまな種類が存在します。コンサルタントを種類ごとに見ていきます。

(1) 専門コンサルタント

専門コンサルタントとは，自身の専門分野に特化したコンサルタントです。これにはさまざまな種類があって挙げればきりがありませんが，中小企業診断士で特に多いのは，業種に特化した専門コンサルタントです。例えば以下のようなものです。

▶ 業種別の専門コンサルタントの例

- 営業コンサルタント
- 製造コンサルタント
- 流通コンサルタント
- 金融コンサルタント
- ITコンサルタント
- 医療コンサルタント
- 飲食店コンサルタント

このように，「業種＋コンサルタント」という名称で，その業種に特化したコンサルタントになるのです。これは，会社員時代に自身の専門性を磨き上げ，中小企業診断士資格を取得することで箔をつけて独立するイメージです。会社員時代に，自身のスキルだけでなく，さまざまな人脈を確立しているので，独立しても，会社員の時の人脈で仕事を獲得することができます。さらに，コンサル会社の下請けとしてパートナー契約を締結する場合，コンサル会社はパートナーに対し，業種単位で仕事の依頼することが多いため，業種に特化する中小企業診断士は多く，業種の専門コンサルタントは診断士の典型的なタイプだといえます。

ただし，業種をさらに，職種や，具体的な手法レベルまで絞り込んだコンサルタントも数多くいます。例えば，接客を強みとするのであれば「接客コンサルタント」，資金調達を強みとするのであれば「資金調達コンサルタント」です。また，チラシ作成の専門家であれば「チラシコンサルタント」ですが，さらに絞り込んで，手書きチラシに強みがあるのであれば「手書きチラシコンサルタント」となります。「チラシ」から「手書きチラシ」

に絞り込むことで，さらにターゲットを絞り込むことができ，より受注精度の高い顧客を集客することができるわけです。

この「職種レベル」「手法レベル」まで絞り込むコンサルタントは世の中にたくさんいて，プロとして活躍している人は大勢います。しかし，中小企業診断士の絞込みは業種レベルが多く，ここまで絞り込んでいる人はあまり見かけません。これは，中小企業診断士の場合，コンサル会社や診断協会の各支部などからの請負の仕事が多く，依頼者側は，前述のとおり「業種別」で依頼することが多いからだと思われます。一方で，中小企業診断士ではないコンサルタントは，一般消費者や企業に直接アピールして仕事を獲得しています。一般市場の中で勝負しているので，中小企業診断士以上に厳しい競争の中で勝ち抜かなければなりません。そのため，より絞り込んで，自身の差別化，オリジナル性を強くアピールする必要があるのです。

⑵ 経営コンサルタント

経営コンサルタントは，経営全般の支援をするコンサルタントです。しかし実際は，この経営コンサルタントという言葉は非常に曖昧に用いられているのが実態です。というのは，経営コンサルタントと名乗るのは自由で資格が不要であり，かつ，「経営全般を支援できるレベルの高いコンサルタントである」というイメージを相手に与えることができるからです。つまり，自身の力量を問わず，手軽に自分を良く見せることができるのです。そのため，残念ではありますが，名刺にとりあえずこの肩書きを掲載するという「なんちゃって経営コンサルタント」がかなり存在します。

本来であれば，経営全般を支援するわけなので，経営や組織，営業や製造，業績を踏まえ，戦略や戦術を構築する支援をする必要が出てきます。中小企業の社長もそれを期待するでしょう。特に，業績が悪化して再生段階の中小企業の社長が経営コンサルタントに期待するのは，具体的に，「どことどこを，どのように改善すれば，業績は良くなるのか」ということです。当然，改善箇所は１つではありません。何か１つ改善したら業績がV字回復するというようなマジックはありません。そのため，方向性を示して，１つひとつ丁寧に，問題点を改善していく必要があります。

しかし，経営コンサルタントは「答えを言ってはいけない。ヒントしか言わない。なぜなら，答えを言ったら相手が考えなくなるから」という上から目線での対応が多く見られます。しかしこれは，経営コンサルタント自身が答えを出すことができないのです。

しかも，経営者から「どうすればいいのですか？」という問いに，経営コンサルタントが「それを考えるのが社長でしょう！」と答えるケースも多いのです。事業再生の場合，経営コンサルタントは企業の医者にあたります。もし，皆さんが体を壊して病院に行って，お医者さんに「どうしたら治りますか？」と聞いた時，そのお医者さんから「それを考えるのは患者のあなたでしょう！」と言われたらどうでしょうか。とんでもないヤブ医者にかかってしまったと後悔し，別の病院を探すと思います。残念ながら，経営コンサルタントの世界では，まだまだヤブ医者のような対応がまかり通ってしまっているのです。

大企業の場合，ヒト・モノ・カネが豊富にあり，ヒントを出すだけで，彼ら自身が考え，施策を構築し，改善していくことは可能かもしれません。しかし，中小零細企業はヒト・モノ・カネが，大企業と比べて圧倒的に不足しており，ヒントを出すだけでは不十分です。そのため，経営コンサルタントが，戦略や方針に関わるだけでなく，各部門で具体的な改善についてもサポートすることが求められます。

経営コンサルタントのポイントは，「答えを出すこと」，そして「現場を動かすこと」です。ただヒントを出すだけでは現場は動きません。具体的な施策を提案しても，現場が止まったままの場合も非常に多いのです。そのため，現場が止まる度に，なぜ現場が止まったのか，どうすれば動き出すのかという，問題解決の思考で，都度対応していくことが必要なのです。

(3) 事業再生コンサルタント

❶ 事業再生コンサルタントとは？

事業再生コンサルタントは，再生企業の業績を改善することを目的としたコンサルティングを行います。したがって，前述の経営コンサルタントと同様に，企業全体を支援する必要があります。つまり，事業再生コンサルタントは「再生企業相手の経営コンサルタント」であり，事業再生コンサルのスキルを習得していれば，さまざまな業種の経営コンサルや，創業期，成長期などいろいろなステージの企業のコンサルティングが実施できます。

再生企業が相手であるため，曖昧な対応は許されません。経営全般に加え，業績や資金繰りを見ながら，さらに踏み込んで各部門の問題点を改善し，強みを活かした戦略や施策の構築まで行うといった，幅広い対応が求められます。

ちなみに，メディアなどで，大手企業の再生が取り上げられることがあります。大手企業の再生には，大手コンサル会社が関わっていますが，資産売却やリストラなど，事業面よりも財務面が中心になります。その場合，公認会計士や税理士による財務デューデリジェンスが中心です。また，取引関係で，法的にさまざまな規制やリスクがないかを細かく確認する法務面のチェックも重要になり，弁護士による法務デューデリジェンスも必要です。しかし，事業面について，事業デューデリジェンスも行われますが，あまり重要視はされず，「経営者責任」として経営者の退任で済まされるケースが多いようです。

一方で，中小企業の事業再生コンサルティングは，事業面の改善が中心になります。そのため，幅広い知識を習得した，さらに中小企業に特化している，中小企業診断士こそが取り組むべきコンサルティングであるといえます。

このように，大企業と中小企業の事業再生コンサルティングは，重視されるものが大きく異なっているのです。

❷ 事業再生コンサルティングの仕事とは？

事業再生コンサルティングの基本ステップ

① 事業デューデリジェンス
- 調査，事業調査報告書作成
- 「問題点」「強み」の発見

② アクションプラン作成
- 事業のビジョン，方向性構築
- 「問題点」改善策・「強み」活用施策の策定

③ 事業計画書作成
- 部門別・商品・顧客別売上・利益計画策定
- 経営改善計画書（PL／BS）策定

④ 実行支援
- しくみ構築支援
- 問題解決，強み活用の支援

事業再生コンサルティングの基本は何といっても，企業の現場の問題点を改善し，強みを活かした施策を実施して，事業を立て直して再生させることです。そのためには，基本的な流れである①事業デューデリジェンス⇒②アクションプラン作成⇒③事業計画書作成⇒④実行支援，の４工程をしっかり踏むこと，そして１つひとつの工程にしっかり取り組むことが重要です。

調査なしにいきなり実行支援（現場のコンサルティング）に入ってもなかなかうまくいきません。なぜなら，調査をしなければ，どこに問題が潜んでいるのかわからないからです。事業調査報告書は，病院のカルテ（診断結果と必要な治療方法）のようなものです。つまり，事業デューデリジェンスとは，精密検査とカルテの作成なのです。患者（再生企業）は，１人ひとり（１社１社）異なる病気（問題点・原因）にかかっているので，しっかり検査（調査）をして，その人（企業）特有の病気（問題点・原因）を見つけなければならないのです。医者が手術で，悪化した箇所をピンポイントで取り除くのと同じように，調査で企業の問題点の原因をピンポイントで探り当ててから，実行支援で，その原因を改善するのです。

このように，再生企業に対し，調査なしで現場支援に入るということは，医者が，検診せずにいきなり手術をするようなものなのです。

本章では「事業デューデリジェンス」という言葉が何度も出てきていますが，事業デューデリジェンスというのは，この事業調査報告書を作成することです。

デューデリジェンスにはいろいろな種類がありますが，中小企業の事業再生の場合，主に「事業デューデリジェンス」と「財務デューデリジェンス」が実施され，これらに「経営改善計画書」を加えた「３点セット」を実施することが多いです。ちなみに財務デューデリジェンスは公認会計士や税理士が作成し，経営改善計画書は彼らと共同して作成します。

事業調査報告書は，実務補習で作成する「診断報告書」と似ていますが，やはり，より高い完成度が求められるため，診断報告書をレベルアップしたものをイメージしてもらうとよいです。事業調査報告書の内容は，主に以下のような内容です。

事業調査報告書の主な内容

●企業概要，事業フロー	●SWOT分析
●財務分析	●今後の方向性と具体策案
●外部環境分析	●再生可能性の是非（窮境要因の除去可能性）
●内部環境分析（経営・組織，営業，製造，小売など）	

続いて「経営改善計画書」ですが，これは簡単にいうと，将来の予想PL（事業計画）のことです。悪化したPLを，事業デューデリジェンスによって会社を分析し，改善内容を踏まえて，将来の予想PL（事業計画）を作成します。この計画がなぜ必要かというと，当然その企業の目標設定として必要ではありますが，銀行に対する返済計画に活用されます。例えば，銀行に毎月100万円の約定返済をしていたとします。しかし，業績悪化によりこの約定返済が困難となり，返済額を50万円に減額する，という金融支援を行うとします。この時，専門家がデューデリジェンスと経営改善計画書を作成（計画書は作成支援）して銀行に提示することで，銀行は金融支援の稟議を通すのです。

そして最後に「実行支援」は，前述のとおり，事業調査報告書で問題の原因を究明し，アクションプランで改善策を示した内容について，現場に入って支援を行います。

(4) その他

その他のコンサルタントについて，その特徴を以下に整理します。

各コンサルタントの特徴

コンサルの種類	特　徴
大手コンサルファーム	●ターゲットは大手企業で，単価は極めて高い
再生コンサル会社	●中小企業でも，比較的規模が大きい企業がターゲット ●高単価なため，中小零細企業向けは消極的
税理士法人	●「定量分析（数値分析）」が専門のため，「定性分析（事業内容の分析）」は基本的に対応困難 ●税理士は「税務」が専門のため，事業計画や資金繰り表の作成を苦手とする税理士も多い
中小企業診断士	●中小零細企業向けに経営全般の支援ができる ●「中小零細企業向け」「経営全般の支援」の双方が実行できるのは，中小企業診断士のみ

Section

04 独立コンサルタントの仕事の獲得方法

次に，実際に独立している中小企業診断士が，どこから仕事を獲得しているのかについてお伝えします。

(1) 中小企業診断協会の各支部

中小企業診断士は，合格後，実務補習の先生などから，各支部への入会を勧められることがあります。支部というのは，中小企業診断士の資質向上や，研鑽の機会の創造・提供などを指針として活動している機関で，各県に存在します。ちなみに東京都には中小企業診断士が多いため，中央支部，城北支部，城東支部，城南支部，城西支部と複数に分かれています。支部はさまざまな部門で構成されており，例えば，広報部や国際部，青年部，研修部などがあります。これらのどこかに所属して，積極的に支部活動を行って人脈を広げ，先輩診断士から仕事を紹介してもらうことはよく行われています。ただし，支部に入会するかどうかは個人の自由で，入会は必須ではありません。また，どの支部に入会するかも自由です。そして，支部に所属したとしても，必ず仕事を斡旋してもらえるとは限りません。あくまで，個人の営業力にかかっているといえます。

(2) 商工会議所などの公的機関

各市区町村の商工会議所に営業をかけ，自身のセミナーを開催してもらうよう依頼する方法があります。独立当初は個人でセミナーを開催しても，なかなか集客はできません。そのため，商工会議所の集客力を活用して自身のセミナーを開催させてもらうのです。あとは，アンケート等を活用したりして，セミナーに来てくれた人を，個人の研修やコンサルティングにつなげる方法を考えるわけです。

また，商工会議所に専門家として登録をする方法もあります。登録をすることで，「専門家派遣」といって，各企業に専門家として派遣されて，個別のコンサルティングを行うことができます。基本的に業種単位で登録するので，自身の専門性を発揮できます。派遣の方法は，１年単位で実施され，月１回の訪問で３～10回で完結するという，期間限定の定期コンサルです。簡易版のコンサルティングといえます。

また，中小企業基盤整備機構でも専門家派遣を行っています。商工会議所と同様に，専門家登録を行い，期間限定の定期コンサルの手法で派遣されます。

その他，事業再生コンサルティングでは，各県に中小企業再生支援協議会や経営改善支援センターといった，事業再生のコンサルティングを取りまとめる機関があり，そこから事業再生の専門家として，デューデリジェンスや経営改善計画書の作成を依頼されるケースもあります。

(3) コンサルティング会社

コンサルティング会社とパートナー契約を締結し，仕事を請け負う方法があります。正社員ではないので，基本的に時間拘束されず，仕事を請け負った時だけ時間を作ればいいのですが，会社や契約内容によっては週２～３日は拘束される場合もあるようです。

コンサルティング会社の仕事は，ボリュームが大きく，やりがいがあります。コンサルティング会社から仕事が受けられれば，多くの経験を積むことができ，さらに，先輩から指導を受けることもできるため，短期間でのレベルアップが期待できます。そのため，独立してコンサルタントになりたい方は，まずはコンサルティング会社から仕事を請け負うのが望ましいといえるかもしれません。

(4) 税理士事務所

中小企業の社長にとって税理士というのは，最も身近で頼りになる存在であり，ほとんどの中小企業に顧問税理士がついています。そのため，税理士法人は多くの中小企業の既存顧客を持っています。しかし，ほとんどの税理士法人は，経営面は専門外であるため，経営指導ができません。そこで，税理士法人とパートナー契約を締結して，経営面の指導を請け負う方法があります。税理士法人の中には，戦略的に社員として中小企業診断士を雇用して，経営指導を差別化要因としているところもあります。

(5) 金融機関

金融機関から仕事を請け負う方法もあります。例えば，信用金庫など一部の地域密着型の金融機関で，自ら専門家派遣事業を運営しているところもあります。金融機関の融資先に対し，中小企業診断士などの専門家を派遣して，その企業の課題解決に当たるわけです。手法は，公的機関のものと同様，期間限定の定期コンサルです。

その他，再生案件の依頼もあります。具体的には，業績が悪化した融資先を対象に，専門家に対し，事業デューデリジェンス，財務デューデリジェンス，経営改善計画書の３点セットの作成を依頼します。金融機関としても，融資先が倒産してしまうと損害が発生するため，経営が維持できるよう経営改善を促し，その上で，金融支援を実行します。

(6) その他

その他，中小企業診断士の知人同士や，各支部の研究会のつながりで，仕事を依頼し合うこともあります。

このように，中小企業診断士が独立して生計を立てていくには，個人のスキルは当然必要ですが，それに加えて，ネットワークがとても大切だといえます。

Section

05 一流のコンサルタントになるために

最後に，一流のコンサルタントになるためのポイントを紹介します。

中小企業診断士というのは，中小企業の問題解決や，成長戦略の策定，それらの実行のためのアドバイスが主な役割です。しかし実際には，中小企業の経営面をしっかりと支援し，改善提案できるだけのスキルを持った中小企業診断士は，実は非常に少ないのが現状です。これにはいくつかの理由があります。

1つは，大企業と中小零細企業とはまったく違う，という認識が不足していることです。中小零細企業は，大企業と比べて圧倒的に「ヒト・モノ・カネ・情報」の経営資源が足りません。財務基盤も脆弱であり，赤字を出すとすぐに資金繰りが厳しくなります。組織体制も未確立で，役割分担も曖昧なため，統制が取れていないことも多くあります。知名度も低いため，なかなか新規で顧客が取れません。パソコンスキルも低いため，なかなか改善が進みません。このように，大企業では想像できないようなことが多いため，手とり足とりのきめ細かい支援が必要です。大企業のコンサルティングのように「ヒントしか言わない」というスタイルではダメなのです。そのため，中小零細企業には，前述のとおり「答えが出せる」「現場を動かせる」コンサルタントが必要です。

そしてもう1つは，中小企業診断士は，経営コンサルタントとしての実務経験が少なく，実務に必要なスキルやノウハウが不足していることです。中小企業診断士の勉強で一定の専門的知識を習得したかもしれませんが，それらはあくまで教科書レベルのもので一般論にすぎず，現場ではそのまま使えません。中小企業診断士の資格を持っているだけで，周囲から「先生」と呼ばれることもあるのですが，単に資格を取得しただけではまだコンサルタントの卵であり，素人です。本来は，ここから実践力をつけて，プロになるまで経営コンサルティングの実務の質を高めていかなければなりません。そのためには，実務経験を積み，スキルやノウハウといった「実践スキル」を習得していかなければなりません。これは中小企業診断士に限ったことではなく，どんな場合でも同じです。例えば，料理学校で座学を学んでも，料理のプロにはなれません。いろいろな料理を経験することでプロになるのです。どんな

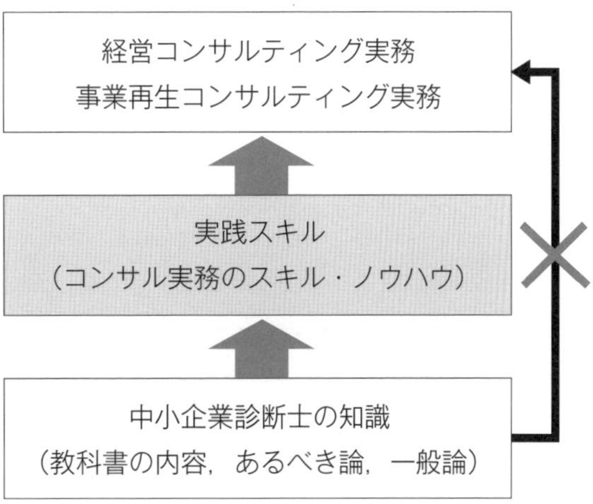

仕事でも，実務を何度も繰り返すことで，実践スキルを身につけて，プロになっていくのです。中小企業診断士もこれとまったく同じです。しかし現在は，コンサルティング実務のスキルを習得できる機関や書物がほとんどないので，全国の中小零細企業は，コンサルティングの卵（素人）から，経営の支援を受けている状態なのです。

そこで私（寺嶋）は，東京都中小企業診断士協会の中央支部のマスターコース「経営コンサルタント養成塾（経コン塾)」を立ち上げました。この塾は，私がさまざまな業種の事業デューデリジェンスや実行支援で習得したいろいろな実践スキルを伝授することで，１年間でプロの経営コンサルタントのノウハウが習得できるようカリキュラムを組んだものです。私が実際に使っているフォーマットやサンプルもすべてお渡しします。例えば，事業調査報告書のシートとサンプル，ヒアリングシートで，適切なヒアリングと，短時間で質の高い報告書作成ができるようになります。また財務分析シートは，自動で経営分析するだけでなく，これを使って具体的に企業の状況をイメージできる手法を伝授します。事業計画書フォーマットでは，短時間でアクションプランと連動した計画書が作成できるだけでなく，予実管理や資金繰り表などと連動させ，経営のしくみ（PDCA）構築のツールとしても使えます。さらに，売上アップの手法である営業・販促・マーケティング・ブランディングすべてを融合し，売上アップをルーチン化できる手法を伝えています。

こうして，実践力の高い，結果の出せる中小企業診断士，コンサルタントを養成する活動をしています。以下にそのカリキュラムを示します。

中小企業診断士は合格してからがスタートです。ぜひ皆さんも，本書で中小企業診断士の合格を勝ち取り，プロのコンサルタントになって，充実した仕事生活を送ってください。

経営コンサルタント養成塾（経コン塾）のカリキュラム

⑴	事業再生と銀行対応の基礎知識　～事業再生・銀行対応の基礎知識，専門用語習得～
⑵	コンサルティングに必要な基礎スキル　～思考法，フレームワーク，ヒアリング～
⑶	事業DD①　報告書の作成方法１　～外部環境の調べ方，整理の方法～
⑷	事業DD②　報告書の作成方法２　～中小企業の財務分析～
⑸	事業DD③　報告書の作成方法３　～内部環境分析～
⑹	事業DD④　事業DDケーススタディ　～架空企業の事業DDの実践，報告書作成～
⑺	事業DD⑤　事業調査報告の発表　～各グループの報告書発表～
⑻	事業計画，予実管理，資金繰り表　～計画書策定，予実管理・資金繰り作成～
⑼	売上アップの手法①　～営業，販促，マーケティング，ブランディング～
⑽	売上アップの手法②　～売上アップのルーチン化～
⑾	さまざまなコンサルティング手法，ケーススタディ　～実行支援のさまざまな手法～

▶ 経営コンサルタント養成塾（経コン塾）のホームページ

https://reving-partner.co.jp/keicon/

【参考文献】

●「中小PMIガイドライン」（中小企業庁）

●「中小企業白書」（中小企業庁）

●月刊『企業診断』2021年３月号・2024年１月号（同友館）

●関山春紀・川口紀裕編著『中小企業診断士　２次試験合格者の頭の中にあった全知識』（同友館）

●高田直芳著『［決定版］ほんとうにわかる管理会計＆戦略会計』（PHP研究所）

●杉山淳・宗像令夫・石田美帆著『［改訂新版］30日完成！ 事例Ⅳ合格点突破計算問題集』（同友館）

【読者特典のご案内】
1．「黄金手順のダイジェスト」の視聴，動画テキストのダウンロード
2．「30日で合格するための勉強法」の視聴，動画テキストのダウンロード
動画視聴／動画テキストのダウンロード方法

本書をご購入いただいた方は，読者特典として，第２次試験で必要な全ノウハウを体系化した本書メソッドをより深くご理解いただくための動画視聴と，動画で紹介するテキストを，下記の方法でWebからダウンロードしてご利用いただけます。

※　ご登録いただいたＥメールアドレスは，株式会社レヴィング・パートナーおよびその関連団体にて，お客様と連絡をとるという目的以外では使用いたしません。

①　ブラウザを起動し，アドレスバーに下記URLを入力して，株式会社レヴィング・パートナーのホームページにアクセスします。

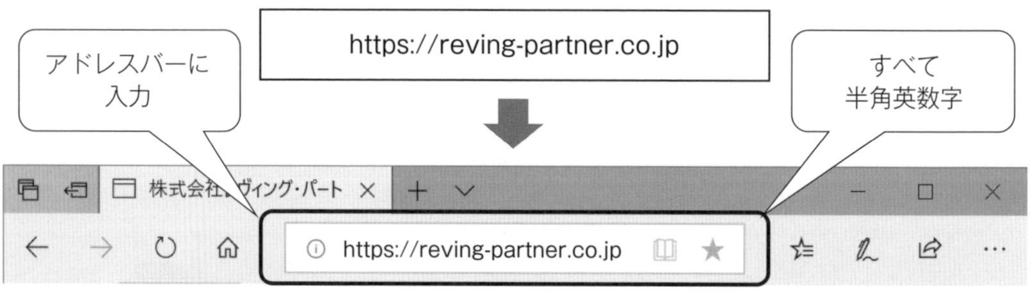

②　表示された「株式会社レヴィング・パートナー」のホームページの【書籍特典ダウンロードはこちら】ボタンをクリックしてください。

③ 「書籍特典ダウンロードページ」の「解き方の黄金手順」の【書籍特典ダウンロード】ボタンをクリックしてください。

30日でマスターできる 中小企業診断士 第２次試験

解き方の黄金手順

書籍特典ダウンロード

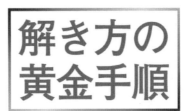

④ 「書籍特典ダウンロードページ」のパスワード入力欄に，以下のパスワードを入力して，【確定】ボタンをクリックします。

パスワード: 2357916 確定

⑤ 申込フォームに必要事項を記入し，【送信】ボタンをクリックします。

⑥ 【送信】ボタンをクリックしてしばらくすると，⑤で入力したメールアドレス宛に，ダウンロード案内のメールが届きます。メールの本文にある「書籍特典ダウンロードリンク」にアクセスすると，ダウンロードできます。

【執筆者一覧／黄金手順執筆チーム】

寺嶋直史（てらじま・なおし）

事業再生コンサルタント。中小企業診断士。2010年に事業再生コンサルティング会社を設立し，さまざまな業種の事業デューデリジェンスや現場の実行支援を行っている。その他，１年で一流の経営コンサルタントを育成する「経営コンサルタント養成塾」の塾長として，事業デューデリジェンス，財務分析，経営改善，事業計画，金融機関対応，マーケティング・ブランディング，実行支援などの講義を行っている。著書に『再生コンサルティングの質を高める　事業デューデリジェンスの実務入門』（中央経済社），『コンサルタントのための課題解決型ヒアリングの技術』（中央経済社），『儲かる中小企業になるブランディングの教科書』（日本実業出版社）等がある。
ホームページ　https://reving-partner.co.jp

安田雅哉（やすだ・まさや）

2020年中小企業診断士登録。2018年に１級ファイナンシャル・プランニング技能士取得。建設会社エンジニアとして中東勤務を経て，電機会社に転職。液晶ディスプレイの営業・マーケティングを経て，現在は貿易会社に転じて海外で脱炭素ビジネス開発を担当。海外勤務中に中小企業診断士を取得。主にオンラインを活用，居住地を問わず日本の中小企業を支援できる時代に突入したことを実感しながら日本経済活性化の一翼を担うべく，勤務先の業務と並行して中小企業診断士として中小企業支援活動にも取り組みパラレルキャリアの道を追究している。

青木　恒（あおき・こう）

中小企業診断士。11月，札幌生まれ，青森市在住の53歳。さそり座。戌年。家族は妻と一男二女。会計，法務，不動産，事業承継・M&A，事業再生，相続，ITなど約30のビジネス系資格を所有（自称『30の資格と持つ男』）。信条は『誠実・正直・謙虚・情熱』。好きな言葉「徳は弧ならず，必ず鄰あり」，「賢者は歴史に学び，愚者は経験に学ぶ」。好きなコンサルタント：冨山和彦，デービッド・アトキンソン，和仁達也，東川仁，細谷巧，竹内謙礼，弓削一幸。好きなドラマ「太陽にほえろ！」，「あぶない刑事」。好きなアニメ「宇宙戦艦ヤマト」。趣味は，資格取得，読書・プラモ作り。

吉田晴香（よしだ・はるか）

会計学修士，中小企業診断士（合格），１級ファイナンシャル・プランニング技能士，事業承継士。中堅税理士法人にて，常時40件超のお客様を担当し，相続（争族）対策・遺言作成支援に重点的に取り組む。退職後，父の会社コーセービジネス株式会社３代目候補として従事。同時に個人で経営も行う。しかし「父のような孤独な経営者，自分のようなもがく後継者の支援がしたい」という夢を諦めきれず，継がない選択。導かれるように事業承継の世界へ。現在は，経営者の“かかりつけ医”を信条とし，事業承継支援を行っている。

山本大喜（やまもと・だいき）

中小企業診断士。2023年登録。愛媛県生まれ。医療機器メーカーの生産技術職に従事し，生産ラインの構築や移管等の業務に携わる。その後，総合電気メーカーに転職し，工場の生産状況や経営状態を見える化アプリなどのITシステム開発を経て，現在はコンサルティング部隊に異動し，コンサルティング業務に従事中。

矢野達也（やの・たつや）

2023年中小企業診断士登録。本業は食品メーカーのマーケティング部門で，事業戦略立案から商品企画・開発および広告・販促の実行まで幅広い業務に従事。また副業やプロボノ活動で，主に中小企業向けの研修講師や，自治体と組んだまちづくりアドバイザーなども実施している。経営コンサルタント養成塾（８期）を経て，今後は事業再生や新商品開発，ブランディング支援の専門家として幅を広げるべく活動中。

植村裕加（うえむら・ゆか）

中小企業診断士（2023年登録）。企業内診断士で，本業は情報通信会社にてプロジェクトのリスク審査などを担当している。資格は，PMP，販売士１級，日商簿記１級等保持。３児の母であり家事育児のかたわら，自分らしい診断士像を求めて副業を模索している。

M・M

2023年度中小企業診断士試験１次合格，２次不合格。2024年度，２次合格に向けて勉強中。職業は2015年に電機メーカーに就職し３年間にわたり家電製品の生産に必要な部材の調達業務を担当。2018年に重工メーカーへ転職してから現在まで，建設機械の内部部品である油圧部品の生産に必要な部材の調達業務に従事している。主な取引先は中小企業であり，各社それぞれにさまざまな課題を抱えていることを実感。日本経済を支える中小企業の企業成長や課題解決の援助をしたいと思い，中小企業診断士の資格取得を目指している。

牛田竜太（うしだ・りゅうた）

2023年中小企業診断士登録。2008年弁理士登録。2015年に独立して国内外の中小企業・個人事業主を主な顧客とする特許事務所を開く。2019年牛田知財株式会社を設立し業務委託を中心に知財業務を請け負う。弁理士として知的財産関連の出願業務を行う傍ら，独立行政法人で知的財産コーディネーターとして研究支援や契約関連業務を行う。中小企業診断士として知的財産コンサルティングを中心に中小企業を支援活動中。経営コンサルタント養成塾８期生。

小水博之（こみず・ひろゆき）

2023年中小企業診断士登録，ITコーディネータ，PMP。IT系企業を経て，大手メーカーにおいてPJマネージャ兼製品マーケティングマネージャとして，海外ソフトウェア製品の日本向けローカライズやクラウドサービスの開発，および販売・サポートなど事業としての仕組みを構築・運営を行う。新規事業の立ち上げやITとヒトを含む事業全体の仕組みづくりを得意とする。2023年末に再雇用を請けず定年退社。本書執筆中における独立準備の最中，ご縁によりソフトウェア製品ベンダーに開発本部長として再就職，コンサルタント視点で実践中。経営コンサルタント養成塾（７期）卒業。

山田彰良（やまだ・あきら）

2023年中小企業診断士登録。税理士法人，M&A仲介会社を経て現在はプライベートエクイティファンドの管理部門でファンド管理業務を行う。資格取得が趣味であり，その一環で中小企業診断士を取得する。登録１年目は診断士として何をすべきかイメージが湧かず，受験生支援団体での支援活動に集中。２年目から本格的に中小企業診断士としての活動と将来の独立を果たすべく模索中。

佐々木一雄（ささき・かずお）

総合電機メーカーを経て，現在は大学教授としてビジネス分野の科目を担当。将来的には現職を継続しながら中小企業の経営支援に従事したいと考えている。MBA（経営学修士）。１級ファイナンシャル・プランニング技能士。日本証券アナリスト協会認定アナリスト（CMA）。国家資格キャリアコンサルタント。

齋藤　滋（さいとう・しげる）

2013年中小企業診断士登録。金融機関に30余年勤務し，中小企業向け融資審査，債権管理に従事してきた。2020年独立。2023年登録休止。

中小企業診断士２次試験　解き方の黄金手順〈2024-2025年受験用〉

2020年８月１日　2020-2021年版第１刷発行
2021年７月１日　2021-2022年版第１刷発行
2022年７月10日　2022-2023年版第１刷発行
2023年７月１日　改題2023-2024年版第１刷発行
2024年７月１日　改題2024-2025年版第１刷発行

編著者　黄金手順執筆チーム
発行者　山　本　継
発行所　㈱　中　央　経　済　社
発売元　㈱中央経済グループ パブリッシング
〒101-0051　東京都千代田区神田神保町１-35
電話　03（3293）3371（編集代表）
03（3293）3381（営業代表）
https://www.chuokeizai.co.jp
印刷／昭和情報プロセス㈱
製本／誠　製　本　㈱

ISBN978-4-502-50741-0　C2034